모기 뒤에 숨은 코끼리

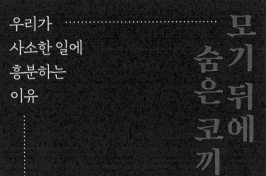

우리가
사소한 일에
흥분하는
이유

모기 뒤에 숨은 코끼리

에른스트프리트 하니슈 · 에바 분더러 지음

김현정 옮김

한국경제신문

세계 각지에서 온 몇몇 사람들이 시장에서 만난다고 상상해봅시다. 아마도 그들은 날씨에 대해서, 그리고 방금 자신을 화나게 만든 일에 대해 이야기를 나눌지도 모릅니다. 모두 알다시피 일상에서 우리를 화나게 만드는 계기는 아주 많으니까요. 그런데 우리 모두가 똑같은 일에 화를 낼까요? 그렇지 않습니다. 어떤 사람한테는 무척이나 화나는 일이 다른 누군가에게는 아무렇지 않을 수도 있습니다. 문화, 가치, 욕구 혹은 예의 규범의 차이 때문이지요. 다른 사람을 기다리게 하거나 복잡한 도로에서 사람을 밀친다거나 대놓고 상대를 비판하거나 인사를 하지 않거나 질문에 대답하지 않는 등의 행동은 각 문화마다, 또는 개개인마다 서로 다른 의미를 지닐 테고, 그에 따라 작고 미미한, 혹은 거센 감정 반응을 유발합니다. 예를 들어 분주한 뉴욕에서 앞사람이 뒷사람을 배려해 문을 잡아주지 않는 것은 크게 문제되지 않을 수도 있지만, 똑같은 일이 사무실에서 벌어진다면 우리는 상당히 화가 날지도 모릅니다. 게다가 이런 일이 자주 벌어진다면 우리의 자존감은 상처받을 수도 있겠지요.

"모든 모기를 코끼리로 만들지 말라!"는 독일 속담이 있습니다. 이 속담은 어떤 작은 일에 너무 큰 의미를 부여한다는 생각이 들 때 비판의 의미로 사용됩니다. 이유 없이 일을 지나치게 부풀리거나 너무 예민하게 반응하는 경우에 쓸 수 있지요.

그런데 우리가 정말로 모기를 코끼리로 만드는 걸까요? 겉으로 보기에는 별 것 아닌 것처럼 느껴지기 때문에 처음에는 그렇게 보입니다. 하지만 그토록 격한 감정(이를테면 큰 소리로 욕을 하고 스스로 당황하는 경우)을 그냥 단순하게 넘길 수는 없습니다. 오히려 그 배후에 숨어 있는 어떤 중요한 원인, 즉 코끼리를 추측해보는 것이 유의미합니다. 코끼리는 분노의 근본 원인입니다. 그것이 무엇인지 도무지 알 수 없고 뚜렷하게 인식하기 어려워도 말입니다. 이런 관점에서 보면 모기 속에는 정말로 코끼리가 숨어 있는 것이죠! 마치 상처를 건드리면 갑자기 고통이 느껴지는 것과 같은 이치입니다. 말하자면 핵심 욕구가 반복적으로 상처받아서 생겨난 우리 영혼의 민감한 부분이 건드려지면 우리는 고통스러워합니다.

감정은 우리를 욕구로 안내하는 이정표입니다. 욕구가 충족되면 편안함을 느끼지만, 욕구가 무시당하고 억압되고 상처받으면 결핍 상태를 경험하고, 그러면 우리는 슬프고 화나고 분노하고 어찌할 바를 모른 채 절망감에 빠집니다. 이런 상태가 지속되는데도 어떻게 끝내야 하는지 방법을 찾지 못한다면 그때는 어떻게 될까요? 우울증의 단계, 계속해서 되살아나는 불안감, 의구심, 심신상관 장애 등의 증상을 겪게 됩니다.

누구나 욕구가 침해되는 경험을 하며, 우리는 이를 막기 위해 어느 정도 유용한 전략을 발전시키고 극복하기 위해 노력합니다. 그리고 이런 전략과 극복 노력은 나이와 생활환경에 따라 매우 달라집니다. 이를테면 어린아이들은 지나치게 얌전하게 반응하거나 과도하게 고집을 부리기도 하며, 때로는 다른 아이들에게 공격적인 행동을 합니다. 성인들은 비굴하게 행동하거나 갈등을 피하거나 상황을 강박적으로 통제하려는 기제를 발전시키죠. 아이가 크게 소리를 지르면 대부분의 부모님은 무슨 일인가 싶어 아이를 보살피지만, 성인이 불평을 하면 그저 예외적인 경우에만 주변 사람들의 인내와 공감을 받을 수 있습니다.

이 책에서 저는 이러한 극복 전략을 자기보호 프로그램이라고 부르는데, 자기보호 프로그램은 다른 욕구가 침해되는 것을 피하는 데 도움을 주기도 하지만 대부분의 경우 효과적이지도 않고 유익하지도 않습니다. 이보다 더 중요한 것은 우리의 진정한 감정과 욕구의 이정표를 따르는 것입니다. 우리에게 필요한 것이 무엇인지, 혹은 우리에게 부족한 것이 무엇인지 알아야만 다른 사람들과 관련되어 표출된 우리의 행동을 올바르게 판단할 수 있습니다.

한국 독자 여러분께

이 책은 일상에서 일어나는 작은 이야기들로 시작됩니다. 책에 등장하는 주인공들은 마른하늘에 날벼락처럼 갑자기 매우 불쾌한 감정에 사로잡히며, 이를 스스로에게도 다른 사람들에게도 납득할 수 있게 설명하지 못합니다. 그래서 저는 그들이 느끼는 정서적 불쾌감의 배후를 조명하고 개별적인 해결책을 제시합니다. 동시에 여러분이 본인의 패턴을 인식하고 그 불쾌감이 어디에서 시작되었는지 탐구하도록 자극하기도 합니다. 다음 질문들을 통해 여러분의 패턴을 인식하는 데 도움을 받아보세요.

- 당신을 반복적으로 흥분하게 만들거나 불쾌한 기분이 들게 하는 계기는 무엇인가요?
- 이때 특별히 타격을 받는 욕구는 어떤 욕구인가요? 이 욕구가 어린 시절에도 손상된 적이 있나요?
- 여러분은 이 욕구들을 다른 사람들이 실감할 수 있도록 올바른 장소와 올바른 시점에서 표현할 수 있나요?
- 여러분은 자신을 보호하기 위해 어떤 패턴을 발전시켰나요?
- 여러분의 인생에서 정말로 중요한 것은 무엇인가요?
- 여러분이 원하는 것을 표현할 때 주변 사람들은 어떻게 반응하나요?
- 여러분은 다른 사람들과 일치하지 않는다고 여겨지는 자신의 욕구를 소홀히 대하나요?

- 마지막으로 중요한 질문입니다. 자신의 기본욕구를 인지함으로써 다른 사람들에 대한 감정 이입 능력이 촉진되나요? 그들이 표면상으로 모기를 코끼리로 만드는 장본인이라 해도요?

친애하는 한국 독자 여러분, 여러분은 제가 독일의 일상에서 관찰한 내용과 저의 심리치료 활동에서 경험한 내용들이 한국에서도 과연 적용 가능할지 궁금할지도 모릅니다. 그래서 몇 가지 열린 질문을 해보려고 합니다.

- 어떤 기본욕구가 보편적이고, 어떤 기본욕구가 문화적으로 다른가요? 이 책에 제시된 기본욕구들은 한국에서도 기본욕구에 속하나요? 혹은 다른 중요한 기본욕구들이 있나요?
- 감정을 다루는 데 일반적인 차이점이 있나요? 한국에서 바람직한 감정, 참아야 하는 감정, 금지된 감정, 불쾌하거나 수치스럽게 느껴지는 감정은 어떤 감정인가요?
- 한국에서는 아이들에게 자신의 감정과 욕구를 어떻게 다루라고 가르치나요? 어떤 표현이 무시되거나 처벌받나요? 그 결과 어떤 감정이 억압되거나 더 이상 거론되지 않거나 여러분 자신에게 더 이상 인지되지 않나요?
- 예를 들면 갈등은 어떤 결말로 끝나며, 공격과 좌절은 어떻게 해결되나요? 화나 분노는 억누르거나 웃음 뒤에 숨기거나 간

한국 독자 여러분께

접적으로 표현하나요?

- 화를 자주 억누르면 어떤 결과가 나타나나요?
- 화를 억누르면 어떤 장애나 질병 증상이 생기나요?
- 이런 욕구의 억압이 화병火病과 관련 있나요?

저는 화병에 대해 전문가가 아닙니다. 다만 알고 있는 몇 안 되는 설명을 근거로 볼 때 아마 심신상관적 반응과 유사할 것이라고 추측합니다. 감정을 인지하고 표현하는 것은 모든 심리 치료의 핵심적인 주제입니다. 다시 말해 심리장애는 정신적 및 심신상관적 질병의 발병과 유지에 항상 관여합니다. 격한 감정은 과거나 현재의 욕구 손상을 암시하며 아주 사소하다고 생각되는 계기에서 발생할 수 있습니다. 그렇기 때문에 당사자 자신이나 주변 사람들도 이를 진지하게 받아들이지 않거나 완전히 과장된 반응이라고 무시하죠. 하지만 이러한 신호가 지닌 의미를 지속적으로 거부하면 욕구가 충족되지 않음으로써 생겨나는 긴장감 또한 점점 높아집니다. 그리고 결국 이로 인해 생긴 스트레스 자체가 문제가 됩니다. 마치 경고 신호가 점점 커지는데 그저 시끄럽다며 귀를 막고 싶어 하는 것과 같습니다. 신경안정제나 수면제, 진통제는 경고 신호를 약화시키고 추방당한 감정들을 시야에서 사라지게 합니다.

저는 이 책이 여러분 자신과 다른 사람들을 더 잘 이해하고 여러분의 강점을 스스로 또렷이 인지하는 데 도움이 되길 바랍니다. 그리고 이를 통해 여러분을 정말로 충족시킬 수 있는 곳에 에너지를 사용하고, 여러분의 모기와 코끼리를 보다 호의적으로 다룰 수 있는 평온하고 성숙한 어른이 되는 데 자극제가 되길 바랍니다.

마지막으로 저의 책이 한국어로 번역되어, 우리 자신의 감정 그리고 다른 사람들의 감정을 어떻게 다루어야 하는지에 대한 저의 생각을 전달할 수 있게 되어 참으로 놀랍고 기쁩니다. 출판사 담당자분들께 진심으로 감사드립니다.

2021년 뮌헨에서
에른스트프리트 하니슈

한국 독자 여러분께

들어가는 말

가끔은 단 한 마리의 모기가 우리의 평온을 깨뜨린다. 잠자리에 누웠을 때 어둠 속에서 앵앵거리는 모기 한 마리. 막 잠이 들려는 찰나에 나타난 모기 때문에 신경이 곤두서고 짜증이 솟구치는 경험은 누구나 해보았을 것이다. 어두운 허공을 향해 손을 휘둘러도, 손뼉을 쳐서 잡으려 해도 소용없다. 잠은 이미 달아났고 잠을 자기도 글렀다. 화가 머리끝까지 난 우리는 어쩔 수 없이 자리에서 일어나 불을 켜고 귀찮게 구는 모기가 어디에 있는지 찾는다. 일상에서 사소하게 일어나는 불쾌한 일이나 오해, 불화 등도 이런 모기와 마찬가지다. 말하자면 이런 일들은 늘 반복되지만 쫓아낼 수도 없고 순식간에 우리의 정신을 쏙 빼놓는다. "작은 일을 크게 과장하지 말라"는 충고도 더 이상 소용없다.

우리는 이렇듯 사소한 것에 당황하고 흥분하는 유별난 행동을 보이곤 한다. 나 역시도 그렇고 내 주위 사람들도 반복적으로 이런 행동을 보인다. 이 문제는 심리치료사인 내가 진료실에서 내담자와 대화를 나눌 때 자주 등장하는 주제이기도 하다.

　내담자들과 대화를 나누다 보면 그들이 원하는 것은 단 하나다. 그런 순간에 보다 태연해지는 것. 어느 정도 납득이 가는 말이다. 그들은 불편한 감정에서 되도록 빨리 벗어나기 위해 온갖 애를 쓴다. 자신이 왜 이렇게 흥분하는지 이유를 찾으려는 생각, 즉 모기가 귀찮게 굴 때 일단 불을 켜야겠다는 생각은 잘 떠올리지 못한다. 그보다 먼저 자신의 예민함에 화를 낸다. 왜 흥분하는지 단번에 설명할 수 없다는 이유만으로 우리는 흥분을 진지하게 받아들이지 않고 부적절하게 바라본다. 하지만 정신분석학적 연구 지식과 최근의 행동치료학적 단초(인지행동치료, 심리도식치료, 정서중심치료, 전략행동치료)를 배경으로 볼 때, 사소한 일에 흥분하는 행동에는 심오한 의미가 담겨 있다. 놀랍게도 '모기'는 성가신 존재가 아닌 유용한 존재인 것이다.

　나는 이러한 연관관계를 명료하게 밝히기 위해 심리치료 과정에서 들은 몇몇 일화를 선정했다. 이 일화의 주인공들을 구체적으로 명시하지는 않겠지만, 그들이 겪은 일의 디테일은 크게 바꾸지 않았다. 나는 사소한 일에 흥분하는 원인을 탐색하는 과정에서 인간의 기본욕구가 손상된 사람을 수없이 마주쳤다. 그들은 계속되는 상처로부터 자신을 보호하고자 온갖 노력을 했지만 대부분 아무 소용이 없었다. 마음의 평정을 회복하기 위해서는 자신의 기본욕구가 무엇인지 알고, 그 욕구를 존중하기 위해 적절한 전략을 전개해야 한다.

《모기 뒤에 숨은 코끼리》를 출간한 이유는 나의 진료실을 찾은 내담자들과 친구들과 지인들, 그리고 같은 분야에서 일하는 동료들의 수많은 피드백 때문이었다. 책의 내용이 스스로의 감정에 대해서 혼란을 겪고 있는 많은 사람들에게 도움이 될 것이라고 했다. 그래서 독자들이 책의 내용을 쉽게 이해할 수 있도록 구체적으로 표현하고자 했다. 특히 5장이 그랬다. 5장은 독자들이 책을 읽으며 얻게 된 인식을 통해 해결책을 찾을 수 있도록 구성했다. 이 책에서 제시하는 자기 성찰을 위한 수많은 지침(필요하다면 심리치료와 함께)이 낡은 패턴을 의심하고 새로운 사고와 행동을 시험할 수 있도록 여러분에게 용기를 주었으면 한다.

3장 당신의 기본욕구를 알고 있는가

4장 당신의 코끼리를 발견하라

5장 마음의 평정을 되찾는 방법

며칠째 그대는 나에게 성난 얼굴을 하고 있다.
그대는 내가 이렇게 물을 거라고 생각하겠지.
어떤 모기가 그대를 물었는지를.

요한 볼프강 폰 괴테
Johann Wolfgang von Goethe

1장

모기와 코끼리에 대하여

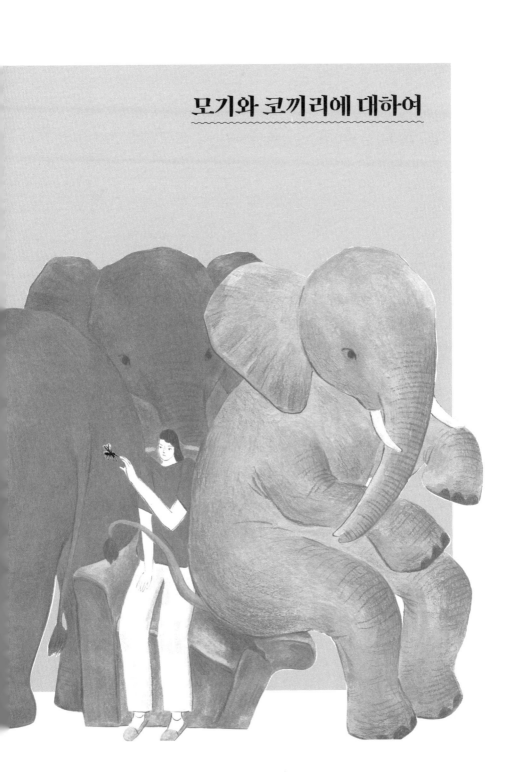

어떤 사람도 사소한 일에 이유 없이 흥분하지 않는다. 흥분은 저절로 생겨나지 않기 때문에 사소한 일에도 흥분하는 경우가 간혹 있다. 하지만 우리를 화나고 분통 터지게 만드는 것, 혹은 당황하여 말문을 잃게 만드는 것이 무엇인지 인식하기란 어려울 때가 많다. 지금 당장은 그저 모기만 보일 뿐이지만, 모기의 침은 그 사이에 우리의 영혼 깊은 곳까지 건드리기도 한다. 그것도 과거 언젠가 받았던 크고 작은 정신적 상처로 생겨난 예민한 부분을 말이다.

지금부터 네 개의 짧은 일화를 이야기하려 한다. 이 이야기는 이해하기 어려운 불쾌한 감정 상태에 압도당했다가 여기에서 벗어난 사람들에 대한 이야기다. 이런 상황에 처하면 수없이 좌절감을 느낀다. 다시 말해 기분이 상하고 오해받았다고 느끼며, 어떤 연결고리를 인식할 수도, 흥분을 통제할 수도 없다.

네 개의 짧은 일화:
아주 사소한 계기에서 생기는 스트레스

리사의 일화_부당한 비난에 집착하다

리사는 남편과 함께 아파트에 살고 있다. 그녀는 이웃들과 늘 담소를 나누며 친하게 잘 지낸다. 가끔은 그런 수다가 신경에 거슬리기는 하지만 말이다.

저녁 10시, 그녀의 남편은 아직 퇴근 전이다. 리사는 막 잠자리에 들려던 참이다. 그런데 갑자기 초인종이 울린다. 요란하고 집요하게. 깜짝 놀라고 당황한 그녀가 문을 연다. 옆집 여자가 잔뜩 화난 표정으로 그녀 앞에 불쑥 얼굴을 내밀며 호통을 친다.

"아니, 무슨 생각으로 이 시간에 드릴을 사용하는 거예요?"

"무슨 말씀이세요? 저는 드릴을 가지고 있지도 않은데요."

리사가 할 수 있는 말은 이게 전부였다.

"그럼 아랫집이겠군요. 이 시간에 드릴이라니!"

옆집 여자는 말끝을 흐리면서 씩씩대며 복도를 내려간다. 리사는 그녀에게 "미안해요"라고 말한 뒤 문을 닫는다. 리사는 몸을 살짝 떨며 생각한다. '드릴을 쓴 사람이 내가 아니라는 걸 옆집 여자가 믿어야 할 텐데.' 리사의 머릿속에 제일 먼저 떠오른 생각이다. 그녀는 다시 잠자리에 들었지만 좀처럼 흥분이 가시지 않는다.

남편이 집에 돌아오자 그녀는 자신이 겪은 일을 남편에게 이야기한다. 남편은 옆집 여자가 자신의 아내에게 부당한 비난을 퍼부은 사실에 몹시 화를 낸다. 그는 아내에게 내일 옆집 여자를 찾아가 따지라고 말하지만 리사는 한사코 거부한다. 그러나 어떻게 해도 리사의 마음은 진정되지 않는다. 그 모습에 화가 난 남편은 외친다. "지금은 일단 자! 아무 일도 아니야!"

슈테판의 일화 _ 자동차는 멀쩡하다

슈테판은 일을 마치고 주차해놓은 자신의 자동차로 가는 중이다. 그런데 먼발치에서 보니 다른 운전자가 차를 빼면서 슈테판의 새 자동차 범퍼를 건드리고는 그냥 가려는 게 아닌가. 몹시 화가 난 슈테판은 한걸음에 달려가서 소리를 지른다. "당신 지금 뺑소니치려는 거요?" 상대방은 후방거울을 통해 슈테판을 보고는 차에서 내려 무슨 일이냐고 묻는다. 그리고 자신은 그저 그의 차를 아주 살짝 건드렸을 뿐이라고 말한다. 두 사람은 범퍼를 세심하게 관찰한다. 아무런 흠도 눈에 띄지 않았지만 슈테판은 진정하지 못한다. 그는 계속 화를 내며 완강하게 주장한다.

"당장 보험사를 알려줘요. 안 그러면 경찰에 신고할 거요!"

책망당한 상대 운전자는 냉담하게 반응한다.

"원하시면 그렇게 하세요. 하지만 차에 아무 이상이 없다는 건 당신도 알잖아요."

슈테판이 대답한다.

"그건 자동차 정비소에서 판단할 일이죠. 차 내부에 문제가 생겼을 수도 있잖아요."

상대 운전자는 머리를 절레절레 흔들며 차를 타고 출발한다. 슈테판은 뒤따라 달려가며 보다 강렬하게 보이기 위해 허공에 대고 손을 흔들며 격분해서 소리친다. "당장 멈추라고요!" 행인 몇몇이 가던 길을 멈출 뿐, 남자는 차를 세우지 않는다.

일주일이 지났고, 자동차 정비소에서는 차에 아무 이상이 없다고 이미 오래전에 확인해주었지만, 슈테판은 이 일에 대해 매우 화를 내며 친구들에게 하소연한다.

안나와 페터의 일화 _ 양말에 짜증을 내다

안나와 페터는 결혼한 지 3년째다. 두 사람은 널찍한 아파트에 살고 있다. 안나는 그다지 까다롭지 않은 파트타임 재택근무를 하면서 살림을 돌보고, 페터는 중급 관리직에서 일한다.

오늘도 페터는 저녁 8시가 되어 기진맥진한 채 퇴근한다. "오늘은 어땠어?"라는 안나의 인사에 그는 그저 낮은 신음소리로 대답을 대신한다. 그는 코트와 재킷, 넥타이를 벗은 다음 안락의자에 푹 쓰러진다. 안나는 이런 행동이 무엇을 말하는지 알고 있다. '배터리가 방전됐어. 나는 휴식이 필요해!' 이런 상황에서 자신의 하루는 어땠는지 남편이 되물어주기를 기대해봤자 허사다. 그래서 그녀는 최대한 감정을 절제하며 말한다.

"주방에 먹을 게 좀 있어."

그리고 냉정한 말투로 이렇게 말한다.

"이따가 침실에 있는 당신 양말이랑 신문들 좀 정리해주면 좋겠어."

그러자 페터는 짜증난 목소리로 대답한다.

"또 그 소리야? 좀 더 중요한 얘깃거리는 없는 거야?"

안나는 더 크게 또박또박 말한다.

"중요한 얘깃거리가 없냐고? 당신은 집에 오자마자 신문을 펴잖아. 나한테 무슨 일이 있었는지는 관심도 없고, 그보다 신문 경제란이나 기사가 더 중요하잖아."

페터는 안락의자에 더 깊숙이 몸을 파묻는다. 이런 자세는 편안해서가 아닌 내적 후퇴에 가깝다. 그는 마치 이마 주름을 펴듯 손바닥을 이마에 갖다 댄다. 그리고 싸움을 피하기 위해 방을 어지르지 않겠다고 약속했던 일이 떠올라 화해하려고 애쓰며 말한다. "미안해. 오늘 아침에는 정말 바빴잖아."

세바스티안의 일화 _ 우울하게 시작된 휴가

세바스티안은 아내 소피아와 함께 산장으로 겨울 휴가를 떠나는 중이다. 친하게 지내는 부부와 함께 산장을 빌렸다. 세바스티안은 지난 몇 달간 업무에 시달려 녹초가 되었다. 소프트웨어 설치 프로젝트 책임자인 그는 항상 회사 내부의 갈등과 권력 다툼에 연관되어 있다. 세바스티안은 끊임없는 회사의 요구에서 잠시 벗어날 수 있다는 사실이 기쁘기도 하지만, 다른 한편으로는 자신이 자리를 비운 동안 다른 동료들이 자신의 영역을 침범할 수도 있다는 걱정에 마음이 편치 않다. 어쩌면 그가 없는 동안 중요한 결정들이 내려질지도 모른다. 라디오에서 흘러나오는 비발디의 〈사계〉와 눈이 가득 쌓인 산악 풍경이 그를 다시 현실로 돌려놓는다. 그는 앞으로 2주 동안 스키를 타고 잠을 실컷 자고 즐거운 저녁 시간을 보내고 맛있는 음식을 먹을 생각에 가슴이 설렌다.

그때, 그의 아내가 며칠 전에 먹을거리에 신경 좀 써달라고 부탁했던 일이 떠오른다. 산장 주변에는 마트도 음식점도 없으니 말이다. 그러나 휴가 가기 전에 업무 때문에 스트레스가 심했던 세바스티안은 아내의 부탁을 완전히 까먹고 있었다. 그는 자신의 실수를 인정하고 부랴부랴 친구에게 전화를 건다. 친구는 다소 퉁명스럽게 대답한다. "너희들한테 필요한 건 너희가 직접 사. 우린 필요한 물건을 벌써 다 샀어." 세바스티안의 기분이 갑자기 우울해진다. 그는 왠지 모르게 실망감과 불안감을 느낀다. 목적지로 가는 내내 그는 말이 없다. 산장에 도착하자마자 그는 자신의 방으로 곧장 들어가버린다. 또다시 피로감이 몰려오고 즐길 마음이 생기지 않는다. 무슨 일이 있냐는 아내의 걱정스러운 물음은 그저 그의 냉랭한 태도를 고조시킬 뿐이다.

그때 그의 휴대전화가 울린다. 전화기 너머로 직원 중 한 명이 휴가를 방해해서 미안하지만 급한 문제를 해결해야 해서 세바스티안의 조언이 필요하다고 강조한다. 세바스티안은 이 분야에서는 실력 있는 전문가다. 그는 꼭 맞는 아이디어를 제시해준다. 마음이 가벼워진 직원은 세바스티안에게 고마움을 전하고 전화를 끊는다. 물론 방해해서 미안하다는 말을 재차 반복하면서 말이다. 세바스티안은 전화를 끊으면서 피로감과 우울한 기분이 사라졌음을 느낀다. 그는 다시 친구 부부와 어울리며 즐겁게 저녁 시간을 보낸다.

누군가에게는 모기, 누군가에게는 코끼리

아마 여러분도 이런 상황이 익숙할 것이다. 사전 경고나 납득할 만한 이유 없이 '청천벽력'처럼 갑자기 나쁜 기분이 엄습하는 상황 말이다. 그럴 때면 화가 나거나 슬퍼지며, 폐쇄적이 되거나 분노하고, 자신에게 무슨 일이 일어나고 있는지 도무지 파악하지 못한다. 무슨 일이 있냐는 다른 사람들의 질문에도 제대로 대답하지 못하고 그런 질문조차 당황스러워한다. 그러면 상대는 놀라거나 이해할 수 없다는 반응이나 비난을 보낸다.

"갑자기 무슨 일이야?"

"그렇게 예민하게 굴지 마!"

"기분 나쁘게 받아들이지 마!"

"괜히 과장하지 마!"

이런 반응이 돌아오면 우리는 서로 다른 대답을 내놓을 것이다.

(부정하면서) "아무 일도 아니야."

(사소하게 여기면서) "그냥 기분이 좀 안 좋네."

(자책하면서) "내 자신이 너무 바보 같아!"

(책임을 전가하면서) "당신도 알잖아. 당신이 더러운 양말을 그대로 놔두면 내가 못 참는다는 걸 말야."

"당신이 나한테 이런 말투로 얘기하면…."

"당신 때문에 우리가 또 늦으면…."

"내가 모든 일을 다 해야 하면…"

이러한 반응 중 어떤 것도 긴장을 해소하지 못한다. 오히려 불쾌한 감정이 고조되거나 기분이 더 나빠질 뿐이다.

자신이 항상 침착하고 강하고 낙관적이고 용감하고 자신감 있고 자제력 있고 모든 요구사항을 감당할 수 있다고 느끼는 사람은 분명 없을 것이다. 분노, 두려움, 걱정, 수치, 모욕, 실망 같은 불쾌한 감정은 일단 처음에는 언짢은 일에 대한 지극히 정상적인 반응이다. 우리가 그러한 감정을 겪지 않으려고 하거나 되도록 피하거나 빨리 벗어나려고 하는 것도 정상이다. 우리는 종종 이러한 감정을 타인 앞에서 숨기려고 노력한다. 우리는 어떤 상황에서 어떤 감정이 바람직한지 바람직하지 않은지, 혹은 정당한지 부당한지 구별하는 법을 배워왔다. 이는 광범위한 결과를 초래한다. 말하자면 우리가 소위 느끼고 싶지 않은 감정을 억누르면 중요한 기본욕구에 접근하는 통로가 막히고 마는 것이다.

모기를 코끼리로 만들면, 다시 말해 일을 크게 부풀리면 감정적으로도 힘들고 이러한 감정을 설득력 있게 현실적인 계기와 연결 짓지 못한다. 우리는 이러한 계기를 완전히 보잘것없고 '사소한 것'으로 치부한다. 말하자면 자기 자신과 다른 사람들에게 설명하고 싶지 않은 감정을 부적절하거나 수치스러우며 당황스럽고 병적인 것이라고 생각하는 것이다.

눈에 보이는 원인과 숨은 원인

표면상으로 볼 때 크게 힘들이지 않고 순전히 객관적인 수준에서 제거할 수 있는 계기가 있다면 우리는 그것을 단순하다고, 말하자면 '모기'라고 일컬을 수 있다. 이를테면 페터는 크게 애쓰지 않고도 자신의 양말을 정리할 수 있을 것이다. 그렇다면 문제는 양말이 아니다. 하지만 본질적인 원인이 무엇인지 인식하기는 어렵다.

그런데 우리가 크게 흥분하는 원인이 명확하다면 누구나 사정은 다르다. 그러한 상황에서는 충분히 해명할 수 있다. 예를 들어 명백한 무시나 경멸, 반복되는 불공평한 처우, 심각한 손해, 객관적으로 위협적인 사건, 현재의 과중한 업무, 계속 축적되는 화나는 일, 해결되지 않은 산더미 같은 과제, 갑자기 생긴 걱정, 신체적 통증 같은 것 말이다.

이러한 부담은 스트레스를 의미하며 우리를 신경질적으로 만든다. 여기에 사소하지만 불쾌한 일들이 더해진다면 누구나 탄식을 내뱉을 것이다. "이럴 수가, 더 이상 못 참겠어!" 이때 우리는 모든 것이 신경을 건드리는 것처럼 느끼며 더 이상 참을 수 없는 한계에 도달했음을 안다. 또한 가끔은 나무만 보고 숲을 보지 못할 때도 있다. 모든 것이 걷잡을 수 없이 엉망이 되고 우리는 그저 스트레스만 받는다. 따라서 흥분의 원인은 인식하기 쉬울 수도 있고 어려울 수도 있으며, 현재 또는 최근에 일어난 일이거나, 시간의 층 아래에 깊이 감춰져 있을 수도 있다.

오래된 것과 새것, 드러난 것과 감춰진 것은 종종 섞여 있지만 이러한 상이한 생성 조건을 명백하게 의식하는 것이 중요하다. 그렇지 않으면 흥분의 원인을 엉뚱한 곳에서 찾는 위험을 저지른다.

납득할 만한 흥분과 설명하기 어려운 흥분의 차이를 쉽게 보여주는 비유를 들어보자. 당신이 물살이 센 개울 위에 놓인 통나무 다리를 건너야 한다고 상상해보라. 누구나 당신의 머뭇거림을 이해할 테고, 이것을 위험한 모험이라고 생각할 것이다. 말하자면 통나무 다리를 건너는 것을 담력 시험처럼 여길 것이다. 그런데 통나무가 안정적인 바닥에 놓여 있다면 그것을 건너는 일은 대부분의 사람들에게 어렵지 않은 도전이 될 것이다. 이 경우에는 사람들이 공포감을 느끼지 않는다. 그들에게는 이 도전이 모기처럼 느껴질 테니 말이다.

불쾌한 감정은 우리 몸 어딘가가 이상하다는 신호를 보내는 신체적 통증과 비교할 수 있다. 우리는 이 통증이 왜 생겼고 무엇을 의미하는지 궁금해하고, 경우에 따라서는 병원에 가서 진찰을 받기도 한다. 하지만 원인이 분명하지 않은 불쾌감이 엄습한다면, 의사나 심리치료사를 찾아가는 것보다 먼저 여러분 자신이 지나온 흔적을 탐색해야 한다.

모기는 어떻게 코끼리가 되는가

겉보기에 사소한 일로 생겨나는 불쾌감을 우리는 왜 제대로 설명하지 못할까? 대답은 단순하다. 우리가 본질적인 원인을 의식하지 못하고 있기 때문이다. 그 원인은 과거 어딘가에 존재하며, 대부분 기억 속에서 거의 잊힌 경험의 층 아래에 감춰져 있다. 우리가 어떤 것을 왜 특정한 방식으로 경험하는지, 다시 말해 우리가 왜 이렇게, 혹은 왜 저렇게 행동하는지 그저 단면적으로 인식하는 건 지극히 정상이다. 자연에 의해 그렇게 정해졌다. 우리가 만약 올바른 길을 찾기 위해 중요한 모든 기억과 그 연관관계를 영원히 명확하게 기억할 수 있다면 우리의 사고는 매우 과중한 부담을 느꼈을 것이다. 그렇기 때문에 뇌가 이를 자동적으로 처리하는 것이다.

이러한 가공 과정의 결과로 기대와 가정, 규칙으로 만들어진 복합적인 구성물이 생겨난다. 우리는 이 구성물을 따르지만 그것이 무엇인지 대부분 명명하지 못한다. 이는 우리가 말을 배울 때와 비슷하다. 우리는 문법 규칙을 모르는 상태에서 언어 감각을 발전시킨다.

가정과 규칙은 근본적으로 현실에 대한 이미지를 결정한다. 다시 말해 우리가 무엇을 인지하고 무엇을 느끼고 무엇을 원하고 기대할 수 있는지, 각각의 상황에서 어떻게 행동해야 하는지 결정하는 것이다. 우리는 살아가면서 개별적인 가공 패턴과 행동 패턴, 즉 우리가 특정한 상황에 직면할 때 자동적으로 사용하는 이른바 도식schema을 형성한다. 도식은 세상과 우리 자신을 친근하게 인지하도록 도와주며, 세상 속에서 우리가 방향을 잡기 위해 필요한 기반이다. 도식은 우리가 살아오면서 겪는 온갖 경험의 총합으로 만들어진다. 또한 도식은 역할 모델(우리는 생애 초기에 일정하게 접촉하는 인물을 모방하면서 학습한다)을 통해 형성되며, 과거에 우리가 어떤 대우를 받았고 어떤 반응법을 배웠는지 그 방식을 반영한다. 긍정적인 경험과 부정적인 경험이 도식 안에서 가공되고 저장된다.

그렇게 생겨난 패턴들은 변화된 현실에 적응해야 할 때까지 한동안 유지된다. 현실이 변화되면 혼란스럽거나 불안해질 수 있다. 이때 기존의 패턴들이 도움보다는 어려움을 주는데도 우리는 기존의 패턴을 꼭 붙든다. 기존의 도식에 들어맞지 않는 것은 소멸되거나 새롭게 해석된다. 말하자면 어떤 도식이 오래되거나 현재의 상황에 적합하지 않을 경우, 그 도식은 현재의 가능성을 보는 시야를 흐리게 한다. 다시 말해 기능적(적합한) 도식과 역기능적(불리한) 도식이 존재한다.

예를 들어 직업적으로 성공한 사람만이 훌륭하다는 확신을 가진 사람은 다른 유익한 가치들을 걸러낸다. 그리고 '나는 열심히 노력해서 실력을 키우고 신분 상승을 해야 해!'라는 규칙에 따라 일방적으로 행동한다. 그렇게 되면 작은 실패에도 불안감과 자신에 대한 회의감을 느끼고 이에 적합한 보호 조치를 취한다. 우리가 이 책에서 탐색하려는 '코끼리'는 이러한 불리한 도식에서 생겨난다. 모기 속에 숨은 코끼리의 근원은 여러 연령대에서 중요한 욕구를 처리할 때 경험한 부정적 경험에서 찾을 수 있다.

이러한 중요한 욕구가 침해되면 흔적이 남는다. 즉 약점과 자기 보호 프로그램이 생겨난다. 우리는 자기보호 프로그램을 활성화함으로써 존중받기 위해, 기본욕구를 충족하기 위해 애를 쓴다. 말하자면 불쾌하거나 감정을 해치는 상황에서 정말로 무엇이 필요한지 묻기보다 최대한 빨리 불쾌한 감정으로부터 자신을 보호하려고 한다. 경험상으로 볼 때, 대부분의 사람들은 모기처럼 작은 사건들이 우리의 기본욕구가 침해되었음을 알려주는 징조라고 판단하지 못한다.

마침내 코끼리가 되다

부모님이 '최선을 다해 행동해야 한다'는 신념으로 아이들을 가르치더라도 소원과 욕구를 인식하고 실현하는 데 실제로 도움이 되지는 않는다. 저마다의 개성을 지닌 아이를 올바르게 판단하기란 쉬운 일이 아니다. 부모님에게 감사해야 하는 일도 있지만, 어쩌면 부모님으로부터 상처 입은 일도 있을 것이다. 예를 들어 전후 시대에 성장한 세대는 주로 의무와 규범을 지키고 순응하도록 교육받았다. 이를 테면 '투정하지 않고' 밥 먹기, 보잘것없는 선물에도 감사하고 기뻐하기, 시간을 빼앗는 사람이 찾아와도 반갑게 인사하기, 비판적인 질문하지 않기 등이 그것이다.

이렇게 행동하는 사람은 어릴 때 '자신의 감정과 욕구를 중시하고 표현하는 것보다 자신을 억제하고 다른 사람들의 기대를 충족시키는 것이 더 중요하다'고 배운다. 이러한 교육으로 자신의 기본욕구를 직관적으로 인식하는 기회를 놓치고 자기감정의 중요성을 상실하며 자신이 정말로 무엇을 원하는지 더 이상 느끼지 못하게 된다. 그 결과는 '소망 없는 불행'의 상태로 이어질 수 있다. 그렇게 되

1장 모기와 코끼리에 대하여

면 자신에게 득이 되는 내면의 안테나는 꺼버리고 그저 다른 사람들의 기대만을 수신하는 안테나를 갖게 된다. 특히 직장에서는 제약이나 역할이나 원칙에 복종하고 저녁에는 그저 '휴식'을 취하려고만 한다. 비참하게도 그저 휴식 하나만 바라게 되는 것이다. 다채로운 소망을 꿈꿀 수 있는데도 말이다.

이처럼 주로 타자에 의해 삶이 결정되면 아주 작은 언짢은 일에도 화가 치밀어 오르거나 모욕감을 느끼고 뒤로 물러날 위험이 높아진다. 지금까지 자신을 억눌러온 모든 것을 밝혀낸다면 어떤 욕구가 지속적으로 충족되지 못했는지, 그 결과 어떤 약점이 생겼는지 알 수 있을 것이다. 또한 작은 일을 너무 과장해서 받아들인다고 비난받을 때 보인 반응을 해명하고 그러한 비난을 반박할 수 있을 것이다. 하지만 내면적 삶을 들여다보지 않고서는 우리가 느끼는 불쾌한 기분의 깊은 의미를 자신은 물론이고 다른 사람이 이해할 가망은 없다.

우리가 원하건 원하지 않건 약점은 반복적으로 나타나서 과거와 현재의 문제적 관계를 활성화하고 그에 상응하는 불쾌한 감정을 함께 불러일으킨다. 이는 마치 주사위 놀이 같다. 주사위를 던졌더니 '~로 되돌아가시오!'라고 쓰인 칸 위에 주사위가 떨어진다. 그런데 주사위가 떨어진 칸(말하자면 인생의 한 국면)에서 우리의 기억은 되돌아갈 때를 떠올리지 못한다.

우리에게 가장 먼저 필요한 것은 자신의 감정과 다른 사람들의 감정을 주의 깊게 살펴보는 것이다. 특히 불쾌한 감정은 중요한 욕구를 소홀히 했다는 암시일 수 있다. 이는 공기와 숨의 관계와도 같다. 산에 높이 오를수록 공기가 희박해지고 숨은 더 가빠진다. 그러면 산소가 부족해져서 휴식을 취할 수밖에 없다. 마찬가지로 갑작스럽게 기분이 바뀔 때에도 잠깐 멈춰 서서 우리에게 무엇이 부족한지 생각해보아야 한다.

리사와 슈테판, 안나와 세바스티안이 잠깐 멈추어 서서 곰곰이 생각하는 시간을 가졌다면 어떻게 되었을까? 정리를 잘하지 못하는 남편과 다툼을 벌였던 안나의 사례를 다시 관찰해보자.

양말 안에 든 코끼리

안나와 페터 사이의 갈등은 일상적으로 흔히 볼 수 있는 모습으로, 우리는 안나의 언짢음을 충분히 이해할 수 있다. 부부가 정리에 대한 생각을 조율하기란 쉬운 일이 아니지만, 이는 그저 갈등의 한 영역일 뿐이다. 그러나 안나의 계속되는 격한 언짢음 속에는 또 다른 것이 숨어 있다. 그녀의 깊은 곳에 존재하는 근본적 원인을 찾아야 한다. 좀 더 자세히 들여다 보면 두 사람의 중요한 기본욕구가 어떻게 충돌하는지, 각각의 거대한 코끼리를 인식하는 것이 얼마나 어려운 일인지 알 수 있다. 먼저 두 사람의 삶의 배경부터 살펴보자.

1장 모기와 코끼리에 대하여

안나와 페터는 5년 전 쾰른에서 알게 되었고 2년 뒤에 결혼했다. 서른네 살의 매력적인 안나는 몇 년 전에 한 중견기업에서 프로젝트 책임자라는 유망한 직책을 맡고 있었다. 그녀는 페터를 만나기 전까지 혼자 살았다. 안나보다 세 살 많은 페터는 뮌헨에서 자랐고, 그곳에서 법대를 졸업하고 한 국제기업에서 부장으로 승진했다. 그는 새로운 직업적 도전을 위해 쾰른으로 자리를 옮겼다. 그는 라인 지방의 생활방식에 매우 만족했기 때문에 쾰른으로 옮긴 것을 행복한 운명이라고 느꼈다. 최근에 그는 뮌헨 본사로 발령이 났는데, 이 문제 때문에 특히 안나와 큰 갈등을 빚었다. '안나가 자기 경력과 상관없는 반일근무를 받아들일까? 그녀가 친구들을 떠날 수 있을까?' 페터는 쾰른에 남아서 새 직장을 구해보겠다고 제안했지만 안나는 내키지 않았다. 페터를 사랑한 안나는 그와 가정을 꾸리고 싶었기에 결국 뮌헨으로 이사했다. 그때까지 두 사람에게는 아이가 없었는데, 이 문제 때문에 안나는 침울해했다.

안나와 페터는 상담을 받으려고 나를 찾아왔다. 안나가 먼저 페터에게 제안했고 페터가 받아들였다. 페터 역시 안나의 '계속되는 불만'에 시달리고 있었기 때문이다. 그는 안나의 불평이 자신을 점점 절망에 빠뜨린다고 토로했다. '아무것도 아닌 일'로 자주 다투는 상황을 더 이상 견딜 수 없다고 했다. 그녀가 화를 내는 이유는 납득이 갔지만, 그렇게 지속적으로 과격하게 자신을 비난하는 이유는 알 수 없었다. 페터는 고개를 젓거나 이마에 짜증스런 주름을 지으면서 아무렇게나 벗어둔 양말(대부분 정리 문제)을 사소한 일이라고 치부했다. 그는 "나중에 치울게"라거나 "양말이 그렇게 거슬리면 당신이 직접 치우면 되잖아"라고 말해서 갈등을 더 크게 키웠다. 그들은 아무렇게나 널려 있는 양말의 의미를 제대로 인식하지 못했기 때문에 계속해서 싸웠고, 그들을 흥분하게 만드는 좀 더 근본적인 원인을 알지 못해 대화를 나눌 수도 없었다.

"그냥 싫단 말이야!"라는 안나의 해명에서는 어떤 인식도 찾기가 어려웠다. 그녀가 "나는 당신 하녀가 아니야!"라는 말로 분노를 터뜨렸을 때 그녀는 코끼리의 흔적을 쫓고 있었다. 그럴 때마다 그는 "당신은 하녀가 아니야, 당연히 아니지. 그렇게 기분 나쁘게 받아들이지 마"라는 무익한 대답을 했다. 이따금씩은 비아냥거리는 말투로 발끈하기도 했다. "이게 당신을 행복하게 하는 거라면 앞으로는 양말을 절대로 아무 데나 벗어두지 않을게."(안나는 그가 한 이 약속을 계속 상기시켜주어야 했다.) 그리고 이렇게 덧붙였다. "그러니까 제발 불평 좀 그만해!" 간혹 페터는 "앞으로 노력할게"라는 건설적인 대답을 했다. 그러면 안나는 "알았어. 그런데 당신이 약속을 지키지 않으면 아무 의미가 없어"라고 말했다. 안나는 나에게 이렇게 말했다. "저는 페터의 억지 약속을 더 이상 못 믿겠어요."

안나와 페터의 집에서 양말은 빨래에 그치는 것이 아니라 둘 사이의 관계에 놓인 핵심 문제다. 하지만 문제를 '객관적으로' 해결하려는 모든 시도는 만족스럽지 못했고 두 사람은 결국 막다른 골목

1장 모기와 코끼리에 대하여

에 다다랐다. 만일 안나가 현재 자신의 삶에서 무엇을 원하는지 분명히 알았다면 이렇게 말했을 것이다. "페터, 나는 내 삶이 만족스럽지 못해서 자주 화가 나. 나는 인정받고 존중받고 싶어. 그런데 지금 난 뭘 하고 있지? 내 일상은 대부분 정리하는 거잖아. 나는 더 흥미로운 일을 찾고 싶어!" 또는 "당신이 나를 조금만 더 도와주면 덜 힘들고 인정받는 기분이 들 거야. 집안일을 완벽하게 하고 당신 뒷바라지하는 게 나의 최고 행복이겠어? 나는 뮌헨에서의 삶이 이럴 줄은 생각도 못했어! 얼마나 더 기다려야 아이를 낳고 싶은 내 소원이 이루어질까?" 차마 말을 꺼낼 수는 없었지만 그녀가 느낀 것은 '솔직히 나는 당신이 부러워. 즐거운 직장 생활을 할 수 있는 당신이, 인정받는 당신이, 성공을 경험하는 당신이 부럽단 말이야. 가끔은 중요한 일 때문에 생기는 당신의 직장 문제도 부러워.'

이제 코끼리의 윤곽이 서서히 보일 것이다. 근본적인 불만을 인정하지 않는다면 광범위한 문제가 나타날 수 있다. 안나는 자신이 인정, 이해, 자기결정과 같은 기본욕구가 충족되지 않아서 종종 화가 났다는 사실을 지금까지 알지 못했다. 그녀는 자신의 불만을 보다 정확하게 바라보는 것이 두려웠고, 본질적인 원인은 그렇게 몸을 숨기고 있었다.

그녀의 부모님은 무엇보다도 자신의 의무를 다하고 그것을 지키며 살아야 하고, 원하건 원치 않건 응당 해야 할 일을 하며 살아야 한다는 본보기를 보여주었다. 그러므로 안나의 내적 프로그램은 전반적으로 '다른 사람들을 배려해야 해.' '이기적이어서는 안 돼.' '청결은 매우 중요해.' 같은 명령으로 구성되어 있었다. 안나는 완벽한 수준에 이르려는 노력이 마치 자기 삶의 질서를 바로잡는 적합한 수단인 것처럼 행동한다. '규범을 따르라. 그러면 당신의 안정을 위태롭게 만드는 모든 위험과 당신의 삶을 통제할 수 있다'는 모토에 따라서 말이다. 안나는 자신이 처하는 많은 상황에서 부모님이 보여준 본보기와 묻지도 따지지도 말고 자신의 의무를 지켜야 한다는 교육 방식에 영향을 받았다.

그런데 갈등을 일으키는 질문, 즉 의미 충족과 삶의 만족이라는 문제에 맞서는 안나의 보호 기제는 매우 편협해 보이며 그녀의 남다른 성찰 능력과도 모순된다. 그녀에게는, 그리고 그녀의 남편에게는 중요한 기본욕구의 좌절을 문제 삼는 것보다 양말을 문제 삼는 것이 더 수월하다. 인생사를 자세히 들여다보지 않고서는 불만을 심적으로 처리하는 방식을 이해하기 어렵다. 이러한 처리 과정은 안나의 외적 이미지, 그녀의 확실한 행동과 직업적 능력, 외형적으로 나타나는 그녀의 자주성에도 들어맞지 않는다. 안나의 감정과 반응을 이해하기 위해서는 좀 더 심층적인 층위를 살펴보아야 한다. 그녀의 인생사를 관찰하면(2장 '네 번째 코끼리: 사람들에게 인정과 존중을 받고 싶어' 참조) 그녀의 코끼리가 모습을 드러낼 것이다.

이제 페터에게 관찰의 초점을 옮겨보자. 페터에게 가장 큰 문제는 아내의 반복되는 불만이다. 페터는 근본적으로 아내의 끊임없는 불평이 마음에 걸리기보다 아내가 자신과 함께하면서 행복해하지 않는다는 사실이 더욱 불안하다. 안나에게 필요한 것을 주지 못한다는 사실이 두렵다. 그는 자신이 그녀의 행복을 책임져야 한다고 느끼고, 특히 그녀가 자신 때문에, 그리고 아이를 갖고 싶은 바람 때문에 직업적 야망을 포기했다고 생각한다. 그러면서도 그는 자신의 경력과 그에 따른 인정도 포기하고 싶지 않다. 이런 딜레마에서 페터의 죄책감이 생겨난다. 하지만 그는 이를 인정하고 싶지 않다. 우리가 예감할 수 있는 페터의 코끼리에 대해 좀 더 살펴보아야 한다.

페터와 안나의 갈등을 보면 널브러진 양말이 이 부부에게 모기인지, 아니면 코끼리인지가 명확하게 드러난다. 페터가 양말로 벌어진 다툼을 대수롭지 않게 생각하는 반면, 안나는 매우 중요한 의미가 좌절되었다고 느낀다. 페터는 복잡한 갈등에서 비켜나기 위해 양말 문제를 '모기'처럼 사소하게 생각하지만 안나는 계속해서 신경 쓴다. 그녀는 정리정돈을 위해 노력하고 자신의 관심사에 귀를 기울이려고 한다. 말하자면 모기 안에 코끼리가 들어 있는지 아닌지는 견해상의 문제다. 두 사람 모두 이 문제가 코끼리의 문제라고 예감했다면 각자의 이해관계에 따라 훌륭한 싸움을 할 수도 있었다. 하지만 그들은 이 사실을 인정하려 하지 않았다.

누구나 막다른 골목이나 미로에서 벗어날 수 있도록

여러분은 이 일화들 속에서 자기 자신이나 주변 사람, 친구, 배우자, 동료 들을 떠올릴 것이다. 이 이야기들은 우리가 종종 그냥 넘어가고 싶어 하는 단순한, 하지만 감정적으로 무거운 일상의 상황이다. 이 상황을 그 이전의 경험과 연관시켜 관찰하면 보다 명확한 모습이 드러난다. 현재의 불쾌감은 과거에서 울리는 메아리와 같다.

따라서 이해하기 어려운 감정에 빠지면 먼저 곰곰이 생각해봐야 그 의미를 조금 더 잘 이해할 수 있다. 그래야만 우리의 기본욕구를 인식할 수 있다. 단순한 일로 받아들이기 어려울 정도로 흥분이 반복되는 것은 그 감정이 빙산의 일각임을 암시한다. 본질적인 부분은 감춰진 상태에서 그저 간접적으로 표현되고 있을 뿐이다. 표면적인 이유로는 부족하다. 이 문제에 객관적으로 접근한다면 우리는 풀리지 않는 부분을 명확하게 느낄 수 있다.

우리가 아주 사소한 계기로 매우 불쾌한 감정 상태에 빠진다면 이는 우리가 현재의 상황에만 반응하는 것이 아니라, 감정적으로 과거와 현재에 뒤섞여 있을 가능성이 매우 높다. 그렇게 되면 과거의 감정이 깨어나고 과거의 가공 패턴이 활성화된다. 과거의 패턴은 현재 삶에서 우리의 욕구 충족을 촉진하지 못하고 오히려 방해한다. 또한 주변 사람들과 어울릴 때 우리를 매우 흥분하게 만들 수 있다. 그러나 아주 먼 과거에서 이 패턴은 문제를 극복하는 최고의 수단이었을 것이다. 이런 점에서 볼 때 이 패턴은, 비록 시대에 뒤처지긴 했지만, 문제를 해결하려는 시도로 인정될 수 있다.

예를 들어 좋아하는 사람의 애정이 식을까 두려워하는 사람은 항상 다른 사람을 만족시키려고 애쓴다. 또한 소외감을 빨리 느끼는 사람은 스스로 먼저 관계를 끊으려고 한다. 이 두 패턴은 간혹 장점도 있지만, 새로운 상황에 유연하게 적용되지 않으면 문제로 이어질 수 있다. 과거에 효과적이었던 문제 해결 전략은 오래 지속된다. 또한 과거에 큰 도움이 되었기 때문에 매우 친근하게 느껴진다. 그렇기 때문에 우리는 위협이나 불안을 느낄 때 주저하지 않고 과거의 방법을 다시 사용한다. 스트레스 상황에서 뭔가 새로운 것을 시도한다는 것이 얼마나 어려운지 누구나 알고 있지 않은가.

이 책은 단순한 계기에서 생겨나는 흥분을 차근차근 심층적으로 이해할 수 있도록 구성되어 있다. 나는 이를 앞부분에서 언급된 일화의 주인공들을 통해 예시적으로 보여주려고 한다. 책을 읽으면서 여러분이 제기할 수 있는 문제에 대한 대답을 이 일화들을 통해 발견할 수 있을 것이다.

감춰진 코끼리의 모습은 2장에서 조명된다. 2장에서는 설명하기 어려운 현재의 감정 상태와 지나온 삶의 감정적 경험 사이에 존재하는 연관관계를 이해하기 쉽게 규명한다. 또한 기본욕구란 무엇인가, 기본욕구가 충족되지 않는다는 것은 무엇을 의미하는가, 약점은 어떻게 생겨나는가, 기본욕구의 좌절을 피하려면 어떤 전략을 전개해야 하는가, 약점이 건드려지면 어떤 일이 발생하는가, 모기 속에는 왜 코끼리가 숨어 있는가 하는 물음에 대한 대답도 찾을 수 있다.

중요한 인생 경험으로 이루어진 몇 개의 퍼즐 조각을 가지고 앞에서 언급한 일화들을 설명한다면 그러한 흔적을 찾는 데 도움이 될 것이다. 우리는 이 사실을 안나와 페터의 부부 갈등 사례에서 이미 확인했다. 리사와 슈테판과 세바스티안의 일화도 이와 같은 맥락에서 조명하고자 한다. 이어지는 다음 장들은 여러분이 자신의 코끼리를 탐색하고, 어떻게 하면 그 코끼리를 건설적이고 유익하게 다룰 수 있는지 도움을 줄 것이다.

3장에서는 어떠한 기본욕구가 중요하며 우리가 어떠한 욕구를 소홀히 하고 있는지 테스트해볼 수 있다. 지난 삶을 돌이켜보면 여러분의 삶에서 기본욕구가 충족되었는지 아닌지 확인할 수 있다.

4장에서는 어떻게 하면 자신의 코끼리를 알아낼 수 있는지에 대해 설명한다. 우리는 왜 부정적인 감정 상태를 반복적으로 경험하면서 그 감정에 대해 제대로 설명하지 못할까? 우리의 약점은 어디에 존재할까? 약점을 극복하기 위해 우리는 어떤 전략을 전개해야 할까? 우리는 왜 '사소한 것'에 흥분할까?

여기까지 제대로 따라왔다면 5장을 읽을 준비가 되어 있는 것이다. 이제 우리는 부정적 감정 상태의 의미를 명확하게 알고 있다. 그리고 이쯤이면 단번에 이해하기 어렵다는 이유만으로 이러한 감정 상태를 하찮게 여기지 않을 것이다. 또한 주변 사람들의 불쾌한 기분에 공감하는 감정 이입 능력도 강화되었을 것이다. 이러한 맥락에서 볼 때 기본욕구의 좌절과 충족은 현재든 과거든 모든 인간관계에서 늘 발생한다는 사실도 명확하게 드러난다.

이 책에 제시되는 수많은 조언과 연습은 막다른 골목이나 미로에서 벗어날 수 있는 수단을 제공할 것이다. 또한 다양한 질문과 자기 관찰을 통해 우리의 능력을 생생하게 표현하고 지속적으로 발전시킬 수 있게 될 것이다. 이 책에서 제안하는 모든 조치는 마음의 평정을 되찾을 수 있도록 도움을 줄 것이다.

우리의 '내적 프로그램'은 우리의 성향과 우리에게 저장된 온갖 경험에서 기인한다. 이러한 경험은 새로운 경험을 통해 수정될 수 있다. 그러려면 용기와 인내가 필요하고, 그렇게 되면 현재에는 더 이상 적합하지 않은, 종종 문제를 악화시키는 과거의 보호 조치들은 불필요해진다. 우리가 좀 더 유연하고 새로운 해결책을 전개한다면 여러 갈등과 기본욕구가 반드시 양자택일의 문제가 아니라, 오히려 두 마리 토끼를 모두 잡는 '양자택이'로 통하는 문을 열 수 있다는 사실을 분명히 알게 될 것이다. 그 결과 우리는 만족스럽지 않은, 또는 충만한 삶에 그다지 중요하지 않은 소망이나 행동을 그만두게 될 것이다.

이에 대한 좋은 예는 스마트폰이나 컴퓨터를 통해 욕구를 충족하려는 태도다. 많은 사람들이 관심과 관계와 소속감을 원하고, 스마트폰이나 컴퓨터는 다양한 가상의 가능성을 제공한다. 뿐만 아니

라 이용자에게 무엇이 유용한지, 그들이 무엇을 좋아하는지, 무엇에
관심을 가지는지 등을 알려준다. 말하자면 '좋은 친구'가 되어준다.
이용자들이 스마트폰이나 컴퓨터에 쏟는 시간과 에너지는 종종 실
제 경험, 다시 말해 개인적인 관심과 존중, 유대감, 인간 상호 간의
기본욕구를 훌쩍 뛰어넘는다. 이러한 관점에서 볼 때 이 책은 디지
털 세계 밖의 삶도 보여줄 것이다.

화내야 할 사람에게 화를 내는 것, 적절하게 화를 내는 것,
올바른 때에 화를 내는 것, 화내야 할 일에 화를 내는 것,
제대로 된 방식으로 화를 내는 것은 쉽지 않다.

아리스토텔레스
Aristoteles

2장

보이지 않는 코끼리

분노하는 옆집 여자, 자동차에 난 흠집, 널브러진 양말, 짤막한 통화. 이런 사소한 일에 그토록 크게 흥분하는 이유는 무엇일까? 이 사소한 일은 이야기 속 주인공들의 매우 예민한 약점을 건드린다. 그렇다면 이런 예민함은 어디에서 유래했을까? 이에 대한 대답은 리사와 슈테판, 안나와 페터, 세바스티안의 인생사에서 찾을 수 있다. 현재와 과거의 주제는 마치 퍼즐놀이처럼 놀라울 정도로 연관되어 있다.

어떤 사람이 특정 사건에 대해 왜 그런 반응을 보이는지 이해하려면 그 사람에게 그 사건이 어떤 의미인지 알아봐야 한다. 예를 들어 리사는 분노하는 옆집 여자 앞에서 처음에는 깜짝 놀라기만 하다가 나중에서야 '옆집 여자가 나한테 못되게 구네. 참을 수가 없어'라고 생각한다. 이는 그녀의 과거를 살펴보지 않는다면 매우 이해하기 힘든 행동이다. 그러려면 배려와 인내, 솔직함, 용기가 필요하다. 그녀의 지난 삶을 추적해보면 그녀의 기본욕구가 드러난다. 말하자면 우리가 알고자 하는 것은 '리사의 기분이 갑작스럽게 변하는 이유는 무엇인가? 그 배후에는 어떤 코끼리가 숨어 있는가? 이 코끼리는 왜 생겨났는가?'이다.

어떤 사람이 꽉 끼는 새 신발을 신고 산책을 한다고 상상해보자. 처음에는 발을 가볍게 죄는 느낌만 들겠지만 계속 걷다 보면 통증이 반복되고 결국 피부가 까져서 아물지 않는 상처가 난다. 그는 통증을 최대한 덜 느끼도록 절뚝거리면서 사람들이 가득 찬 지하철을 탄다. 그런데 어떤 사람이 실수로 그의 발을 밟는다. 그는 반사적으로 소리치며 평소와 달리 큰 소리로 욕을 내뱉는다. "빌어먹을, 조심 좀 하지 못하겠어요?" 발을 밟은 사람은 말 그대로 그의 약점(상처 난 곳)을 건드렸다. 물론 아무것도 모른 채 말이다. 신발 속에 감추어져 있으니 알 리가 있겠는가! 이 신발을 선택한 것, 너무 오래 걸은 것, 통증을 최대한 피하려는 노력, 산책을 중단한 것, 실수로 상처 난 발을 밟힌 것, 이 모든 것이 합쳐져서 그는 실망감과 불쾌감을 느낀다. 일반적으로 표현하면, 신체적 통증으로부터 자신을 보호하려는 기본욕구가 손상된 것이다. 이를 통해 전체 과정이 명확하게 이해되고 원인도 분명해진다. 그는 발을 밟은 사람에게 자신이 왜 그리 격하게 반응하는지 쉽게 설명할 수 있을 것이다.

하지만 눈에 보이지 않는 코끼리라면 사정이 다르다. 다시 말해 마음속 약점은 이와 동일한 원칙에 따라 생겨나지만, 겉으로 분명하게 드러나는 경우가 드물다. 왜냐하면 기본욕구의 손상과 이를 극복하려는 노력은 우리가 더 이상 기억하지 못하는 아주 먼 과거로 거슬러 올라가야 하기 때문이다. 과거의 예민한 부분이 건드려지면 당연히 화가 나지만, 우리는 이에 대해 제대로 설명하지 못한다. 이 예시에서도 신발이 정말로 어디를 아프게 하는지 알아보는 것이 도움이 될 수 있다.

긍정적 발전을 위한 기본욕구의 충족

모든 것이 그대로 있으면 편안해진다. 가장 중요한 우리의 욕구가 충족되기 때문이다. 반면 불쾌한 감정은 그렇지 못할 때 일어난다. 우리는 우리에게 무엇이 필요한지 언제나 정확하게 알고 있을까? 오히려 '우리가 무엇을 (더 이상) 원하지 않는가'라는 질문에 답하는 것이 더 쉽다. 이를테면 우리는 더 이상 많은 일을 하고 싶지 않고, 짜증에서 벗어나고 싶고, 두려움을 느끼고 싶지 않고, 지루해지고 싶지 않고, 더 이상 아무 걱정도 하고 싶지 않다.

부정적인 감정이 생겨날 때 우리에게 정말 필요한 것이 무엇인지 어떻게 인식할 수 있을까? 이때 어떤 욕구가 좌절되거나 위협당할까? 인간의 일반적인 기본욕구는 도대체 무엇일까?

기본욕구는 코끼리를 이해하는 데 중요한 의미를 지닌다. 기본욕구는 인간관계 영역에 자리 잡고 있다. 몇몇 기본욕구는 우리가 세상에 태어날 때 이미 존재하며, 또 다른 기본욕구는 나중에 생겨나서 문화적 영향에 따라 개별적인 특성을 갖는다. 기본욕구는 특히 아동기에 충족되어야 건강하게 발달한다. 뇌 연구를 통해 입증된 사실이다. 즉 초기 아동기에 아동과 꾸준히 접촉하는 애착인물이 안정과 애정, 긍정적 자극 등을 보장하지 않을 경우, 아동의 뇌 발달은 해를 입는다. 이런 점에서 볼 때 원칙적으로 기본욕구는 사람마다 서로 다른 개인적 소망, 예를 들어 언젠가 세계여행을 하고 싶다는 소망, 정원을 가꾸고 싶다는 소망, 조용히 책을 읽고 싶다는 소망, 큰 자동차를 몰고 싶다는 소망, 태평하게 해변에 누워 있고 싶다는 소망, 텔레비전에 출연하고 싶다는 소망, 화려한 축제를 즐기고 싶다는 소망, 돈을 아주 많이 갖고 싶다는 소망, 이성에게 호감을 받고 싶다는 소망 등과 구분된다.

물론 이러한 소망은 기본욕구와 관련이 있을 수 있다. 여행은 우리의 호기심을 충족시키고, 눈에 띌 정도로 큰 자동차나 소셜미디어의 팔로워, 텔레비전 출연 등은 주목받고 싶은 욕구를 반영하며, 사람들과 어울리는 축제는 소속감을 제공한다. 이러한 관점에서 보면 소망과 충족은 오히려 목적을 위한 수단, 즉 기본욕구를 충족시키는 수많은 방법 중 하나다. 어떤 사람이 아무도 자신을 공격하지 못할 것 같고 소형차 운전자를 내려다보며 우월감을 느낄 수 있는 크고 강력한 SUV 자동차를 갖고 싶다면, 이는 '그런 차를 갖고 싶다'는 생각보다 '안전감과 우월감을 느끼고 싶다'는 욕구에 대한 표현

2장 보이지 않는 코끼리

일 수도 있다. 몇 가지 소망이 충족되면 만족감이나 행복감을 느낄 수는 있지만, 행복은 본질적으로 여기에 달려 있지 않다. 기본욕구는 이와 다르다. 즉 기본욕구가 지속적으로 충족되지 못하면 마음의 평정은 위험에 처하고, 그 결과 신체적 건강도 위협받는다.

따라서 기본욕구의 충족은 행복의 토대다. 만족스러운 삶을 영위하기 위해 필요한 모든 것이 기본욕구를 바탕으로 구축된다. 사랑받지 못하고, 보호받지 못하고, 다른 사람에게 압도당하거나 오해를 받는다고 느낄 경우, 이는 우리의 감정 상태에 장기적으로 악영향을 미친다. 반면 이 세상에서 환영받고 있음을 느끼고, 사랑이 응답받고, 행동이 바람직한 결과로 이어진다면 우리는 불쾌한 경험을 피할 수 있고 자기 자신에 대한 긍정적인 이미지를 갖는다. 그러면 우리는 행복하게 살 수 있다.

이상적인 삶의 과정

앞에서 언급한 인간 상호 간의 기본욕구와 함께 우리가 생존하는 데 직접적으로 필요한 생리적 욕구도 기본욕구에 속한다. 즉 먹고 마시는 것, 피로를 회복해주는 수면, 숨을 쉬기 위한 깨끗한 공기, 추위나 신체장애를 막아주는 수단 등이 그것이다. 이러한 욕구가 충족되지 못하거나 위협받으면 당연히 다른 욕구도 가치가 떨어진다. 어떤 사람이 혼자 산책하다가 다리가 부러졌다면 그는 인간적인 온기가 아닌 구조를 무엇보다 바란다. 이를 일종의 '욕구 위계'라고 할 수 있다.

미국의 심리학자 에이브러햄 매슬로Abraham Maslow는 이미 1950년 대에 건강한 발달과 만족스러운 삶을 위해 필요한 것을 단계모델로 표현했다. 매슬로는 '낮은' 욕구와 '높은' 욕구를 구분했는데, 이는 가치에 따른 평가가 아니라 다양한 욕구가 점차적으로 전개되는 발전 단계를 표현한 것이다. 그는 5개의 욕구 단계를 다음과 같이 언급한다.

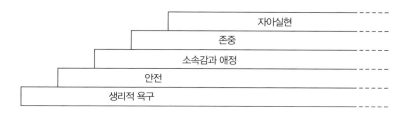

높은 단계의 욕구는 하위 단계에 있는 욕구가 채워져야만 충족된다. '낮은' 단계의 욕구는 생존에 반드시 필요하며, 전반적으로 충족되면 이에 대한 관심이 사라진다.

어느 한 단계의 욕구가 심각하게 결핍되면 아무 문제없이 다음 단계로 나아갈 수 없다. 자신이 보호받지 못한다고 느끼는 아동은 가족과 떨어지는 것을 힘들어 하며, 사랑받지 못하는 아동은 자기 자신이 사랑받을 가치가 없는 존재라고 느끼고 나중에는 사랑을 주

2장 보이지 않는 코끼리

지도 못한다. 좌절된 욕구를 충족하려는 굶주림은 어떻게 해도 채워지지 않는다. 덧붙여 말하자면 높은 단계의 욕구(인정 욕구)에 손상을 입으면 가장 낮은 단계의 욕구를 만족시키려는 경향('좌절감 때문에' 먹는 행위)이 있는데, 이것이 지속되면 결국 문제가 생긴다.

아동기에 여러 단계의 욕구 중에서 어느 단계의 욕구가 좌절되었는지 정확하게 기억하지 못하는 경우가 많다. 또한 장면은 기억할지라도 그 당시에 자신이 왜 아무것도 할 수 없었으며, 왜 아무도 자신을 이해하지 못하고 외롭게 두었는지 잘 모른다. 그러다 보니 이해할 수 없을 정도로 화가 나거나 흥분할 때 그 이유를 과거의 일과 연관 짓기가 어렵다. 우리는 앞으로 그러한 연관관계를 보는 시각을 다양한 방식으로 확대하게 될 것이다.

나는 이를 위해 상당히 이상적인 삶의 과정을 생각해보려고 한다. 이러한 '이상적인 세계'는 당연히 매우 높은 기준이 적용된다. 당신의 부모도 당신도 그러한 요구를 항상 만족시키지는 못한다. 앞으로 단점과 문제점에 대해 충분히 살펴볼 테니 먼저 이상적인 삶의 모습을 그려보는 것도 괜찮다. 이상을 통해 긍정적인 인성 발달을 위해 무엇이 필요한지, 본질적인 기본욕구가 무엇인지 명확하게 알 수 있기 때문이다. 그에 반해 이러한 이상에 어긋나는 것이 무엇을 의미하는지도 설명하고자 한다.

삶의 단계에 따른 중요한 기본욕구

우리가 태어났을 때 가장 먼저 필요한 것은 안전과 보호다. 부모 혹은 우리와 끊임없이 접촉하는 다른 애착인물은 우리를 반갑게 맞이하며 사랑스럽게 돌봐준다. 그들이 자기 자신의 욕구와 조화를 이루면서 우리와 서로 돕고 서로 존중하는 것이 가장 이상적인 모습이다. 우리가 그들을 필요로 할 때 그들은 늘 우리 곁에 있다. 그들은 우리가 내는 여러 소리에 세심하게 귀 기울이며, 우리가 쓰다듬어주기를 바라거나 먹을 것을 원하면 그렇게 해준다. 우리는 그들과 강한 애착을 형성하고 그들의 냄새와 목소리, 웃음을 인식한다. 이 시기에는 모든 것이 그저 우리 자신을 중심으로 돌아간다. 먹고 마시고 자고 몸을 부비고 환성을 지르고 소리치고 등에 업히고 트림하고 방귀 끼고 기저귀를 찬다.

우리는 유전적인 프로그램에 따라 성장한다. 점점 호기심이 많아지고 손으로 만지고 입에 갖다 대고 여기저기 기어 다니면서 시야를 넓히고 따라하고 걷고 말하는 법을 배운다. 부모는 늘 우리 가까이에 있으며, 우리가 위험에 처할 때 서둘러 달려오고, 우리가 뛰어다닐 때 지켜주며, 우리가 두려워하거나 아플 때 우리를 위로해준다.

우리의 삶의 공간은 점점 넓어진다. 우리는 새로운 것을 시험하기 시작하고 반경을 점차 넓히려고 시도한다. 혼자서, 형제자매와 함께, 또래들과 함께, 혹은 유치원에서 놀이를 할 때 우리는 새로 획

2장 보이지 않는 코끼리

득한 능력을 시험해본다. 그리고 그 노력에 대해 칭찬받는다. 부모는 우리가 실패해도 실망하지 않으며 우리에게 도움이 필요할 때 격려해주고, 우리가 새로운 도전에 응할 수 있도록 용기를 준다. 그들은 아이를 위해 꾸며낸 가상의 세계를 통해 우리의 상상력을 차단하지 않는다. 그들은 우리에게 유의미하도록 휴대전화와 인터넷을 사용하며 우리 앞에서 이를 사용하면서 쉬지 않는다. 또한 우리가 지루해하면 즉시 우리에게 집중한다. 그들은 우리가 게임을 할 때 이를 중단시키지 않으며, 우리의 새로운 질문에 관심을 기울인다. 그들은 우리와 그들의 세계가 완전히 다를 때에도 우리를 이해하려고 한다. 그들은 우리가 말보다 행동을 통해 스스로를 표현하려고 할 때 우리의 마음에 공감해주고 감정을 인정해주며 우리를 설득하려고 애쓰지 않는다. 부모는 우리의 기본욕구에 특별한 관심을 갖는다. 우리의 기본욕구는 항상, 혹은 곧바로 충족되지는 않지만 부모에게 존중받는다. 이를 통해 우리는 좌절감을 견디는 법을 배우고 용기를 내서 장기적인 목표에 도달하기 위해 노력한다.

우리는 점차 자신의 의지를 발달시키며 스스로 결정하려고 한다. 고집을 부리며 "아니요"라고 말해도 부모는 이를 진지하게 받아들이고, 반항해도 참으며, 힘을 행사하지 않고 우리와 이야기하려고 한다. 부모는 우리가 확실하게 방향을 잡을 수 있도록 분명하고 일관되게 한계를 설정한다. 우리는 규칙과 규범을 배우고, 그것을 지키는 데 부모를 본보기로 삼는다. 우리는 부모나 또래 친구들과 교류하면서 다른 사람에게 공감하는 것, 협조하고 연대하여 행동하는 것, 동시에 자신의 뜻을 주장하는 것, 자신의 욕구를 존중하는 것이 무엇을 의미하는지 알게 된다. 또한 우리는 부모가 정의와 공평함을 위해 노력하는 모습을 보기도 한다. 누구나 같은 크기의 케이크를 받으며, 어느 누구도 부당하게 처벌받지 않는다. 부모는 우리가 가끔은 왜 양보해야 하는지 설명해준다. 그들은 우리가 손해 본다는 느낌을 받지 않으면서 배려하는 법을 가르친다.

우리는 매 학습 단계를 거치면서 자주성을 조금씩 더 습득한다. 우리는 자신의 행동을 점점 신뢰하고 나이에 맞는 가능성의 범위 안에서 자신을 스스로 보살필 수 있고 일상의 문제를 해결하고 새로운 과제와 마주할 수 있다. 우리가 스스로 행동할 수 있는 범위가 넓어지면서 우리는 삶의 영역에서 일어나는 사건에 능동적으로 영향력을 행사할 수 있다는 것을 알게 된다. 행동을 통해 마음을 굳건히 하고 목표에 다가갈 수 있다는 확신이 커지면서 핵심적인 두 가지 욕구, 즉 자율을 향한 욕구와 자신의 능력을 믿고자 하는 우리의 욕구가 충족된다. 부모는 주어진 과제를 우리보다 더 잘, 더 빨리 해결할 수 있는데도 우리를 지켜보면서 우리에게 자유의 여지를 제공하며 개입하지 않는다. 이를 통해 우리는 자신감과 자율성을 기른다.

또 다른 중요한 기본욕구인 성적 쾌감은 이미 유아기에 발달한다. 우리는 성적 자극에 민감한 부위를 자연스럽게 탐색하고 자극을 즐기며 이성과의 차이점을 발견한다. 성적 행위의 욕구도 점점 발달하고, 자연스러운 수치심의 한계에 주의를 기울이려는 욕구도 진지하게 받아들인다. 우리는 마치 놀이하듯 발견한 아동기의 성욕과 어긋나는 접촉이나 애정을 원하지 않음을 느낀다. 우리는 이러한 의사를 분명히 표현할 수 있다.

우리는 자신의 정체성과 능력에 대한 믿음을 깨달으면서 새로운 사회적 유대관계를 맺으며, 또래 집단에 속해 있다는 소속감을 경험하고 육체관계를 맺기도 하며 부모나 다른 어른들에게 경계를 긋는다. 그 경계가 도를 지나치면 가족 안팎에서 도움을 받는다.

부모는 우리가 반항하고 멀어지더라도 이를 감수하며, 실망하거나 상처 입은 모습을 보이지 않는다. 그들은 우리가 어른이 되어가는 힘든 과정에 호의적으로 동행한다. 우리가 위기, 갈등, 질병, 두려움, 분노, 슬픔, 자신감 결여 등을 감수해야 할 때마다 부모는 성장에 필요한 중요한 자극을 제공하고, 이를 통해 우리는 더 강해진다.

부모의 관점에서 보면 이와 같은 조건은 마치 아동교육 지침서와 같다. 실제로 이에 상응하는 행동 지침은 다양한 부모 훈련 프로그램의 기본적인 구성요소다(예를 들어 미국에서 고안된 '효율적 자녀 양육을 위한 체계적 훈련Systematic Training for Effective Parenting, STEP'이나 '긍정적 부모교육 프로그램Positive Parenting Program, Triple P' 등이 그것이다).

심리학 서적을 보면 아주 긴 목록부터 짧은 목록에 이르기까지 기본욕구를 다양하게 범주화한다. 나는 그 중간쯤에 속하는 매슬로의 욕구위계 이론과 미국의 심리학자 두에인 슐츠Duane Schultz의 목록에 따라 기본욕구를 분류하고자 한다. 여러분은 그 안에서 자신에게 개인적으로 매우 중요한 욕구, 혹은 삶의 의미, 종교성·영성, 미적 감각에 대한 욕구처럼 인간의 일반적인 욕구를 깨닫게 될 것이다. 물론 이에 대해서는 많은 논의가 필요하겠지만, 나는 최소한 우리 문화권에서 보편타당하다고 볼 수 있는 욕구에 집중하고자 노력했다.

삶의 각 단계에 따라 서로 다른 의미를 갖는 가장 중요한 기본욕구
- 애착, 보호, 안전, 소속감, 이해
- 인정과 존중
- 공평한 대우와 정의
- 성애와 성적 욕구
- 안정
- 호기심
- 자존심, 자율성, 경계 설정, 자기 능력에 대한 믿음

자율적이고 독립적인 성인

이와 같은 행복한 성장 조건을 경험했다면 어렸을 때의 편견 없는 마음과 창의성, 호기심, 놀이의 즐거움을 품고 만족스럽고 자주적인 성인의 삶을 살 수 있을 것이다. 그로 인해 우리는

- 자율적인 가치 체계를 발전시킬 수 있고,
- 자신의 욕구 및 이해관계와 조화를 이루고 살며,
- 견고한 자존감을 가질 수 있고,
- 자신의 능력을 신뢰하고 자신을 통제할 수 있다고 느끼며,
- 자신의 약점을 잘 알게 되고,
- 만족스러운 인간관계를 맺고,
- 다양한 역할 기대(예를 들면 직장 동료, 사업 파트너, 손님을 맞는 주인, 다른 문화권을 방문하는 여행객으로서)에 확실하게 대처하며,
- 자신을 사회공동체의 일부라고 느끼며,
- 힘겨운 도전에 적절한 방식으로 대응할 수 있을 것이다.

그렇게 된다면 가장 중요한 욕구가 충족될 것이다. 이 말은 우리가 이야기하는 맥락에서 볼 때, 모기는 우리에게 그저 모기이고 코끼리는 그저 코끼리라는 것을 뜻한다. 그러면 이제 약점에 매달릴 필요가 없고, 불쾌한 감정을 현실에 맞는 현재 상황에 분류할 수 있으며, 과거의 상처 때문에 경보를 울리지 않아도 된다.

리사는 옆집 여자의 행동을 용납하지 않고 그 자리에서 화를 냈을 것이고, 슈테판은 자신의 자동차에 흠집이 없음을 알고 빨리 진정했을 것이며, 안나와 페터는 양말에 집착해서 다투지 않고 안나의 본질적인 욕구에 대해 이야기했을 테고, 세바스티안은 휴가를 위해 무엇을 사야 하는지 아내와 의견을 나누었을 것이다.

모든 것이 항상 이렇게 간단하면 얼마나 좋을까! 그러면 우리의 정신이 어떻게 작동하는지 깊이 생각하지 않아도 될 텐데 말이다. 그리고 좋은 의미에서 아무것도 모른 채 살 수 있을 것이다. 마치 신체적으로 건강한 사람은 자신의 간이 지금 꼭 필요한 효소를 방출하고 있는지, 혹은 자신의 폐가 산소를 충분히 흡수하고 있는지 생각하지 않는 것처럼 말이다. 그렇게 된다면 심리치료사들은 할 일이 없어질 테고, 내가 이 책을 쓸 구실도 없어질 것이다.

하지만 유감스럽게도 우리는 성장하면서 실망과 좌절을 항상 경험하며 아무리 무장해도 그것을 극복하기가 어렵다. 그렇기 때문에 크고 작은 재앙을 극복하려는 우리의 (특히 아동기의) 노력은 종종 역부족이다. 우리가 심각하게 스트레스를 받는 상황에서 새로운 행동 가능성을 시도하기보다 과거의 판단과 극복 패턴을 끌어다 쓸 경우 모기는 코끼리가 되어버린다.

자신의 욕구 중에 어떤 욕구가 손상되었고 어떤 수단을 통해 이를 극복하려 했는지 인식한다면 사소한 일에 흥분하는 논리적인 원인도 인식할 수 있다. 그렇게 되면 불쾌한 감정은 기본욕구를 존중하는 법을 배우는 유용한 이정표가 되어줄 것이다.

기본욕구의 좌절이 부른 코끼리

우리의 인생행로에는 수많은 갈림길이 있다. 그 갈림길에는 각각의 상황에서 무엇을 해야 할지, 혹은 어떤 길로 가야 할지 보여주는 가상의 안내판이 세워져 있다. 이 안내판은 우리에게 도움이 된다. 이를테면 '너의 욕구에 귀를 기울여!' '그냥 무언가 시도해봐!' '다른 사람들에게 맞장구치지 마!' '너의 감정을 진지하게 받아들여!' '네 자신의 판단력을 믿어!'라고 명령한다.

또 다른 명령은 우리의 앞길을 가로막고 발전 가능성을 제한한다. 우리의 코끼리는 특히 우리가 자신의 감정과 기본욕구에 주의를 기울이지 못하도록 만드는 명령을 따를 때 생겨난다. 그러한 안내판에는 다음과 같이 쓰여 있을 것이다. '정신 차려!' '분발해!' '이기적으로 굴지 마!' '너 자신을 그렇게 중요하게 생각하지 마!' '그렇게 예민하게 굴지 마!' '안 좋은 모습을 보여주지 마!' '내가 너에게 말하는 대로 행동해!'

가정환경의 분위기를 결정하는 이러한 말은 행간 사이에 충분히 의미가 담겨 있기 때문에 공공연하게 발설하지 않아도 영향력을 미친다. 또한 이러한 말은 어떤 타당한 근거가 있을 때를 제외하고는 반드시 잘못된 것도 부적절한 것도 아니다. 적어도 우리는 이를 통해 어떤 상황에서 어떤 감정과 욕구가 바람직하거나 바람직하지 않은지, 정당하거나 정당하지 않은지를 배웠다. 다음에 이어지는 예시는 신중함이 결여되어 있는 부모의 통상적인 행동을 보여준다. 자신의 감정이 진지하게 받아들여지지 않는 경험을 자주한 아이에게는 코끼리가 생겨난다.

- 한 아이가 다른 형제자매에 비해 자신이 차별대우를 받는다고 느껴서 화를 내고 분노한다. 아버지는 "전혀 그렇지 않아. 매번 그렇게 질투 좀 하지 마라!"라고 말하면서 아이를 진정시킨다.
- 한 학생이 아침에 배가 아파서 학교에 가지 않으려고 한다. 그러자 어머니는 "금방 괜찮아질 거야"라면서 아이를 달랜다. 아이는 작은 목소리로 말한다. "그런데 반 친구들이 나를 놀릴 것 같아서 무서워." 어머니는 회사에 가야 할 시간이라 마음이 조급하다. "네가 하고 싶은 대로만 할 수는 없잖아!"

첫 번째 예시에서 아이는 아버지에게 자신의 생각이 옳지 않다는 말을 들으면서 자신의 감정에 문제가 있다고 생각하게 된다. 두 번째 예시에서는 아이의 감정 표현이 무시되고 어머니의 (지나친) 요구와 결합된다. 만약 아이가 스스로 자신을 지킬 수 있었다면 두려움을 느끼지 않았을 것이다.

아이가 특정한 감정을 표현하지 못하도록 반복적으로 막을 경우 아이는 자동적으로, 그리고 무의식적으로 '이 감정은 정당하지 않거나 바람직하지 않다'라는 결론을 내린다. 그러면 아이는 부모나 다른 애착인물의 부정적인 판단을 의식적으로 인지하고, 이를 비판적으로 생각하지 못한다. 적어도 아이가 그들과 거리를 두기 전까지는 부모님이나 선생님의 말이 아이가 인지하는 것보다 더 큰 가치를 갖기 때문이다. 이러한 방식으로 아이는 자신의 감정이 '바람직하지 못하다'는 꼬리표를 내재화하고, 경우에 따라서 이는 평생 지속된다. 그 결과 자신의 감정 세계, 나아가 자신의 기본욕구에 접근하는 통로가 지속적으로 가로막힐 수 있다. 따라서 익숙한 길을 점검하는 것은 매우 유익할 수 있다. 이렇듯 우리의 감정 반응은 우리를 중요한 욕구로 이끌어주는 이정표가 된다.

모기와 코끼리의 흥분

앞에서 언급한 일화들은 모두 사소한 계기(모기)로 해당 인물이 매우 흥분하거나 불쾌한 감정에 빠진다는 공통점을 지니고 있다. 이를 간단한 공식으로 표현하기 위해 편의상 흥분을 'A'(Aufregung), 모기를 'M'(Mücke), 코끼리를 'E'(Elefanten)라고 표시하겠다.

M-E-A 공식은 감정을 설명하는 모델 중 미국의 심리치료사 앨버트 엘리스Albert Ellis의 이른바 A-B-C 모델을 따르고 있다. 이 모델에 따르면 발생하는 사건(A)이 정서적 결과(C)로 이어지며, 이러한 정서적 결과는 해당 인물에게 일어난 사건의 의미(B)를 통해 설명할

수 있다.

　사소한 일에 이유 없이 흥분하는 사람은 없다. 시기적으로 가까운 사건에서 원인을 찾을 수 있다면 흥분하는 이유를 쉽게 설명할 수 있다. 말하자면 총체적으로 볼 때 사소한 일이 아닌(1장 '눈에 보이는 원인과 숨은 원인' 참조) 스트레스 요인이 축적되었기 때문이다. 또는 우리 자신이나 다른 사람들이 사소한(사실은 사소하지 않은) 계기에 부여된 깊은 의미를 제대로 보지 못하는 것이다. 이 공식은 모기가 흥분을 유발하는 것이 아니라, 그보다 더 근본적인 코끼리가 흥분을 유발한다는 사실을 보여준다. 마치 빙산처럼 처음에는 몸을 감췄던 우리의 코끼리가 막연한 위협적 존재가 되어 우리에게 감지되는 것처럼 말이다.

　모기도 흥분의 양상도 처음에는 사소한 것에 그토록 격분하는 이유를 알려주지 않는다. 그렇기 때문에 해당 인물에게 그 사건이 어떤 의미를 지니는지 깊이 살펴보아야 한다. 흥분과 결부되어 있는 생각을 주의 깊게 살펴본다면 첫 통로를 발견할 수 있다. 흥분과 결부된 생각은 어느 정도 자동적으로 떠오른다. 미국의 심리학자 아론 벡Aaron Beck은 이를 '**자동적 사고**automatic thoughts'라고 부른다.

　'자동적 사고'는 흔히 우리가 깨닫지 못하는 사이에 온갖 감정 반응과 함께 나타난다. 그러므로 특정 감정이 나타날 때 무슨 생각이 떠오르는지 분명하게 의식하는 것은 도움이 된다. 당신의 상사가 갑자기 당신에게 대화를 요청했다고 가정해보자. 당신은 어떤 감정이

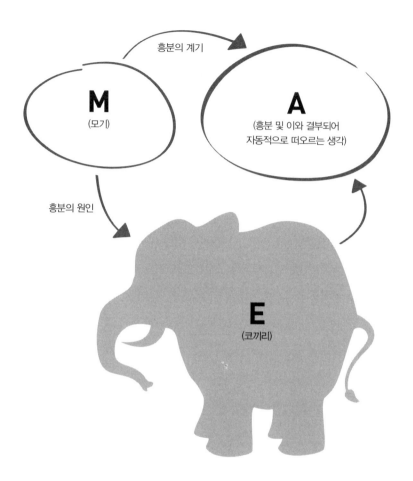

흥분의 계기

M
(모기)

A
(흥분 및 이와 결부되어
자동적으로 떠오르는 생각)

흥분의 원인

E
(코끼리)

생기고 어떤 생각이 머릿속에 떠오르는가? 불길한 느낌과 함께 '저 인간이 분명히 또 뭔가 안 좋은 소리를 하겠군!'이라고 생각할 수 있다. 혹은 상사가 당신에게 조언을 요청할 것이라 확신하면서 당신이 인정받고 있다고 생각할 수도 있다. 아니면 한밤중에 전화벨이 울린다고 상상해보자. 분명히 누군가 전화를 잘못 걸었다는 생각에 짜증이 날 수도 있고, 혹시 나쁜 소식이 아닐까 화들짝 놀랄 수도 있다.

리사의 남편은 어땠는가. 그는 즉각적으로 '내 아내가 옆집 여자한테 부당하게 공격받았다'고 확신하고는 화를 냈다. 반면 리사는 옆집 여자와 다투는 것이 두려워서 자신의 분노를 위협적으로 느꼈다. 그녀에게 가장 중요한, 그리고 자동적으로 떠오른 생각은 '드릴을 쓴 사람이 내가 아니라는 걸 옆집 여자가 믿어야 할 텐데!'였다. 리사에게는 이 생각이 왜 그토록 중요했을까? 얼마간 곰곰이 생각한 리사는 다음과 같은 결론을 내린다. '옆집 여자가 내 말을 믿지 않으면 나에게 화가 났다는 것이고, 나는 이를 참을 수 없다.' 이와 유사한 사고 패턴은 수많은 갈등 상황에서 리사의 경험과 행동을 결정한다. 그렇다면 이러한 사고 패턴은 왜 생겨났을까?

우리는 그 답을 리사의 지난 삶에서 발견할 수 있다. 이제 리사의 인생사를 좀 더 자세히 이야기하고자 한다. 리사가 부모님으로부터 사랑과 보호를 받는다고 느낀 때는 오로지 자신의 욕구를 억누를 때, 의지할 데 없는 것처럼 보일 때, 화를 잘 내는 아버지를 자극하지 않을 때였다. 리사는 부모님의 관심을 잃지 않으려고 무의식적으로 극복 전략을 발달시켰는데, 이를 **자기보호 프로그램**'이라고 이해할 수 있다. 리사의 주요 전략은 주로 회피, 즉 갈등에서 벗어나려는 노력이었다. 자기보호 프로그램은 자신의 완강한 신념과 행동 패턴을 따르고, 반복되는 욕구 손상을 피하는 방향으로 작동된다.

행동은 학습을 거치면서 유익하다고 증명된 다양한 규칙과 정해진 과정에 따라 유의미하게 결정된다. 이를테면 우리는 현관문을 잠그는 의미를 아침마다 새롭게 생각하지 않는다. 우리는 무엇을 해야 하는지 잘 알고 있고 그에 상응하게 행동한다. 특히 스트레스 상황에서 신속하고 '직관적으로' 올바른 행동을 할 수 있어야 한다. 하지만 우리에게 익숙한 패턴은 반응 가능성을 제한한다. 욕구가 손상되거나 위태로워지면 우리는 어느 정도 '내면적인 명령', 즉 위기에 대처하기 위해 무엇을 해도 되는지, 혹은 하면 안 되는지에 대한 완강한 신념에 따라 행동한다. 이와 함께 생겨나는 위협적인 감정은 우리가 지금까지 학습한 내용과 우리의 유전적 성향을 토대로 위기를 극복할 수 있게 우리를 자극한다. 이러한 노력은 근본적으로 도피(도망치는 것, 숨는 것, 죽은 체하는 것)와 공격(싸우는 것)으로 구분된다. 간혹 무엇을 하면 좋을지 모를 때도 있다. 다양한 가능성 사이에서 마치 마비가 된 듯 아무것도 하지 못하고 갈등 속에 가만히 있는 것이다.

도피하거나 공격하는 방식은 과거의 전략을 따른다. 도피의 경우, 우리는 그것이 비록 헛수고일지라도 위험을 피하기 위해 그 상황을 모면하려고 노력하거나 '바닥에 쓰러지고' 싶거나 모래에 머리를 박고 싶어 한다. 위기 상황에 적응하거나 굴복하는 것도 일종의 도피라고 볼 수 있다. 이 과정에서 정당한 욕구가 거부되기 때문이다. 반면 공격의 경우 책임 소재를 따지고 도전적으로 행동하며, 애정을 철회하는 벌을 주거나 비판하고 불평하기도 하며, 주변 사람들을 얕잡아 보기도 한다. 이러한 사고 패턴과 행동 패턴에 대한 예시는 다양한 코끼리를 조명하는 4장에서 자세하게 살펴볼 것이다.

오해를 피하기 위해 말하자면, 자기 자신을 보호하는 것은 합법적인 소망이다. 하지만 어떤 방식으로 자신을 보호하는지에 대해서는 우리 자신뿐만 아니라 다른 사람에게도 매우 큰 문제가 될 수 있다. 자기보호 프로그램은 영향력의 측면에서 볼 때 매우 파괴적일 수 있기 때문이다. 말하자면 다른 사람에 대한 무시나 공격이 최고의 방어라는 원칙에 따라 실제로 상대를 공격하거나 자신의 힘을 오용함으로써 해를 끼칠 수 있는 것이다. 또한 회피나 도피를 통한 자기보호는 실제로 견고한 전략이 아니다. 자신을 잃고 자존감도 사라지기 때문이다. 이에 대해서는 4장에서 계속 다룰 것이다.

자기보호 프로그램은 '**약점**'이 건드려질 때 활성화된다. 약점은 기본욕구가 실제로 손상되거나 손상될 위기에 처해 있음을 암시한다. 우리가 느끼는 흥분 속에서 본질적인 위기가 나타날 징조가 보이기는 하지만, 대체로 처음에 우리는 이를 그저 직관적으로 예감할 뿐이다.

그런데 우리는 종종 그러한 흥분과 함께 고통스러운 영혼의 상처를 느끼고 이와 함께 내면의 평정이 깨지는 것을 느낀다. 가끔은 무력함이나 열등감, 막연한 두려움, 수치나 분노, 반항심 같은 감정이 나타나기도 한다. 이렇게 혼란스러운 혼합된 감정은 정돈되지 않은 사고의 파편, 모순되는 욕구와 충동적 행동을 수반할 수 있다. 이러한 감정은 머리와 온몸에 퍼지고 말이나 침묵, 기분 상태, 표정, 몸

짓, 피부색, 움직임에 전달된다. 누구나 이와 같은 불쾌한 상태에서 되도록 빨리 벗어나고 싶어 한다. 바로 이런 이유로 자기보호 프로그램이 활성화된다. 자기보호 프로그램이 더 강하게 활성화될수록 과거의 감정 소용돌이에 더 강하게 빨려 들어간다. 대부분 자기보호 프로그램은 자신의 본질적 감정, 이를테면 두려움인 줄 알았지만 본질적으로는 화가 나거나, 분노인 줄 알았지만 본질적으로는 슬픈 감정을 느낄 새도 없이 아주 빠르게 반응한다. 이 과정에서 기본욕구가 손상된다는 사실을 우리는 전혀 인지하지 못한다.

약점이 건드려지면 우리는 곧바로 자기 자신과 주변 세계가 이상하게 변화했음을 감지한다. 즉 모든 것이 자신에게 불리해진 것처럼 보인다. 이러한 위기 상황에서 우리는 **자기 자신과 주변 사람들에 대해 갖는 편협한 이미지**'를 만든다. 자신에 대한 이미지는 오래 생각할 필요도 없이 자신에 대한 이해도에 영향을 미친다. 이를테면 자신을 부지런하다 혹은 게으르다, 자신감이 있다 혹은 결여되어 있다, 목적의식이 투철하다 혹은 방향성이 결여되어 있다, 일찍 일어나는 사람이다 혹은 늦잠꾸러기다, 불운한 사람이다 혹은 행복한 사람이다, 낙관주의자다 혹은 비관주의자다, 즐기는 사람이다 혹은 절제하는 사람이다 등이라 여긴다. 마찬가지로 주변 사람들에 대해서도 이처럼 생각하며(다른 사람들에 대해 갖고 있는 이미지, 이른바 타자 이미지 fremdbild), 그들에게 어떤 특성을 부여하는데, 이 특성은 항상 옳지는 않지만 우리에게 대략적인 방향성을 제공한다. 말하자면 순진하다, 계산적이다, 권력욕이 강하다, 이기적이다, 겸손하다, 사랑스럽다, 비겁하다, 권위적이다, 천진난만하다, 어른스럽다 등의 특성을 부여하는 것이다. 주변 사람들을 이런 특성으로 연결하는 것은 매우 단순하지만, 우리가 나아갈 길을 찾고 경계를 긋고 자신이 어떤 사람인지를 분류하고 확인하는 데 도움이 된다.

자기 이미지와 타자 이미지는 고정적이지 않으며 계속 변한다. 아마도 당신은 다양한 사람들의 무리 속에서 자신이 어떻게 변하는지, 어떤 사람들과 함께 있으면 착해지고, 어떤 사람들과 있으면 솔직해지지 못하고 기쁘지 않고 에너지와 자신감이 사라지는지 이미 알고 있을 것이다. 많은 사람들은 자신에게 실패자라는 감정을 안겨준 선생님이나 크게 될 거라는 기대감을 보여준 선생님을 기억하며, 똑똑한 사람이 되지 못할 거라고 생각한 부모님이나 훌륭한 자존감을 심어준 부모님을 기억하고, 자신을 없는 사람 취급한 동급생이나 자신에게 계속 연락하고 싶어 했던 동급생을 기억한다. 이러한 이미지는 마음속에 저장되어 있으며, 다양한 윤곽과 색채를 제시하면서 우리를 강하게 만들 수도 약하게 만들 수도 있다.

또한 아주 사소한 상황들도 코끼리가 작용하면 불리하고 편협한 자기 이미지와 타자 이미지를 불러일으킬 수 있다. 우리는 갑자기 자신의 욕구가 위태로워지고 자기보호 프로그램을 작동시켰던 과거를 그대로 경험하는 상태에 빠진다. 이러한 상황에서 리사는 다음과 같이 표현할 수 있는 자기 이미지를 주도한다. '내가 경계를 정하거나 다른 사람에게 내 의견을 말하거나 참고 넘어가지 않는다면 나는 호의적인 사람이 아니다.' 리사의 이러한 태도는 의식적인 사고를 통해 발달된 것이 아니라 당연히 무의식적으로 생겨났다. 아론 벡은 자기 자신에 대한 근본적이고 지속적인 신념을 '기저 가정 underlying assumption'이라고 칭한다. 이러한 자기 이미지는 당연히 리사의 자존감에 부정적인 영향을 미친다. 또한 언제나 변함없이 친절한 모습 뒤에 진정한 감정을 숨기고 있기 때문에 다른 사람들과의 관계도 악화될 수 있다. 이와 동시에 리사에게 '다른 사람들에 대한 이미지'가 생겨난다. '내 주변 사람들은 내가 착하게 행동해야만 나를 좋아해.' 말하자면 자기 자신에 대한 이미지와 주변 사람들에 대한 이미지는 상호작용을 하며 동전의 양면과 같다.

리사의 코끼리는 무조건적인 사랑과 보호를 향한 그녀의 기본욕구가 충족되지 않아서 생겨났다. 그 결과 리사는 자신의 부정적인 경험에 맞춰 자기 자신과 다른 사람들에 대한 이미지를 발전시켰다. 그녀의 자기보호 프로그램은 또 다른 실망감에서 회피하도록 그녀를 이끈다.

리사의 자기보호 프로그램, 즉 자기 자신 및 다른 사람들에 대한 편협한 이미지와 더불어 그녀의 약점은 **'과거의 욕구 손상'**에서 기인한다. 이러한 연관관계는 겉으로 드러나지 않는다. 우리의 정신 안에서 일어나는 많은 과정은 무의식적인 가공 패턴과 행동 패턴을 따른다. 다시 말해 앞에서 언급한 도식, 즉 우리가 무엇을 인지하고,

인지한 그 내용을 어떻게 해석하며, 현재의 요구에 어떻게 반응할 수 있는지 결정하는 도식을 따른다. 이유를 알 수 없는 불쾌한 현재의 상황은 우리가 어렸을 때 경험한 내용과 일치하는 상태, 말하자면 완전히 다른 자기 이미지로 우리를 옮겨놓을 수 있다.

그 결과 무력함, 두려움, 분노, 슬픔, 상심 같은 설명하기 어려운 감정이 생겨나는 것이다. 우리는 과거의 위협적인 감정들, 편협한 자기 이미지와 타자 이미지, 완고한 극복 패턴으로 특징지어지는 상태에 빠진다. 그리고 신체적, 정신적으로 마치 아이가 된 것처럼 느낀다. 다시 말해 어느 정도 일시적인 '아동 모드'에 머무른다. 보이지 않는 코끼리는 불리한 도식에서 생겨난다. 하지만 무조건 기본욕구가 손상되었다고 해서 자동적으로 약점을 남기지는 않는다. 간혹 새로운 긍정적 경험이 불리한 자기보호 프로그램을 수정할 수도 있다. 예를 들면 부모가 아이의 욕구 상태를 파악하지 못했음을 인식하고 아이의 상처를 이해하고 있다고 표현하는 경우에 그렇다.

흥분하는 순간에 다음처럼 하기란 당연히 쉬운 일이 아니다.

- 나의 약점이 어디에 존재하는지, 어떤 방식으로 나 자신을 보호해야 하는지 의식하는 것.
- 자기 이미지와 타자 이미지가 어떻게 불리하게 변하는지 자각하는 것.
- 과거의 인생 단계에서 약점의 근원을 떠올려보는 것.

2장 보이지 않는 코끼리

현재의 감정 상태에 완전히 갇혀 있을 때 우리는 자신의 감정을 인정하지 않으며 자기 자신이나 다른 사람들과의 소통을 어렵게 만드는 온갖 현실적인 제약만 생각한다. 3장과 4장에서 제시되는 지침은 이러한 내면적 과정으로 진입하는 통로에 한 걸음씩 다가가게 해줄 것이다.

코끼리를 구성하는 몇몇 요인은 긍정적인 변화의 단초가 되기도 한다. 우리의 목표는 자신의 코끼리를 알아내고 문제 상황에서 우리에게 정말로 무엇이 필요한지 인식하는 것이다. 이를 위해 가끔씩 멈춰 서서 자신의 기본욕구를 탐지하는 것은 의미 있는 일이다. 문제 상황에서 무엇이 이로운지 의식하고 내면의 평정을 회복하기 위해 더 나은 방도가 있는지 생각하면서 자기보호 프로그램을 점검해보는 것이다. 욕구를 솔직하게 전달하는 법을 배우면 상대는 우리를 더 잘 이해할 수 있게 된다. 다른 사람을 물러나게 하거나 비난하여 마음 상하게 하지 말고 다정다감한 모습을 드러내보자. 이때 우리 자신을 주의 깊게 살펴보고 다른 사람들의 약점에 공감하는 법을 배워야 한다. 이에 대해서는 3장에서 좀 더 자세히 살펴보려고 한다.

덧붙여 말하자면 우리의 코끼리는 장밋빛 안경과 같다. 장밋빛 안경을 쓰면 사랑하는 대상을 더 아름답게 바라볼 수 있다. 이 안경이 인지와 사고, 감정, 행동에 얼마나 큰 영향을 미치는지 누구나 알고 있다. 사소한 계기에서 생기는 스트레스와 달리 이 장밋빛 안경의 결과(사랑이 응답한다는 조건하에)는 우리를 매우 기쁘게 한다. 물론 '장밋빛 안경'을 썼을 때 나타나는 우리의 가공 패턴과 행동 패턴은 경험에 의해서만 생겨나는 것이 아니라 호르몬의 영향도 받는다.

다음 그림은 코끼리의 몇몇 구성 요소를 한눈에 보여준다.

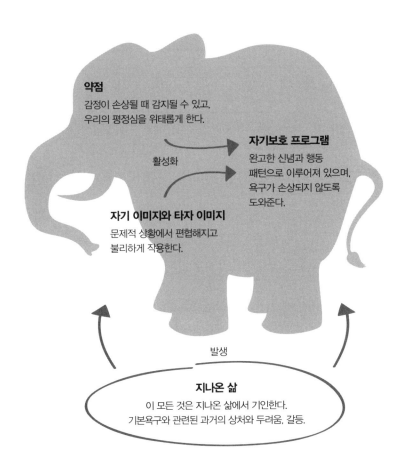

약점
감정이 손상될 때 감지될 수 있고,
우리의 평정심을 위태롭게 한다.

활성화

자기보호 프로그램
완고한 신념과 행동
패턴으로 이루어져 있으며,
욕구가 손상되지 않도록
도와준다.

자기 이미지와 타자 이미지
문제적 상황에서 편협해지고
불리하게 작용한다.

발생

지나온 삶
이 모든 것은 지나온 삶에서 기인한다.
기본욕구와 관련된 과거의 상처와 두려움, 갈등.

2장 보이지 않는 코끼리

인생 경험과 그 흔적들: 일곱 개의 전형적인 코끼리

기본욕구가 반복적으로, 혹은 지속적으로 좌절되면 극심한 위기가 생겨난다. 이러한 경험은, 무엇보다도 중요한 애착인물에 완전히 의존하는 아동기에 깊이 새겨진다. 이 경우 아동이 보내는 모든 구조 신호는 아무런 응답을 받지 못한다. 소리쳐도, 칭얼거려도, 화를 내도, 반항하는 모습을 보여도, 심지어 병이 나도 아무 소용이 없다. 유감스럽게도 우리 사회에는 악몽 같은 운명에 처한 아동이 매우 많다. 심리학자 제프리 영Jeffrey Young과 그의 연구진은 자신들의 치료 경험을 토대로 중대한 욕구 손상에 따른 일련의 도식을 제시했다.

그런데 극단적인 홀대와 학대를 당하지 않더라도 인간의 기본욕구가 손상되면 평정심이 혼란에 빠질 수 있다. 우리도 '건강한' 성인으로서 간혹 '과거의 감정'에 휘둘릴 수 있는데, 이는 지극히 정상이다. 우리가 왜 어떤 상황에서 갑작스럽게 기분이 나빠지는지 이해하기 위해서는 해당 사건에서 무엇을 떠올리는지(기본욕구의 손상), 그 순간에 무엇이 정말로 필요한지(기본욕구의 충족) 파악해야 한다. 그러면 우리는 문제 상황을 잘 극복할 수 있는 가능성에 좀 더 다가갈 수 있다. 충족되지 않은 기본욕구를 만족시키기 위해 현재의 우리는 어떤(종종 자신도 잘 모르는) 능력을 지니고 있을까?

아마도 여러분은 충족된 기본욕구에 대한 단락을 읽으면서 이런 생각을 했을 것이다. '우리 부모님이 나의 중요한 욕구를 채워줬다면 얼마나 좋을까.' '이런 것들을 부모님에게서 얻었으면 좋았을 텐데 그게 없어서 아쉬웠어.' '그때 그랬다면 나한테 도움이 되었을 텐데….' 이런 생각을 좀 더 깊이 이해하기 위해 앞에서 언급한 일화에 등장하는 주인공들의 중요한 기본욕구를 다시 한 번 거론하고 좌절된 기본욕구가 어떤 흔적을 남겼는지 살펴보고자 한다.

그들에게 중요한 욕구는 견고한 유대관계와 인정, 자율, 공평함에 대한 욕구다. 내 경험에 따르면 일상에서 아주 빈번하게 약점을 건드리는 욕구들이다. 물론 다른 욕구가 손상되어도 흔적이 남을 수 있다. 실존에 중요한 안전이나 사생활 영역이 침해되어도 불안감이 생길 수 있으며 호기심이 억압되어도 자기보호 프로그램이 활성화될 수 있다.

앞에서 거론된 모든 코끼리가 중요하지는 않을 것이다. 어떤 코끼리에서는 우리 자신의 모습을 재발견할 수 있지만 어떤 코끼리는 낯설 것이다. 우리가 잘 알고 있거나 중요하다고 생각되는 코끼리를 고르면 그 연관관계를 이해할 수 있다. 개인적으로 흥미롭다고 생각하는 코끼리에 집중해보기 바란다.

첫 번째, 리사의 코끼리 _ 보호받지 못할까 봐 두려워

리사는 모든 사람의 마음에 들고 싶어 하는 사람이다. 그녀는 언제나 주변 사람들에게 친절을 베풀며 어디에서도 모나지 않게 행동하고 다른 사람의 마음을 잘 헤아린다. 누구든 문제가 생기면 그녀를 찾아가고, 그녀는 다른 사람들을 위해 언제나 시간을 내준다. 사람들이 그녀를 아무리 귀찮게 해도 그녀는 그렇게 생각하지 않는다. 그래서였을까? 그녀는 늦은 밤에 들리는 드릴 소리도 처음에는 전혀 인지하지 못했다. 그런 그녀가 드릴 소리 문제로 이웃에게 불평을 했겠는가. 남편이 옆집 여자에 대해 화를 내면서 가서 따지겠다고 말하자 리사는 두려워졌다. 그렇다고 남편을 말릴 용기도 없었다. 남편은 리사가 옆집 여자에게 너무 비굴하게 행동한 것 같다는 생각에 계속 화를 낸다.

리사는 다섯 살 위인 언니와 함께 성장했다. 스무 살에 결혼한 리사의 어머니는 결혼 전까지는 부모님의 집에서 살다가 열 살 위인 남편의 집에서 살았으며, 별다른 직업 없이 결혼 후부터 쭉 살림을 도맡았다. 집안 외부의 일은 건설 회사를 운영하는 남편에게 맡겼다. 그는 집안에서 결정권을 가졌고 어떤 거역도 용납하지 않았다. 리사의 언니는 나이가 들면서 그런 아버지의 지배권과 엄격함을 느꼈고, 점점 아버지를 따르지 않고 아버지가 만들어놓은 규칙에 반항하기 시작했다. 리사의 언니는 리사와는 성격이 완전히 달랐다. 어릴 때부터 고집이 셌고 사춘기에 들어선 이후에는 본격적으로 반항했다. 아버지가 호통을 치거나 체벌을 해도, 밖에 나가지 못하게 하루 종일 집에 가두어도 그녀의 반항심은 꺾이지 않았다. 아버지는 그녀가 말을 듣지 않을 때면 가끔 보육원에 보내겠다고 위협하기도 했다.

결정적인 사건은 리사가 열두 살이 되었을 때 일어났다. 열일곱 살이 된 언니와 아버지가 또다시 격렬하게 싸움을 시작했다. 아버지가 나가지 말라고 외출금지령을 내렸는데도 언니가 외출을 감행했던 것이다. 언니가 집에 돌아오자 아버지는 문 앞에 선 언니를 보고 격분하기 시작했다. 언니가 "나한테 이래라저래라 하지 말아요!"라고 말하자 아버지가 언니의 뺨을 때렸다. 현관에서 신발을 정리하고 있던 리사는 늘 그렇듯 그 광경을 보지 않을 수 없었다. 아버지에 대한 두려움과 언니에 대한 동정심 사이에서 꼼짝 못하고 있던 리사는 울면서 아버지에게 매달렸다. 절망감과 무력감을 느낀 아버지는 몹시 당황하면서 리사를 뿌리치지 못했다. 언니는 이 순간을 틈타서 자기 방으로 들어가 문을 잠그고 방에 틀어박혔다. 조금 진정이 된 아버지는 말을 더듬으며 자신이 왜 이렇게 반항적인 행동을 용납할 수 없는지 리사에게 설명했다. 아버지가 화를 가라앉히자 리사는 자긍심과 만족감을 느꼈다. 아마 이것이 그녀에게 결정적인 사건이었을 것이다. 그 이후로 리사는 힘 있는 자의 횡포에 제대로 맞서지 못하는 사람이 되었다. 이러한 배경 때문에 수십 년이 지난 후에도 그녀는 자신의 '이기적인' 이해관계를 위해 용기를 내거나 마찰을 빚는 일을 꺼리게 되었다.

리사의 코끼리

모기
밤에 시끄럽다는 이유로
옆집 여자에게 부당한 비난을 듣다.

흥분
위협의 감정과 함께 자동적으로
떠오르는 생각:
드릴을 쓴 사람이 내가 아니라는 걸
옆집 여자가 믿어야 할 텐데!

코끼리

- **약점**
  갈등에 대한 두려움과 옆집 여자가
  터뜨리는 분노에 대한 두려움.
  거부당하고 보호받지 못할 거라는
  두려움.

- **자기보호 프로그램**
  완고한 신념:
  나는 화를 자초해서는 안 돼.
  누군가 나에게 화를 내는 것,
  그래서 내가 관심과 인정을
  받지 못하는 것을 참을 수가 없어.

  행동 패턴:
  모든 사람들을 친절하게 대하고
  갈등을 회피한다.

- **자기 이미지:** 나는 언제나 예의 바르고 친절하게 행동해야 해.
  그렇지 않으면 나는 사랑받지 못해.

- **다른 사람들에 대한 이미지:** 내가 반항하면 벌을 받는다.

- **지나온 삶:** 견고한 유대관계의 결핍과 분노 표출에 대한 두려움.
  자율과 한계에서 느끼는 갈등.

이제 그녀의 코끼리가 무엇인지 윤곽이 잡힌다. 리사는 독립적이지 못하고 매우 의존적인 어머니의 모습과 강압적인 아버지에게 반항하는 언니의 모습에서 자율과 한계에 대한 욕구가 좀 더 근본적인 다른 욕구, 즉 사랑과 보호에 대한 욕구를 위태롭게 한다는 사실을 알게 되었다. 어머니조차 아버지와 마찰을 빚는 것을 크게 두려워했고, 그런 어머니는 아버지가 분노할 만한 행동은 전혀 하지 말라고 리사에게 가르쳤다. 이를 위해 리사는 위험 신호에 대한 섬세한 안테나를 발달시켜야 했고, 결국 다른 사람에게 공감하고 그들에게 자신을 맞추는 능력은 그녀의 극복 전략이 되었다. 여기에 의존적인 모습을 보이는 게 좋다는 경험도 더해졌다. 그렇게 행동하는 것이 배려에 대한 어머니의 욕구와 지배에 대한 아버지의 욕구를 만족시켰기 때문이다.

두 번째, 슈테판의 코끼리 _ 사람들이 나를 무시해

슈테판이 화가 난 이유는 자동차에 흠집이 났는지 아닌지가 아니라 불확실함 때문이다. '차 내부에 문제'가 생겼을 수도 있다는 슈테판의 단어 선택이 문제를 정확하게 표현하고 있다. 상대 운전자가 슈테판이 새 자동차에 대해 걱정하는 모습을 전혀 개의치 않았기 때문에 그는 화가 났다. 즉 상대 운전자가 자신을 존중하지 않는다고 느껴서 마음속으로 상처를 받은 것이다.

슈테판은 형과 여동생 사이에서 둘째로 무난하게 성장했다. 그는 자신의 아동기가 '평범'하다고 느꼈다. 떠올릴 만한 결정적인 사건이 딱히 없었다. 그는 가끔 형과 여동생의 그늘에 가려지기도 했지만 부모님의 사랑을 받으며 자랐다고 여겼다. 아버지는 자동차 정비소에서 전문 정비사로 일했고, 어머니는 사무직원으로 일하다가 아이들 때문에 일을 그만두고 살림을 도맡았다.

슈테판의 가족은 조부모님이 물려주신 작은 집에 살았는데 슈테판이 어렸을 때는 집 주변에 드넓은 초원이 펼쳐져 있었다. 하지만 해가 거듭되면서 이 초원에 많은 주택이 들어섰고, 자연 놀이터는 울타리가 쳐진 정원이나 아스팔트 도로가 되어 점차 사라졌다. 수많은 집 앞에는, 슈테판의 표현대로라면, '폼 나는' 차들이 주차되어 있었다. 이 차들은 슈테판이 도로에서 축구를 할 때 거치적거렸는데, 그렇다고 슈테판이 자동차 주인들이 걱정할 만큼 공을 거칠게 찬 건 아니었다. 그런데 이웃들은 슈테판의 부모님에게 자주 불평을 했고, 그들에게 열등감을 느끼던 부모님은 매우 불쾌해했다. 이웃과 신분 차이를 느끼던 부모님은 그들에게 주목을 받아봤자 좋을 게 없다고 생각했다.

한번은 슈테판이 젖은 축구공으로 '폼 나는' 자동차의 보닛을 건드리는 작은 사고를 일으켰다(당연히 고의로 그런 것이 아니다). 부모님은 슈테판에게 그 집에 찾아가 사과하라고 강요했다. 슈테판은 어쩔 수 없이 사과했고 그때 매우 큰 굴욕감을 느꼈다. 이런 강제적인 굴욕적 행동으로 그는 자존심에 상처를 입었다. 그때 슈테판은 자신의 타고난 기질에 맞게 허공에 대고 분노를 표출해야 했다. 하지만 그는 그렇게 하지 않았고, 부모님이 언젠가 자신의 편을 들어주리라 기다렸지만 허사였다. 그가 놀던 도로는 이 '신흥 부자들'이 모든 것을 가져가기 훨씬 이전부터 자신의 놀이터였는데 말이다.

슈테판은 자동차에 얽힌 또 다른 일화를 기억한다. 그가 열 살이었을 때 아버지가 일하는 정비소를 찾아간 적이 있다. 아버지는 마침 고급 리무진을 시운전하려던 참이었고 슈테판도 함께 탈 수 있었다. 고급 자동차를 탄다는 것도 좋았지만, 그보다 지나가는 사람들이 부러운 시선으로 자신을 보던 환희의 순간을 그는 잊을 수가 없다.

슈테판의 낮은 자존감은 사춘기 시기에도 그를 힘들게 했다. 대부분의 친구들이 학비가 비싼 명문 학교로 옮겼기 때문에 친구들이 뿔뿔이 흩어진 것이다. 슈테판의 축구 실력은 더 이상 인기가 없어졌고 예전 친구들은 승마나 테니스를 배우러 다녔다. 직업적으로도 슈테판은 아버지의 뒤를 따랐다. 그는 자동차 정비사 실습 교육을 마치고 전문 정비사 양성과정을 수료한 후 서른한 살부터 한 고급 자동차 제조사에서 인정받는 위치에 올라섰다.

자동차에 흠집이 생겼다는 생각과 상대 운전자의 냉담한 반응은 자신이 인격적으로 존중받아야 한다고 여기는 슈테판의 기본욕구를

슈테판의 코끼리

> **모기**
> 자신의 새 자동차에 흠집이 생겼다는 생각.
> 상대 운전자의 냉담하고 객관적인 반응.

> **흥분**
> 분노와 양심이 지속되면서
> 자동적으로 떠오르는 생각:
> 내가 이런 대우를 받다니!

코끼리

● **약점**
무시와 모욕을 당한다는 느낌.
존중과 인정을 받지 못한다는 느낌.

● **자기보호 프로그램**
완고한 신념:
나는 스스로 방어해야 해.
그렇지 않으면 사람들이 나를
진지하게 받아들이지 않을 거야.

행동 패턴:
자신의 권리를 큰 소리로 요구한다.
다른 사람들에게 확인받고 싶다.
다른 사람들을 무시한다.

● **자기 이미지:** 나는 다른 사람들보다 열등하고, 다른 사람들이 나보다 더 낫다.

● **다른 사람들에 대한 이미지:** 대부분의 사람들은 오만하고 내 출신 때문에
나를 무시한다.

● **지나온 삶:** 사회적 지위 차이로 인한 마음의 상처, 이해와 보호의 결핍.

위협했다. 상대 운전자의 오만한 행동은 슈테판이 과거에 받았던 마음의 상처를 불러일으켰다. 그는 마치 어리숙한 소년처럼 버림받았다고 느꼈고, 자신과 6기통 자동차가 전혀 존중받지 못한다는 생각이 들었다. 경찰의 권위적인 위협도 아무런 도움이 되지 못했다. 과거에 아버지가 자신의 편을 거의 들어주지 않았던 것처럼 경찰도 마찬가지였다.

'무시당한다'는 느낌은 슈테판의 약점이었고, 이 약점은 인정받는 그의 직업적 위치와 지위의 상징(커다란 새 자동차와 집)으로도 치유될 수 없었다. 극복 전략을 따른다면 그의 자존감은 그가 상처받았을 때 원망 대상인 다른 사람들의 인정에 좌우될 수밖에 없다.

세 번째, 페터의 코끼리 _ 나의 경계를 정할 수가 없어

널브러진 양말 때문에 생긴 부부 갈등은 두 코끼리가 충돌해서 생겨난다. 이 책의 도입부에서 안나의 코끼리를 자세히 살펴보았는데, 이들 부부의 문제가 무엇보다도 안나의 불만족에서 시작되었다는 인상을 불러일으킨다. 이를테면 안나가 페터를 지속적으로 비난하지 않고, 페터의 머릿속이 나뒹구는 양말보다 더 중요한 생각으로 가득 차 있음을 인정했다면 아무 일도 일어나지 않았을 것이다.

페터는 처음에 이렇게 피상적인 시각으로 문제를 바라보았다. "안나가 이제 불평 좀 그만했으면 좋겠어요!" 페터는 하루 종일 회사에서 고되게 일하고 퇴근한 날에는 자신(그리고 자신의 양말)을 그냥 내버려두었으면 좋겠다고 생각한다. 너무 지치고 휴식이 필요하다는 것이다. 이런 관점에서 보면 그는 자신을 이해해주기 바라는 기본욕구가 충족되기를 요구하고 있다. 그렇지만 아내의 비난에 마냥 화를 낼 수는 없다. 페터는 뮌헨으로 이사하면서 안나가 얼마나 많은 것을 포기했는지, 그녀가 자신의 일을 얼마나 그리워하는지, 비어 있는 아이 방을 보면서 그녀가 얼마나 아이를 갖고 싶어 하는지 너무나 잘 알고 있다. 게다가 사랑도 점점 식어가는 것 같고, 자신이 세심한 배우자가 되지 못하고 둘만의 부부 생활에 시간과 에너지를 거의 쏟지 못하고 있다는 사실도 알고 있다. 페터는 이런 상황에 책임을 느낀다.

페터는 무엇 때문에 이런 문제에 대해 상대방과 함께 이야기하고 해결책 찾는 것을 어려워할까? 그는 왜 신문 뒤에서 자신과 죄책감을 숨기는 것일까? 이를 좀 더 깊게 이해하기 위해 이번에도 그의 지난 삶을 살펴봐야 한다.

페터는 외동으로 자랐다. 열차 기관사였던 아버지는 집을 자주 비웠기 때문에 어머니가 주로 페터의 교육을 맡았다. 어머니는 페터가 태어나기 직전까지 간호사로 일했고, 이후에는 오로지 아들 양육에만 전념했다. 그녀는 언제나 페터 곁에 있었고, 페터는 그녀의 삶의 중심이자 모든 것이었다.

페터는 어렸을 때의 생일 파티를 즐겁게 기억한다. 많은 친구를 초대했고 어머니는 언제나 재미있는 놀이를 제안했다. 어렸을 때 그는 언제나 왕자였고 중심에 있었다. 지금 생각해보면 페터는 어머니에게 가장 사랑스러운 존재였고 늘 어린아이였다. 그러다 보니 어머니는 그의 반항과 거부를 받아들이기 힘들어했고, 그에게 자유를 허락하려고 하지 않았다. 페터가 제시간에 집에 오지 않으면 그녀는 곧바로 불안해했고, 그가 돌아오면 잔소리를 퍼부었다. 페터는 종종 자신만의 상상에 빠졌다. 그는 피비린내 나는 괴물을 잔인하게 무찌르는 상상을 자주 떠올렸다. 그의 방은 어머니 덕분에 언제나 깔끔하게 정리되어 있었고, 사춘기 때까지 어머니가 골라주는 옷을 입었다.

그러던 어느 날, 페터가 열다섯이 되었을 때 일이 벌어졌다. 어머니가 새 바지를 사줬는데 '완전히 유행이 지난' 스타일이었다. 그는 거세게 손사래를 치며 바지를 거부했다. 어머니는 이 행동을 마치 그녀를 향한 '폭행'처럼 느꼈다. 어머니는 "네가 어떻게 그럴 수가 있어!"라는 말을 남기고 며칠 동안 말을 하지 않았다. 페터가 배탈이 나고 나서야 그녀는 다시 보살피는 어머니의 모습으로 돌아왔다.

스무 살에 대학에 가기 위해 독립했을 때도 그는 양심의 가책을 느꼈다. 집에서 가까운 대학에 가라는 어머니의 소원을 들어주지 않았기 때문이다.

한편 아버지와의 관계는 완전히 달랐다. 아버지는 양육에 전혀 개입하지 않았지만 페터를 자랑스러워했다. 이를테면 어릴 때는 페터의 학업 성적을, 나이가 들어서는 페터의 직업 경력을 자랑스러워했다. 페터는 어머니보다 아버지를 더 사랑했는데, 아마도 아버지가 곁에 있었던 적이 거의 없었기 때문일 것이다. 가끔은 어머니가 아버지를 질투하는 것처럼 보이기도 했다. 페터는 자신이 아버지와 함께 취미로 뭔가를 만들고 있을 때면 항상 어머니가 나타나 숙제 먼저 끝내라고 경고하던 기억이 떠오른다. 페터는 전반적으로 자신이 아동기와 청소년기를 큰 걱정 없이 보냈다고 생각하며 어머니의 과잉 배려를 '완전히 이해'한다. 엄마들은 다 그렇다고 말이다. 어쨌든 그는 '잘 자랐고' 자신의 삶에 만족할 수 있게 되었다고 말한다.

그런데 약점을 치유할 수 없는 가시가 하나 남아 있다. 자율성과 경계 설정에 대한 페터의 기본욕구는 아들을 독차지하려는 어머니의 사랑과 늘 마찰을 빚었다. 페터는 언제나 어머니에게 '사랑스러운 아들'이 되어야 한다는 임무를 무의식적으로 수행하고 있었다. 이에 따라 그는 공격적인 충동을 억제하고 갈등이 생길 때면 차라리 뒤로 물러나는 극복 전략을 학습하게 되었다. 그 대가로 죄책감이나 앙심을 숨길 수 있었다.

　여기서 모기 안에 들어 있는 페터의 코끼리를 어렵지 않게 인식할 수 있다. 납득할 수 있는 아내의 불만족은 한편으로는 서로의 이

페터의 코끼리

모기

정리를 하라는 안나의 자극적인 요구.

흥분

화가 나면서 자동적으로 떠오르는 생각:
또 투덜대기 시작이네!
정말 참을 수가 없어!

코끼리

● **약점**

갈등에 대한 두려움.
과거와 현재의 책임감이 분노와 섞임.
자신을 이해해주기 바라면서도 선을
그을 수가 없음.

● **자기보호 프로그램**

완고한 신념:
내가 선을 그으면 애정이 식을 거야!
나는 아내의 불만족에 책임이 있어.

행동 패턴:
자신의 피로를 강조한다.
뒤로 물러난다.
갈등과 솔직한 발언을 회피한다.

● **자기 이미지:** 내가 욕구를 표현하면 사람들이 나를 좋아하지 않을 거야.

● **다른 사람들에 대한 이미지:** 다른 사람들이 아내의 불만족이 내 책임이라며
나를 규정하려 한다.

● **지나온 삶:** 자신을 독차지한 어머니로 인해 자율성이 무시되고,
경계 설정에 대한 욕구와 갈등을 겪음.

해관계가 충돌한 갈등 속에서 타협을 위한 배우자로서의 대처 능력을 떠올린다. 다른 한편으로 사소한 계기에서 시작된 안나의 질책은 과거의 죄책감과 억눌린 공격성을 건드린다. 신혼 시절에 페터는 부부싸움을 하다가 안나를 이렇게 비난했다. "당신은 가끔 우리 엄마 같아!" 하지만 나중에 자신의 코끼리를 인식하고는 이렇게 인정했다. "저는 가끔 제가 아이처럼 느껴져요."

네 번째, 안나의 코끼리 _ 사람들에게 인정과 존중을 받고 싶어

안나는 자신만의 가족을 만들고 싶은 간절한 소망과 사랑스럽고 끈끈한 애착관계를 얻기 위해 많은 것을 희생했다. 이것만으로도 이미 그녀가 무엇을 불만스러워하는지 알 수 있다. 쾰른에서 혼자 지낼 때 그녀는 독립심과 직업적 인정에 대한 중요한 기본욕구를 충족시킬 수 있었다. 하지만 그 대가로 끊임없이 다른 사람들의 기대, 말하자면 회사의 규칙에 응해야 했다. 취미나 다른 여가 생활을 할 시간은 거의 없었다. 일에 대한 부담감 때문에 친구들과 제대로 연락하지도 못했다.

안나는 두 살 많은 오빠와 한 살 어린 여동생과 함께 성장했다. 셋 모두 부모님이 간절히 소망해서 낳은 아이들이었다. 막내가 태어난 지 3년 후에 어머니는 예전에 하던 반일근무 비서직에서 다시 일하기 시작했고, 아버지는 직접 세운 작은 전기 계열 회사를 운영했다. 아이들은 오전에는 유치원이나 학교에서 시간을 보냈다. 안나는 이웃집에서 많은 시간을 보냈는데, 그 가족은 안나의 가족보다 덜 엄격한 분위기였다. 안나는 자신의 아동기가 전반적으로 행복했다고 기억한다. 하지만 종종 어린 여동생을 돌봐야 했다.

안나가 다섯 살이 되었을 때 부모님은 집을 짓기로 결정했다. 재정적으로 여유가 없었기 때문에 그녀의 아버지는 회사일 외에 건설 공사 현장에서도 일을 했다. 어머니도 점점 더 자주 초과근무를 했다. 끊이지 않는 일에 대한 과도한 부담감 때문에 집안은 활력을 잃었고, 부모님은 아이들에게(특히 딸들에게) 집안일을 거들라고 요구하기 시작했다. 물론 부모님도 매일 지칠 때까지 일을 했다. 그들 가족에게 중요한 일은 그저 각자의 임무에 충실하는 것이었다. 가족들이 함께 저녁 시간을 보내거나 소풍을 가는 것은 지난 일이 되어버렸다. 방학이나 휴가에도 집에서만 시간을 보내거나 아이들만 야영장에 갔다. 안나 혼자 집에 있을 때가 많았고, 부모님 또한 사랑이 넘치는 부부가 아니었다.

안나는 초등학생 때부터 숙제를 마치고 나면 모든 게 반짝거릴 정도로 부엌을 완벽하게 청소했다. 나중에 어머니가 집에 돌아와 자신을 칭찬해주는 장면을 머릿속에 그리면서 말이다. 하지만 어머니가 따뜻하게 미소 짓거나 잘했다고 인정해주는 일은 매우 드물었다. 아버지는 어쩌다가 집에 있는 날이면 쉬거나 인부들을 꾸짖었다. 집

2장 보이지 않는 코끼리

이 다 지어진 후에도 새 집으로 삶의 활력이 돌아오지 않았다. 어머니는 여전히 초과근무를 했고, 아버지는 집 짓는 데 들어간 비용을 갚는다는 이유로 회사를 더 확장했다. 안나는 심리치료를 받는 중에 열 살 생일에 했던 생각을 떠올렸다. 그녀의 기억에 따르면 가족들은 〈행복과 행운을 기원합니다〉라는 생일 축하 노래를 부를 때 마지막 구절을 언제나 '건강과 풍요가 함께하길'이라고 불렀다. 그런데 왜 이웃집에서는 '건강과 기쁨이 함께하길'이라고 부르는 걸까? 아주 작은 차이지만 그녀에게는 그것이 세상을 나누는 차이였을지도 모른다.

안나의 코끼리를 들여다보면 그녀가 가족 안에서 무엇보다도 인정과 존중과 공감을 그리워했다는 사실을 알 수 있다. 그녀는 온 힘을 다해 집안일을 거들 때(그녀의 극복 전략)에만 인정과 존중을 받았다. 의무에 충실해야 한다는 최고의 계명이 호기심과 자율과 같은 다른 기본욕구의 발달을 방해했다. 나이가 들고 나서야 그녀는 집밖에서 또래들과 자유롭게 관계를 맺으며 이러한 기본욕구를 시험해볼 수 있었다. 집안에서 그녀가 보호받을 수 있는 유일한 길은 부모님이 정한 규칙을 따르는 것이었다.

　말하자면 안나의 코끼리는 좌절된 기본욕구를 충족시키기 위한 과거의 극복 전략을 담고 있다. 과거의 규칙, 즉 '내가 집안일을 착실하게 하면 나는 인정받고 보호받을 수 있어'라는 생각은 더 이상 기능을 발휘하지 못했고, 지금의 그녀에게도 알맞지 않았다. 가까운 유대관계 안에서 자율적으로 행동한다는 것이 안나에게는 관계를 위태롭게 만드는 위험 부담을 안고 있는 미개척지다. "일단 좀 더 만족할 만한 일을 찾아보고 남편 양말은 본인이 직접 빨게 해봐"라는 친한 친구의 조언이 가장 명백한 해결책이었다. 하지만 이것이 정말로 안나가 찾고 싶은 해결책이었을까? 이것은 그저 해결책의 일부일 뿐이다. 그녀는 혼자 사는 생활을 끝내고 남편과 애정 깊은 유대관계를 맺고 싶었으니 말이다.

비유적으로 말하자면 아동기를 벗어나면서부터 그녀의 삶에 세워진 수많은 표지판이 무엇을 해야 하고 무엇을 하지 말아야 할지를 그녀에게 보여주었다. 즉흥적인 충동과 감정과 욕구에 귀 기울이는 것, 말하자면 자율적인 자아 발달의 이정표가 될 수도 있는 행동은 금지되었고, 그녀는 여기에 접근할 수 있는 통로를 잃어버렸다. 집을 떠나면서 그녀는 그제야 자신만의 길을 타개할 수 있었지만, 또다시 의무 이행과 성과 실현이라는 기준에(이번에는 직업적 경력과 경제적 독립을 위해) 억지로 자신을 밀어 넣었다.

안나는 페터와 연애하면서 어떤 성과를 보이지 않아도 있는 그대로의 자신이 받아들여진다는 감정을 가장 먼저 느꼈다. 그녀는 마치 왕자의 입맞춤으로 잠에서 깬 공주가 된 것처럼 하루아침에 세상이 달라졌다고 느꼈다. 함께 시간을 보내는 것, 함께 탐험을 떠나는 것, 약해져도 되는 것, 의지할 수 있는 것, 부모로서의 행복을 느끼는 것. 이 모든 것이 사랑의 약속처럼 여겨졌다. 하지만 뮌헨에서 우울한 시간을 보내면서 이런 선물이 전부 속임수처럼 느껴졌다. 그녀는 페터와 갈등을 겪으면서 그만큼 더 깊은 실망감과 무력감을 느꼈고, 의무 이행과 자신의 감정을 억압하는 과거의 극복 전략은 더 이상 작동하지 않았다. 게다가 그녀는 자신의 어머니처럼 부담을 느끼면 뒤로 물러나는 반응을 보이는 남편을 선택했다.

페터와 안나 모두 중요한 욕구를 충족시키기 위해 노력했지만, 그것이 무엇인지 정확하게 말하지는 못했다.

페터는 좋은 직업을 갖고 있고 이에 대해 아내에게 인정받기를 원한다. 특히 지금 자신이 버는 돈의 대부분이 풍요로운 삶을 누리는 데 쓰이기 때문이다. 페터는 자신이 집안일을 거들기에는 에너지가 너무 부족하다고 생각하며, 특히 안나의 불만을 해결해주기에는 자신이 무력하다고 느낀다. 그는 단순히 널브러진 양말이 부부 사이의 문제가 아니라는 것을 느끼고 있지만, 그렇다고 양말로 인한 다툼에서 벗어나지도 못한다. 페터는 다른 사람의 기대에 못 미치기 때문에 어릴 때처럼 지금도 책임감을 느낀다. 그는 과거의 죄책감을 떨쳐버리지 못한다. 그렇기 때문에 억압된 그의 분노는 그만큼 자기 자신에게로, 또한 이러한 죄책감을 유발하는 아내에게로 향한다. 그래서 그는 완전히 부적절한 해결책을 시도한다. '내가 (경제적으로) 너를 책임질 테니 너는 나를 위해 (집안일을) 책임져라'라는 구호에 따라서 말이다.

모기
널브러진 페터의 양말과
신문을 바라보는 것.

흥분
화가 나면서 자동적으로 떠오르는 생각:
남편 뒤를 따라다니며
정리해야 하다니.
나는 남편의 하녀가 아니란 말이야!

코끼리

● **약점**
갈등에 대한 두려움.
불만족스러운 자신의 삶.
분노와 실망이 혼합된 감정.
존중과 자율에 대한 그리움.

● **자기보호 프로그램**
완고한 신념:
나의 개인적인 소망을 보류해야 해!
의무를 이행하는 사람이 보호와
존중을 받아!

행동 패턴:
집안일을 완벽하게 하려고 노력함.
자신의 일반적인 불만족을 억누르고
'사소한 것'에 대해 불평함.

● **자기 이미지:** 나 자신은 중요한 존재가 아니야.

● **다른 사람들에 대한 이미지:** 누구나 자신의 의무를 이행하고 있어.
모두가 늘 지쳐 있고 서로를 위한 시간을 갖지 못해.
나의 욕구는 다른 사람들에게 부담이 될 거야.

● **지나온 삶:** 애정 결핍, 호기심과 자율 그리고 경계 설정 사이에서 갈등을 겪음.

안나는 페터의 널브러진 양말을 보고 처음에는 남편에게 화가 났다. 남편은 그녀의 정리 욕구를 존중하지 않고 그녀가 집 안을 가꾸기 위해 얼마나 애를 쓰는지 인정하지 않는다. 더구나 그녀의 어릴 적 극복 패턴이 이제 어른이 된 그녀의 자기이해에 더 이상 맞지 않는다. 어머니나 남편의 미소를 위해 모든 것이 반짝거릴 때까지 청소하는 것이 정말로 현재 그녀에게 최고의 행복이 될 수 있겠는가! 여기에는 그녀가 자신의 독립적인 삶을 통해 극복할 수 있다고 믿은 어릴 적의 의존성이 반영되어 있다. 말하자면 그녀는 자신이 아무것도 할 수 없다고 느끼기 때문에, 그리고 성과와 의무 이행에 일방적으로 맞춰져 있는 삶 너머에 있는 자율적인 삶이 어떤 모습인지 모르기 때문에 자기 자신에게도 화가 난다. 그녀는 부모님과 함께 살 때 자신의 욕구를 느끼고 표현하는 것, 다른 사람들의 기대에 선을 긋는 것, 그럼에도 사랑과 보호를 받는 것이 무엇인지 본보기를 발견하지 못했고, 이를 이해하지도 못했다. 이런 배경에서 보면 널브러진 양말은 그녀에게 사소한 것 이상이며, 과거의 감정과 부적절한 자기보호 프로그램을 불러일으킨다. 하지만 이는 결국 또다시 다른 사람의 기본욕구를 해치는 결과를 초래한다.

두 사람 모두 각자의 자기보호 프로그램과 충돌하고 있기 때문에 이 모든 갈등은 점점 고조된다. 그렇게 되면 상대를 더욱더 이해하지 못한다. 근본적인 욕구는 겉으로 인식되지 않기 때문에 대화의 주제가 되지 못하기 때문이다.

다섯 번째, 세바스티안의 코끼리 _ 나는 거기에 어울리지 않아

여러분은 세바스티안이 휴가지에서 음식 준비를 논의하기 위해 친구와 통화한 후 모호한 실망감을 느꼈던 일화를 기억하고 있을 것이다. 세바스티안은 전화 통화 이후에 친구들과 함께 보낼 휴가에 대한 설렘이 갑자기 사라지고, 피로감이 엄습하며 기분이 나빠졌다. 그는 '친구네 부부가 자기들 먹을 것만 준비한다면 우리가 필요 없을 테고, 우리 부부, 아니 적어도 나와 휴가를 보낼 마음이 전혀 없는 거잖아'라고 생각한다. 생각하기 싫지만 계속해서 생각이 이어진다. '어차피 전부 아내 친구들이잖아. 나는 그저 부속물 같은 존재야.' 이때 그에게 걸려온 직원의 전화는 전혀 귀찮지 않고 오히려 구원자 같다. 그는 직원이 요청한 문제에 대해 적절한 해결책을 제시한다. 그리고 '내가 없으면 아무것도 못하는군'이라고 생각한다. 이런 생각은 자신이 쓸모 있는 존재라는 확신을 부여한다. '내가 다시 출근하면 저들이 기뻐할 거야.'

세바스티안은 심리치료를 받으면서 자신이 종종 이런 생각을 마음속에 품는다는 사실을 비로소 의식하게 되었다. 두 차례의 통화에서 보이듯이 그는 '내가 쓸모 있는 존재가 되어야만 나는 거기에 어울릴 수 있어'라는 완고한 신념에 따라 반응한다. 그는 소속감에 대한 자신의 기본욕구가 손상되는 위험을 다음과 같은 규칙에 따라 극복한다. '특별한 성과를 보여야만 쓸모 있는 존재가 된다. 그러니까 열심히 분발해야 해.' 심리치료 과정에서 그의 이러한 복합적인 반응 패턴이 다음과 같은 자기 이미지에서 연유되었음을 알 수 있었다. '내가 아무런 성과도 내지 않으면 나는 가치 없는 사람이야.'

이를 통해 세바스티안의 코끼리가 무엇인지 윤곽을 그릴 수 있다. 그런데 세바스티안의 자기 이미지가 항상 그렇게 부정적이지는 않다. 그는 자신의 여러 장점을 잘 알고 있으며, 자기 자신에 대한 의구심 때문에 괴로운 적은 아주 가끔 있을 뿐이라고 말했다. 그는 자신의 성과에 대해 자긍심을 갖고 있지만 가끔씩 이러한 불쾌한 도식이 활성화되어 그를 괴롭힌다. 이 도식이 어떻게 생겨났는지 알아보아야 한다.

세바스티안의 부모님은 가구 제조 공장을 운영했다. 그의 기억 속 부모님은 언제나 일이 많았다. 그와 세 명의 동생은 어릴 때부터 자신들이 할 수 있는 한도에서 부모님을 도와야 했다(예를 들면 가구 작업장 청소하기). 부모님은 매우 내향적인 분들이라 서로에게도 거리를 두었다. 두 분은 개인적인 일에 대해서는 서로 대화하지 않았다. 그는 어머니가 중산층의 삶을 살았다고 생각한다. 이를테면 전후 시대를 겪으면서 존재 위기에 대한 불안과 안정에 대한 욕구 때문에 꽤 잘되는 가구 공장으로 시집을 간 것이다.

세바스티안은 부모님이 바라던 끝에 얻은 아들이었고 두 살 때까지 부모님의 사랑을 듬뿍 누렸다. 세 살 어린 남동생을 시작으로 다른 동생들이 계속 태어나면서 그는 준비도 안 된 상태에서 '왕좌에서 물러났고', 이때부터 강렬한 질투심에 사로잡히기 시작했다. 하지만 부모님은 그를 이해해주지 못했다. "너는 동생들보다 훨씬 크고 더 많은 걸 알잖아." 부모님은 그에게 이런 말을 자주 했다. 좋은 뜻에서 한 말이겠지만, 그에게는 이런 말이 실망스러웠고 전혀 도움이 되지 않았다.

초반의 위기를 거친 후 그는 자신감으로 가득 찼다. 부모님이 가장 의지하는 사람이 자신임을 느꼈기 때문이다. 물론 이는 그가 장남으로서 어린 동생들을 돌봐야 한다는 것을 의미했다. 그는 거의 놀지 못했고, 집 근처에는 유치원도 또래 친구들도 없었다. 어머니는 자신이 학교를 제대로 다니지 못했기 때문에 아이들의 학교 교육에 큰 가치를 부여했다. 세바스티안과 동생들은 초등학교를 졸업한 후 10킬로미터 떨어진 도시에 있는 인문계 중등학교에 다녔다. 세바스티안은 뛰어난 학업 성적으로 어머니의 기대를 충족시켰다. 반면 아버지는 세바스티안의 성적에는 관심을 두지 않았고, 오히려 세바스티안이 자신의 공장을 물려받을 거라는 희망이 사라져간다고 생각했다. 그래서인지 손재주가 뛰어난 남동생을 마음에 들어했다. 아버지가 남동생을 칭찬하고 목공 기술을 가르치는 모습을 보면서 세바스티안은 마음이 쓰라렸다. '나는 아버지가 원하는 아들이 아니야.'

오래전부터 말로 표현할 수 없는 궁지에 빠져 있던 그가 할 수 있는 것은 무엇이었을까? 그는 이미 다음과 같은 극복 전략을 발달시키고 있었다. '집안일과 가구 작업장 일을 도우면 나는 쓸모 있는 사람이 될 테고 거기에 어울릴 수 있어.'

그가 학교에서 외톨이가 된 데에는 여러 가지 이유가 있었다. 그는 유치원을 다니지 않았기 때문에 친구를 어떻게 만들고 또래 집단에서 자신의 자리를 어떻게 확보해야 하는지를 배우지 못했다. 학교가 끝나면 곧바로 자전거를 타고 집으로 와야 했기에 친구들을 만나서 놀거나 장난을 치거나 수영장에 가거나 아이스크림 가게에서 새로 나온 아이스크림을 바꿔 먹을 기회가 없었다. 이렇게 그는 집에서 필요한 존재가 되었다.

그렇다면 학교 생활은 어땠을까? 세바스티안의 반 친구들은 이해하지 못하는 내용이 있을 때 그에게 물어봤고, 종종 반에서 1등을 했던 세바스티안은 친구들의 공부를 도와주면서 인기 있고 환영받는 존재가 되었다. 이때에도 위에서 언급한 전략은 그에게 도움이 되었다. 하지만 이러한 전략은 그를 골탕 먹이려는 몇몇 친구에게 미움을 샀다. 심리치료 과정에서 그는 지금까지도 수치심과 분노가 느껴지는 한 가지 사건을 떠올렸다. 수업 도중에 뒤에 앉은 친구가 큰 소리로 이렇게 외친 것이다. "얘들아, 이것 좀 봐! 세바스티안 머리는 나무 머리야!" 무의식적인 반사 행동이었는지, 아니면 당황해서 그랬는지 그는 머리를 긁적였다. 그러자 대팻밥이 책상에 소리 없이 떨어졌다. 세바스티안의 마음속에서 큰 바위가 천둥을 맞고 쿵 떨어지는 것 같았다. 모두가 킥킥대고 웃었다. 세바스티안이 좋아하고 친구가 되고 싶었던 한 아이도 웃었다. 세바스티안은 한마디도 하지 못했다. 아침에 아버지의 가구 작업장을 청소했다고 말해야 했을까? 그가 남동생보다 불리한 입장에 처하지 않기 위해 집에서 열심히 일한다는 사실을? 그는 학교에서 며칠 동안 말 한마디 하지 않고 지냈다. 한 여학생이 수학 과목에서 낙제점을 받고 난 후 그에게 도움을 청했을 때에야 비로소 그는 평정을 찾을 수 있었다.

그 이후 세바스티안의 인생 경로는 크게 눈에 띄는 것 없이 무난히 흘러갔다. 성실함과 재능을 갖춘 그는 대학 공부를 거쳐 직업적인 성공의 길로 들어섰고, 여자 동료와 결혼함으로써 반복되는 외로움의 감정에서 벗어날 수 있었다. 그렇지만 한 가지 약점이 아직 남아 있었다. 사람들 사이에서 자신이 환영받는 존재인가라는 질문에 분명하게 대답할 수 없는 상황이 발생하면 그의 오랜 과거의 도식이 활성화되었다. 앞에서 언급한 일화에서 세바스티안의 패턴을 어렵지 않게 인식할 수 있다. 즉 자신이 쓸모 있게 느껴지면 기분이 좋고, 쓸모 있는 존재가 아니라고 느껴지면 코끼리가 모습을 나타내는 것이다. 그는 불안해질 때면 상황을 통제하기 위해 늘 뒤로 물러나는 쪽을 택했다. 심리치료 전에는 이런 연관성을 의식하지 못했다.

그의 완고한 신념에 따른 일관적인 행동 또한 문제를 초래했는데, 성과에 급급한 마음이 점점 과도한 부담과 피로로 이어졌기 때문이다. 그는 인간관계에서 뒤로 물러남으로써 상처에서 도피했고,

잠시나마 통제력을 얻을 수 있었다. 하지만 그 대가는 외로움이었다. 이런 시각에서 볼 때 그의 문제 해결 시도는 그를 악순환에 빠뜨렸다. 심리치료를 시작하기 2년 전에 그는 처음으로 심각한 위기에 빠졌다. 그가 이끌었던 부서가 구조조정의 일환으로 해체되었고, 새로운 업무와 직책을 맡게 된 것이다. 처음에 그는 이 업무에 대해 아는 것이 별로 없었지만 엄청난 성실함 덕분에 부족한 업무 능력을 금방 보충할 수 있었다. 하지만 새로운 조직에서 터지는 권력과 관할 다툼을 감당하지는 못했다. 인간적인 실망과 인정받지 못하는 상황에 처하면서 그는 점점 더 우울증에 시달렸다. 그가 심리치료를 받으러 온 것은 바로 이런 이유에서였다.

세바스티안의 지난 삶은 비교적 무난하다. 그는 세 살 때까지 사랑과 보호에 대한 기본욕구를 충족할 수 있는 행운아였다. 하지만 동생들이 태어나면서 불리한 입장에 처했고, 학교에서 벌어진 여러 상황은 자신이 사람들과 잘 어울리지 못한다는 감정을 강화했다. 견고한 유대관계를 향한 세바스티안의 기본욕구, 특히 소속감과 공감 어린 이해에 대한 기본욕구, 인정과 존중에 대한 기본욕구는 더 이상 충분히 충족되지 못했다. 그래서 그는 뛰어난 성과를 통해 이를 상쇄하려고 노력했다. 그는 자신이 쓸모없는 존재라고 느껴질 때 사람들과 접촉하지 않으려 했다. 사람들 사이에서 뒤로 물러나는 것이 또 다른 극복 전략이 된 것이다. 이러한 자기보호 프로그램은 그때

세바스티안의 코끼리

모기

무뚝뚝하게 들리는 친구의 짤막한 대답.

흥분

갑자기 실망감과 불안감을 느끼면서
자동적으로 떠오르는 생각:
그들은 내가 필요하지 않아.

코끼리

● **약점**

거부에 대한 두려움.
견고한 유대관계에 대한 그리움.

● **자기보호 프로그램**

완고한 신념:
나는 환영받는 존재가 아니야.
나는 어떤 성과를 내야만 쓸모 있는
존재야.

행동 패턴:
실망감에 대한 두려움 때문에
뒤로 물러남.

● **자기 이미지:** 지금의 나는 충분하지 않아.

● **다른 사람들에 대한 이미지:** 사람들은 자기에게 필요한 사람에게만 친절해.

● **지나온 삶:** 소속감 결핍, 이해심 부족.

2장 보이지 않는 코끼리

도, 그리고 지금도 단기적으로만 효과적이다. 이러한 프로그램은 장기적으로 볼 때 대안적인 극복 가능성(예를 들면 사회적 능력의 형태)을 얻지 못하도록 방해한다. 그는 자신의 약점이 건드려질 때(자신이 환영받는 존재인지 아닌지 불확실하게 느껴지는 상황) 갑자기 기분이 나빠진다. 심리치료 전에는 이러한 기분 변화에 대해 제대로 설명하지 못했다. 스트레스 상황에서 엄습하는 가공 패턴이 세바스티안의 생각 및 행동 영역을 축소시킨 것이다.

세바스티안은 이러한 인식을 어떻게 유용하게 사용할 수 있을까? 먼저 그는 자신의 감정이 자신과 주변 사람들에게 부적절하다고 느껴질 때에도 이를 진지하게 받아들이는 것이 중요하다는 것을 경험해야 한다. 이를 통해 그는 자신감을 더 확대할 수 있다. 그런 다음 에야 자신이 왜 코끼리를 인식하면 부정적인 생각에 빠지는지 보다 깊게 통찰할 수 있다. 그는 불쾌한 감정이 느껴질 때 멈춰 서는 법을 배우고, 이를 통해 그 감정의 의미를 평가하고 인정할 수 있어야 한다.

이제 그는 휴가지에서 기분이 나빠졌을 때 자신이 무엇을 두려워했는지 깨달았다. 그리고 자신이 원하는 것이 무엇인지, 자신에게 정말로 필요한 것이 무엇인지 알게 되었다. 세바스티안이 어떻게 이 모든 깨달음을 행동으로 옮길 수 있는지에 대해서는 5장에서 설명하고자 한다.

여기까지가 앞에서 언급한 일화의 주인공들에 대한 이야기다. 이들의 코끼리 외에 내가 자주 마주친 다른 두 마리의 코끼리에 대해 좀 더 살펴보려고 한다.

여섯 번째, 지빌레와 파울과 아네테의 코끼리 _ 나는 항상 뒤에 서 있어야 해

친숙한 감정은 많은 사람에게 등한시된다. 이 감정 안에는 수많은 약점이 숨어 있을 수 있다. 중요한 사람으로 받아들여지지 않는 것, 충분히 인정받지 못하는 것, 무시당하는 것, 냉대받는 것, 부당한 대우를 받는 것 등이 말이다. 그런데 동일한 상황이라도 사람마다 그 의미와 중요성이 다르다. 먼저 사소한 일상적 계기를 관찰해보고, 이어서 이것이 각 개인사에서 갖는 의미에 대해 살펴보자.

지빌레는 슈퍼마켓 계산대 줄에 서 있다. 줄이 길어지자 다른 계산대도 열렸다. 작은 장바구니를 들고 있던 그녀는 잠시 망설이다가 새로 열린 계산대로 가려고 한다. 그때 줄에 서 있지 않고 방금 계산대로 온 다른 사람과 부딪친다. 지빌레는 화가 났지만 차분한 목소리로 "다른 사람들처럼 줄을 서야죠"라고 말한다. 그는 지빌레의 요구를 거부한다. "안타깝지만 당신이 줄을 잘못 선 거죠. 내가 운이 좋은 거고."

　지빌레는 본인이라면 절대로 그렇게 말하지는 못했을 거라고 생각한다. 그녀는 분노를 터뜨릴 수도 있었지만 아무 말도 생각나지 않아 입을 다물었다. '참 배려심이 없네. 다음에는 더 이상 참지 않을 거야. 그런 사람은 다른 사람들 앞에서 망신을 당해봐야 해. 저렇게 무례하다니….' 그녀는 30분 동안 이 생각을 했고, 밤에 잠들기 전까지 이 생각을 떠올렸다. 언제나처럼 '다음에는 가만 두지 않겠어!'라고 생각하면서 말이다.

파울은 한 레스토랑에 자리를 잡고 앉았다. 쉴 새 없이 왔다갔다 하는 종업원의 모습이 눈에 띈다. 그는 이렇게 손님이 많으면 어느 정도 기다릴 거라고 예상했지만, 그 이해심은 결국 폭발한다. 종업원을 부르려고 손을 뻗어 아무리 흔들어도 대답이 없다. 그 사이, 옆 테이블에 꽤 많은 단체 손님이 자리를 잡는다. 그러자 종업원은 급히 그 단체 손님들에게 가서 메뉴판을 건네고 잠시 담소까지 나누더니 자리를 뜬다. 실망한 파울은 뻗은 손을 내린다. 종업원이 옆 테이블로 와서 주문을 받으려고 하자 파울은 의자에서 벌떡 일어나 종업원을 향해 호통을 친다. "도대체 눈을 어디에 달고 다니는 거요? 내가 10분째 당신을 기다리고 있잖아요!" 그러고는 생각에 잠긴다. '내가 이렇게 매번 무시당해도 되는 사람인 거야?'

아네테는 5년 전에 결혼했다. 그녀는 반일근무를, 남편은 종일근무를 한다. 이들 부부에게는 초등학생 나이의 자녀가 두 명 있다. 그녀의 남편은 예외적으로 돌아오는 토요일에도 사무실에 나가야 한다. 그는 금요일 저녁에 이번 한 주가 매우 힘들었다고 신음하듯 말했다. 토요일 아침에 출근하려던 그는 갑자기 주말에 장을 보러 갈 수 없다는 사실이 떠올랐다. 그래서 아내에게 부탁했다. "당신이 장을 좀 볼 수 있겠어? 오늘은 내가 못 볼 거 같아." 그녀는 '오늘도? 남편이 계속 주말에도 출근하면 내가 다 해야 하잖아'라고 생각한다. 하지만 "뭘 사면 될까?" 하고 묻는다. 그는 말한다. "아무거나. 당신이 요리하고 싶은 걸로." 그녀는 누가 들어도 화난 목소리로 대꾸한다. "당신은 왜 내가 요리해야 한다고 생각하는 거야?" 문밖으로 나가려던 남편도 신경질적인 말투로 대답한다. "나 지금 급한 거 안 보여? 지금 그런 얘기할 시간이 없잖아." 아네테는 화가 난다. 그녀에게는 장 보고 요리하는 것이 근본적인 문제가 아니다. 그녀가 화난 이유는 남편의 생각 때문이다. '남편에게는 언제나 회사 업무가 최우선이야. 집안일에 대한 책임은 당연히 나한테 있다는 투야. 이건 공평한 분담이 아니야!' 그 후로 몇 시간 동안 그녀는 기분이 나쁘다.

언급한 세 가지 상황에서 당사자들은 자신이 무시당하거나 부당한 대우를 받는다고 느낀다. 과거의 도식이 작용하지 않았다면 그들은 '앞으로는 가만두지 않을 거야.' '내가 참고 있다는 걸 모르는군. 다음에는 좀 더 일찍 신호를 보내야겠어!' '화를 안 내니 날 바보로 아는군!' 등의 생각을 하며 문제를 빨리 잊었을 것이다. 하지만 지빌레와 파울, 아네테는 그렇게 하지 못했다. 화를 불러오는 불쾌한 사건이 불안정한 내면적 정서와 만난 것이다. '언제나 내가 뒤로 물러나야 한다니까. 다른 사람들은 자기가 원하는 것을 아주 쉽게 얻는데 말야!' 차별대우를 자주 느끼는 사람들은 이와 비슷한 생각이 자동적으로 머릿속에 떠오른다. 여기서 코끼리를 추측할 만한 근거를 발견할 수 있다. 이를 좀 더 자세하게 살펴보기 위해 위의 인물들이 겪은 지난 삶의 경험을 관찰해보자.

지빌레는 새로 열린 계산대 앞으로 쉽게 다가갈 수도 있었다. 그녀는 체구도 작고 장바구니에 물건도 몇 개 없었기 때문에 대담한 몇몇 사람처럼 자기가 정말 바쁘니 먼저 계산할 수 있겠느냐고 친절한 말로 부탁할 수도 있었다. 그녀 스스로 그런 행동을 용납할 수 있었다면 말이다. 실향민이었던 지빌레의 부모님은 자신들이 사는 작은 마을에서 안 좋은 일로 사람들의 시선을 끌지 않기 위해 온갖 애를 썼다. 부모님은 지빌레에게 겸손하게 살아야 하며 이기적인 생각은 무조건 버려야 한다는 것을 몸소 보여주었다. 자신의 이익을 위해 계산대 앞으로 밀치고 가는 행동, 주어진 모든 기회를 민첩하게 이용하는 행동은 지빌레에게 매우 낯설다. 이런 행동은 '겸손해라, 다른 사람을 배려해라, 차라리 양보해라, 이기적인 생각을 하지 마라!'와 같은 엄격한 규칙에 어긋나기 때문이다. 또한 '주는 것이 받는 것보다 훌륭하다'는 부모님의 말도 그녀는 곰곰이 생각할 겨를조차 없이 그대로 받아들였다. 하지만 이미 어릴 때부터 체득한 이러한 '덕목'이 나중에는 오히려 필요에 의해 강화되었다. 즉 어릴 때부터 허약하고 수줍음이 많던 지빌레는 한 번도 싸움에 가담한 적이 없었다. 유치원에서 장난감을 차지하려 하지도 않았고, 친구들과 '의자 앉기 게임'(사람 수보다 의자를 한 개 적게 배치하고 손을 잡고 빙빙 돌다가 특정 시간이 되면 의자에 앉는 게임으로, 의자가 한 개 부족하기 때문에 한 명씩 탈락한다-옮긴이)을 할 때에도 언제나 제일 먼저 탈락했다. 재미있게 부딪치면서 자리를 차지하기보다 차라리 의자를 내주는 행동을 반사적으로 한 것이다. 학교에 다닐 때도 선생님이 던진 질문의 답을 알고 있어도 눈에 띄고 싶지 않아서 손을 들지 않았다.

파울의 일화에서처럼 지빌레도 존중과 공평한 대우에 대한 기본 욕구가 좌절되었다. 그녀는 자신이 무시당할 때 가끔씩 느꼈던 분노를 표현할 용기가 없었다. 이러한 마음을 표현하는 것은 부모님에게 비난받을 행동이고 그녀의 몸에 밴 가치 체계에 의문을 던지는 행동이었다.

그녀의 자기 이미지는 자신의 욕구를 자제해야만 가치 있는 사람이라는 생각에 따라 만들어졌다. 이와 함께 그녀는 이기적인 사람들을 보며 자신이 도덕적으로 우월하다는 생각으로 위안을 삼았다. 어릴 때에도 옆집 아이들이 어떤 물건을 두고 다툼을 벌이면 버릇없고 막돼먹었다고 느꼈다. 자신의 감정과 욕구를 무시하면 '너 자신을 그렇게 중요하게 생각하지 말라!'라는 보편타당한 도덕적 명령에 묻혀 자신이 사라졌다.

계산대 앞에 줄을 서고 있는 지빌레에게 중요한 것은 시간 절약이 아니라 앞으로 밀치고 나아가는 사람 때문에 그녀의 엄격한 규칙인 자제력이 위태로워진다는 사실이었다. 그녀는 자신도 이득을 봐야겠다는 충동에 사로잡히는 동시에 다른 사람의 '뻔뻔함'을 도덕적으로 용납하지도 못하는 상황에 빠진다.

'내가 이렇게 매번 무시당해도 되는 사람인 거야?' 파울은 쓰라린 감정으로 자신에게 묻는다. 내면의 목소리는 혼자인 자신보다 단체 손님이 더 알아보기 쉽다고 말하지만 이는 과거의 메아리로 인해 들리지 않는다. 그는 자신이 다른 사람들보다 덜 중요한 존재라고 생각하며, 다른 사람들이 등장하면 자신은 뒤로 물러나야 한다고 생각한다.

파울은 홀어머니 밑에서 외동으로 자랐다. 그의 아버지는 어머니가 자신을 임신했을 때 이미 어머니를 떠나고 없었다. 어머니는 자신이 낙태에 동의했다면 아버지가 떠나지 않았을 것이라고 했다. 이렇게 보면 파울은 이미 태어나기 전부터 어느 정도 불리한 상황에 처했다고 볼 수 있다. 아버지가 양육비를 지불할 능력도 그럴 마음도 없었기 때문에 어머니 혼자 그를 돌봐야했다. 어머니는 안쪽으로 주거 공간이 딸린 작은 상점을 임대해서 옷 수선가게를 운영했다.

어머니는 파울에게 사랑을 듬뿍 주었고, 파울이 그녀를 필요로 할 때에는 종종 일을 내려놓기도 했다.

하지만 손님이 오면 어머니는 파울과 함께하던 모든 것을 중단하고 그를 하염없이 혼자 두기도 했다. 이 기다림의 시간이 그에게는 엄청나게 길었다. 지금까지도 파울은 초인종 소리가 듣기 싫다. 그는 가끔 어머니를 향해 빨리 오라고 소리쳤던 기억이 떠오른다. "지금은 안 돼"라는 어머니의 긴장된 목소리를 들을 때면 파울은 화가 났다. 그는 하염없이 어머니를 기다리거나 자신의 놀이세계에 빠지는 일밖에 달리 할 일이 없었다. 어머니가 돌아오면 그는 더 이상 아무것도 알리려고 하지 않았다. 그의 말에 따르면, 그때 어머니에게 크게 실망하고 마음에 상처를 입었다고 한다. 그는 청소년기에 몇 안 되는 친구들과 가깝게 지냈지만 자신이 주변 인물이라고 느꼈다. 또한 모임이나 파티에 초대받지 못하면 매우 예민해졌다. 그럴 때마다 '나는 다른 사람들에게 그렇게 중요한 존재가 아니야'라고 확신했다.

뒤로 물러나 있어야 한다는 과거의 감정이 그에게 흔적을 남겼다. 그는 처음에는 자신을 부각하려는 극복 전략을 펼쳤지만, 아무런 반향이 없어서 곧 포기했다. 나중에 그는 습관적으로 학교에 사탕을 가지고 가서 나눠주었는데, 그렇게 하면 단순한 자신의 존재에 뭔가 특별한 것을 덧붙일 수 있을 것 같았기 때문이다.

아네테는 두 살 어린 남동생과 함께 성장했다. 남동생은 늘 허약했기 때문에 어머니의 특별한 관심과 보살핌이 필요했다. 이것은 그녀에게 불리한 약점이었다. 하지만 이런 상황에 반발하는 것은 용납되지 않았고 그런 일이 벌어지면 부모님은 도덕적으로 아네테를 비난했다. "그래도 네가 남동생보다는 훨씬 낫잖아. 그걸로 만족해야지." 그런데 그녀가 막 여섯 살이 되었을 때였다. 무심코 "저 멍청이 같은 놈이 또 아픈 거야?"라고 말한 적이 있었다. 그때 부모님은 그녀에게 3일 동안 집 밖으로 나가지 말라는 벌을 내렸다. 이보다 더 끔찍했던 것은 이 기간 동안 부모님이 그녀에게 한마디도 하지 않았다는 점이다. 그녀의 시각에서 볼 때, 부모님이 못미더워했던 남동생은 과잉보호를 받는 것 같았고, 힘든 집안일은 모두 자신과 어머니가 해야 하는 것 같았다. 가끔 이에 대해 아버지에게 불평하면(아버지는 대부분 피로에 지쳐 늦게 퇴근했다) 아버지는 그녀를 달래며 이렇게 말했다. "우리 모두는 각자 최선을 다해야 해. 무슨 말인지 알 만큼 너는 똑똑하잖니. 아빠가 하는 일도 쉬운 일은 아니란다."

공평함과 동등한 대우, 존중받고 싶은 아네테의 기본욕구는 확실하게 손상되었다. 그녀가 자신의 욕구가 침해당하지 않으려고 저항한다면 또 다른 기본욕구, 즉 부모님으로부터 받는 사랑과 인정이 위태로워진다. 딜레마에 빠진 그녀는 부모님의 기대에 어긋나지 않도록 배려 있게 행동하면서 자신의 소망을 보류하는 법을 배웠다. 그 안에는 '다른 사람들이 나보다 더 중요하고, 나의 요구는 언제나

지빌레의 코끼리

> **모기**
> 새롭게 열린 계산대 앞으로 가며
> 자신이 이득을 봤다고 기뻐하는 다른 사람.

> **흥분**
> 끓어오르던 화가 분노로 고조되면서
> 자동적으로 떠오르는 생각:
> 나는 언제나 옆으로 밀려나야 해.

코끼리

● **약점**
갈등에 대한 두려움.
자제해야 한다는 계명과 자신의
분노가 충돌하는 것에 대한 두려움.
주목을 끄는 것에 대한 두려움.
공평함과 존중에 대한 기본욕구가
손상됨.

● **자기보호 프로그램**
완고한 신념:
나는 다른 사람들을 밀치고 앞으로
나아가서는 안 돼!
나는 다른 사람들의 눈에 불쾌하게
보이면 안 돼!

행동 패턴:
갈등이 고조되는 것을 회피하고
화를 참는다.
그저 상상 속에서만 화를 낸다.

● **자기 이미지:** 나는 겸손하고 배려심이 많으며, 결코 이기적이지 않아.

● **다른 사람들에 대한 이미지:** 대부분의 사람들은 이기적이야.

● **지나온 삶:** 자신이 중요하다는 생각을 용납하지 않고 자신의 욕구를 보류하는 엄격한
계명을 따름. 자율과 경계 설정 사이에서 갈등을 겪음.

2장 보이지 않는 코끼리

뒤로 미뤄야 해!'라는 완강한 신념이 담겨 있다. 이러한 규칙은 어릴 때부터 한 번도 되새겨보지 못한 채, 세상을 바라보는 그녀의 관점이자 요지부동한 신념이 되었다. 아네테는 결혼 생활을 하면서 이런 패턴을 오랫동안 자각하지 못했지만 종종 뭔가 균형을 이루지 못하고 있다는 분노를 반복적으로 느꼈다. 일 때문에 항상 지쳐 있는 남편 앞에서 그녀는 늘 뒤로 물러나 있어야 했는데, 남편이 자신의 회사 업무를 기본적으로 더 우선했기 때문이다. 이에 대해 남편은 그녀의 아버지처럼 납득할 만한 이유를 가지고 있었다.

지빌레와 파울과 아네테는 '기브 앤드 테이크give and take'의 관점에서 서로 다른 이유로 내면적 불균형을 느낀다. 그들은 물이 반 정도 들어 있는 유리컵을 보고 언제나 물이 반밖에 없다고 생각한다. 기본적으로 불공평이라는 안경을 쓰면 자신이 이미 가지고 있는 것이 적다고 느끼기 때문이다. 그들의 자기 이미지와 완고하고 지나치게 높은 도덕 규칙은 유리컵의 나머지 반을 채우지 못하게 만든다. 불공평하다는 느낌은 가벼운 실망감을 인신공격적인 무시라고 받아들이게 만들면서 점점 커져간다. 그들은 이에 저항하는 법을 배우지 못했고, 그렇게 하는 것은 자신들의 도덕적 계명에 어긋난다. 이로써 분노가 쌓이고 마음속 깊은 곳에서 압박감이 생겨난다. 그것은 언제 폭발할지 모르는 화산처럼 끊임없이 그들을 위협한다. 그렇게 되면 이 화산은 아주 사소한 일로도 폭발할 수 있다. 지빌레의 코끼리를 살펴보면 이를 쉽게 알 수 있다.

일곱 번째, 마쿠스의 코끼리 _ 내 편은 아무도 없어

마쿠스는 외톨이다. 주택 관리인으로 일했던 그는 은퇴한 후 작은 연립주택에서 혼자 살고 있다. 인근에 여동생이 살고 있지만 거의 연락하지 않으며 유일한 친구는 반려견이다. 매주 일요일 오전에는 벼룩시장을 찾는다. 그런데 아는 사람이 아무도 없어서 조금이라도 잡담을 나눌 기회가 없다. 그래서인지 기분이 살짝 언짢다. 다시 집에 돌아와 혼자가 된 그는 스파게티를 요리하려고 한다. 그런데 집에 소금이 없다는 사실을 확인한다. 그는 여동생이 자신을 도와줄 수 있지 않을까 생각한다. 하지만 그녀는 언제나 무뚝뚝하고 그에게 관심이 없다. 그는 갑자기 불쾌해진다. '하필이면 그런 여동생한테 도움을 청해야 하다니! 내가 찾아가서 초인종을 누르면 그 애는 분명히 귀찮아 할 거야. 어쩔 수 없이 억지로 나에게 소금을 주겠지.' 그는 골똘히 생각한다. '그런 여동생은 필요 없어! 그 애는 대부분의 사람들처럼 이기적이야.' 격렬한 분노가 끓어오르자 그는 여동생이 얼마나 남을 잘 도와주지 않는 사람인지를 분명하게 보여주는 또 다른 일화를 떠올린다. 분노의 감정이 터져버린 그는 외로움을 완전히 잊어버린다.

마쿠스는 좌절감을 느꼈던 경험에서 '아무도 없는 게 더 좋아!'라는 결론을 끌어냈다. 이런 태도를 갖고 태어나는 사람은 없다. 이러한 신조는 욕구가 침해되는 상황에서 이를 극복하려는 전략으로 생겨난다. 보호와 이해, 신뢰, 사랑이 넘치는 유대관계에 대한 욕구는 그의 삶에서 등한시되었다. 그의 부모님은 어린 그를 자주 혼자 두었고, 그는 버림받을까 봐 두려움을 느꼈으며, 문제가 생길 때 대화를 나눌 수 있는 누군가가 있으면 얼마나 좋을까 생각했다. 너무 어릴 때부터 자기책임을 강요받았던 그는 누군가에게 의지하려는 욕구를 약점으로 느끼기 시작했다. 자율성에 대한 건강한 욕구는 안정적인 유대관계를 토대로 충족되는데, 그에게는 이런 토대가 결여되어 있었다. 말하자면 그의 독립성은 필요에 의해 생겨난 것이었다.

아무도 필요 없다는 그의 신념은 일반적인 자기보호 프로그램이 되었다. 그는 누군가에게 도움이나 부탁을 요청하는 행동을 실망이나 거부에 대한 두려움과 연결시켰다. 결국 그는 이런 두려움을 피하려 했고, 결과적으로 주변 사람들에 대한 부정적인 생각을 바로잡을 수 있는 긍정적인 경험도 차단되었다. 그가 스스로 만든 여동생에 대한 분노는 다음과 같은 도식에 들어맞는다. 즉 여동생이 그를 언제나 무뚝뚝하게 대한다는 생각은 여동생에게 결코 친절을 기대할 수 없다는 것을 '증명한다'는 도식이다. 그러니 여동생을 거부할 만한 이유는 충분하다! 더 나아가 버림받는 고통스러운 감정을 느끼는 것보다 차라리 화를 내는 것이 그의 정신적인 평정을 위해 더

마쿠스의 코끼리

모기
누군가에게 뭔가 부탁해야 하는
불가피한 상황.

흥분
화가 점점 고조되면서
자동적으로 떠오르는 생각:
여동생은 나에게 너무 무뚝뚝해.
그녀는 내가 소금을 빌려달라고 부탁하면
분명히 귀찮아 할 거야.

코끼리

● **약점**
외로움.
거부에 대한 두려움.
안정적인 유대관계에 대한 소망.

● **자기보호 프로그램**
완고한 신념:
아무도 없는 게 더 좋아.

행동 패턴:
혼자 알아서 하고 은둔하면서
살아간다.
머릿속으로 다른 사람들을
공격적으로 생각하고 이를 통해
실망감으로부터 자신을 보호한다.

● **자기 이미지:** 나는 혼자야.

● **다른 사람들에 대한 이미지:** 제 일은 각자 알아서 해.

● **지나온 삶:** 애정과 신뢰가 넘치는 유대관계와 보호 결핍.

유리하다.

　마쿠스의 코끼리는 많은 사람에게 널리 퍼져 있다. 우리는 이 코끼리를 심리학자 파울 바츨라윅Paul Watzlawick의 유명한 저서 《불행지침서Anleitung zum Unglücklichsein》에 등장하는 '망치에 관한 일화'에서도 볼 수 있다. 바츨라윅은 이 일화에서 그림을 걸기 위해 옆집 사람에게 망치를 빌리려는 남자에 대해 묘사한다. 남자는 옆집 사람을 생각하면서 온갖 부정적인 정황을 떠올리다가 결국 옆집 사람이 자신에게 친절하지 않을 거라는 상상에 빠져든다. 그래서 옆집 사람에게 절대로 도움을 청하지 않기로 마음먹는다. 이런 생각에 빠지자 남자는 점점 더 분노한다. 남자는 옆집 현관으로 달려가 초인종을 누르고 소리친다. "망치는 안 빌려줘도 돼요, 못된 사람 같으니라고!" 겉보기에는 설명하기 어려운 행동이지만, 이는 전형적인 '자기 충족적 예언self-fulfilling prophecy'이다. 남자는 자신이 만든 옆집 사람의 이미지에 반응하며 자신의 선입견을 바로잡을 수 있는 기회를 옆집 사람에게 허용하지 않는다. 이러한 행동은 모기-코끼리-흥분 공식에 근거해 볼 때 과거의 욕구 손상을 극복하려는 자기보호 프로그램이라고 볼 수 있다.

　감정의 변덕은 날씨와 같다. 말하자면 안정된 고기압과 저기압 상태도 있고, 날씨가 급변해서 시야를 가리는 안개가 끼기도 하고, 기분 좋은 온기가 느껴지기도 하며, 살을 에는 추위가 찾아오기도 한다. 이런 날씨의 변덕처럼 우리의 기분도 종종 예측하기 어렵게 변한다. 하지만 연관관계를 이해한다면 준비가 안 된 상태에서 감정적으로 돌변하는 상황을 막을 수 있다. 기상학자가 대기권에 영향을 주는 요인을 알면 날씨의 급변을 예측할 수 있듯이, 자신의 약점과 코끼리를 안다면 기분 변화를 미리 예측하고 이해할 수 있게 된다.

3장과 4장에서는 우리의 기본욕구와 우리 자신의 코끼리에 대한 개인적인 경험을 집중적으로 조명해보려고 한다. 가장 먼저 여러분의 기본욕구의 흔적을 찾고, 그 기본욕구가 여러분의 삶에서 어느 정도로 충족되고 있는지, 혹은 충족되었는지를 묻고자 한다.

인간이 자신의 진정한 욕구와 분리되면
모든 것이 갈등이 된다.

아르노 그륀
Arno Gruen

당신의 기본욕구를 알고 있는가

앞의 일화에 등장하는 주인공들에게 다음과 같은 일이 일어난다면 굉장히 마음 편한 하루가 될 것이다.

- 리사의 옆집 여자가 아침에 작은 꽃다발을 들고 나타나서 지난밤에 소란 피운 것을 사과하고 리사처럼 좋은 이웃을 두어서 얼마나 기쁜지 모르겠다고 강조한다.
- 상대 운전자가 슈테판이 흥분하는 이유를 이해하고 무엇보다 슈테판의 멋진 새 자동차에 관심을 보인다.
- 안나의 남편 페터가 집에 돌아와서 또 늦게 퇴근하게 된 이유를 설명하고 잠깐 쉴 수 있는 시간을 부탁한다. 그리고 조금 후에 자기 주변에 널브러진 물건들을 정리한다. 마지막으로 안나를 안아주며 최근에 힘들었던 일을 왜 자신에게 말하지 않았느냐고 묻는다.
- 안나가 퇴근하는 페터를 맞이하며 이렇게 말한다. "오늘도

힘든 하루였어. 당신도 피곤하고 배고프겠다. 얼른 들어와. 나중에 나한테 중요한 것이 무엇인지 당신하고 이야기하고 싶어"

- 세바스티안은 친구와 통화하면서 다음과 같은 인삿말을 듣는다. "너희들이 곧 온다니 정말 좋다. 너희들이 올 때까지 기다릴까?"

이런 말과 행동은 주인공들의 영혼에 위안이 되고 그들의 약점을 치유하는 약이 되어줄 것이다. 여기에는 '너는 보호받고 있어, 너는 존중받고 있어, 너는 인정받고 있어, 너는 이해되고 있어, 너는 환영받는 존재야'라는 메시지가 담겨 있다. 어쩌면 여러분도 가끔은 이와 같은 신호를 받았으면 좋겠다고 생각할 것이다. 이번 장은 등한시된 여러분의 기본욕구에 대한 감각을 발전시키는 데 도움이 될 것이다.

아마도 여러분은 앞에 언급한 이야기에서 자신에게 해당되는 이런저런 부분을 발견했을 것이다. 이번 장은 이제 오롯이 여러분이 중심이다. 불편할 수도 있겠지만 매우 중요하기도 하다. 중심에 있어본 적이 없는 사람이라면 핵심적인 욕구, 즉 자존심에 대한 욕구가 해를 입기 때문이다. 어쩌면 많은 것이 이상하게 느껴질 테고 여러분이 자기 자신에 대해 갖고 있는 이미지와 맞지 않을 수도 있다. 배경을 알고 흔적을 찾다 보면 여러분의 욕구가 온당하며 여러분의 감정이 과장된 것이 아니라 충분히 이해될 수 있는 것임이 드러날 것이다. 나는 여러분이 자신의 삶에서 일종의 중간 결산을 할 수 있도록 격려하고 싶다.

나의 삶이 어떻게 느껴지는가? 나에게 만족감과 삶의 기쁨, 행복의 순간을 느끼게 만드는 것은 무엇인가? 나는 특별히 무엇을 위해 노력하며, 중요한 욕구가 충족될 때 어떤 결과가 나타나는가? 반면 나는 어디에서 결핍을 느끼는가? 나는 어떤 상황을 피하려고 하는가? 무엇이 나의 평정심을 위태롭게 하는가?

이러한 내적 결산은 각자가 처해 있는 현재 삶의 상황에 따라 매우 다를 수 있다. 이를테면,

- 우리의 삶이 전체적으로 얼마나 충만한지를 감사한 마음으로 깨닫는 상황.
- 우리가 직장에서 승진했거나 사랑에 빠져서 일시적으로 모든 것이 아름답게 느껴지는 상황.
- 우리가 성공적으로 잘 해낼 수 있고, 즐거움이나 의미를 부여하는 과제나 임무에 몰두하는 상황.
- 마치 우리의 삶이 아닌 것 같고 우리의 욕구나 의지와는 전혀 관계없이 삶이 우리를 스쳐 지나가는 것 같은 우울한 기분이 드는 상황.
- 한순간 우리의 삶을 송두리째 바꾸어놓는 크고 작은 불운이

닥친 상황.

- 일시적인 통증, 예를 들면 요통이나 치주염이 야기하는 통증 (이 경우 우리의 삶은 원칙적으로 충만할 수는 있지만, 건강을 간절히 소망하게 된다).

- 우리가 가장 중요한 과제를 해결할 수 있고, 모든 것이 '제대로 작동하고', 나쁜 일도 벌어지지 않으므로 딱히 암울한 순간도 없고, 그렇다고 우리가 어느 정도 만족할 만한 순간도 없는 상황.

- 약점이 건드려져서 기분이 나빠지는 상황.

나는 여러분에게 자신의 삶에 대한 만족도를 생각해보는 계기를 제공하고 싶다. 그러기 위해서 여러분은 보다 긴 시간(예를 들면 지난 1~3년) 동안 여러분을 관찰하려고 노력해야 한다.

경험상으로 볼 때 자신의 욕구를 분명하게 의식하는 것은 간단한 일이 아니다. 서로 다른 욕구 사이에 어떤 갈등이 존재하는지 인식하는 것은 더욱 어렵다. 삶에서 변화를 피하려고 하거나 독립심에 큰 가치를 부여하는 이유를 정확하게 말할 수 있는 사람이 있을까? 그 사람에게 안정은 얼마나 큰 의미일까? 존중은 그 사람에게 어느 정도로 중요할까? 그 사람은 자신의 안정을 위해 어떤 대가를 치를 준비가 되어 있을까? 다시 말해 안정을 위해 어떤 다른 욕구를 뒤로 미룰까? 이런 질문에 대해 우리는 의식적으로 쉽게 대답하지 못한다. 그 이유는 한편으로는 그러한 주제에 대해 곰곰이 생각할 기회를 거의 갖지 못하기 때문이며, 다른 한편으로는 앞에서 살펴보았듯이 기본욕구가 손상되거나 위협받은 시기가 아주 먼 과거일 수 있고, 이렇게 이른 시기에는 이를 분명하게 말로 설명할 수 없기 때문이다. 그 밖에도 우리는 불쾌한 감정, 고통스러운 감정, 마음 상한 감정, 불안한 감정을 자연스럽게 회피하려고 하며 그런 느낌을 기억 속에서 지워버리려고 한다.

그렇다면 감춰진 코끼리를 집중적으로 파고드는 것이 가치 있는 일일까? 만약 우리가 자신의 삶에 포괄적으로 만족하고, 주어진 과제로 인해 과도한 부담을 느끼지 않으며, 자신의 능력과 미래에 신뢰감을 갖고 변화를 허용할 수 있다면 우리의 전반적인 욕구를 깊게 살펴볼 이유가 없다. 하지만 이러한 삶을 사는 사람은 극히 소수일 것이다. 주변 사람들과 더불어 사는 삶을 살펴보는 것은 의미 있는 일이며, 또한 다른 사람들을 더 잘 이해하기 위해 그들의 욕구 세계로 감정을 이입해보는 것도 필요한 일이다. 뿐만 아니라 불만을 느끼는 삶의 국면에서 그 본질적인 원인을 묻는 것 또한 많은 사람에게 도움이 된다.

당신에게 '삶의 질'이 의미하는 것

여러분은 이미 다음과 같은 질문을 제기해본 적이 있을 것이다. '정확히 무엇이 나의 삶의 질을 결정하며, 나와 가까운 사람들에게 삶의 질은 무엇을 의미하는가?' 이러한 질문은 다음과 같은 또 다른 질문과 연결된다.

- 나는 나의 핵심적인 욕구와 내 주변 사람들의 욕구가 충족되고 있는지 주의를 기울이는가?
- 나는 나에게 정말로 중요한 것을 인지하고 적극적으로 주장할 자유와 권리를 스스로에게 허용하고 있는가?
- 나는 다른 사람들의 실제 기대 혹은 잘못된 기대에 얼마나 휘둘리는가?

이러한 질문에 대한 대답은 개인의 행복에 결정적인 역할을 한다. 우리가 무비판적으로 받아들인 가치나 개념에 따라 삶의 방향이 설정되어 있다면 아마도 우리는 이미 오래전부터 자기 자신을 잘 보살피지 못하는 상태일 것이며, 미래의 행복에 대한 기대로 자신을 달래고 있을 것이다. 특히 많은 사람은 직업적 영역에서 판매량 증대, 생산 품질 향상, 품질 확보 등의 기준에 따라 방향을 설정해야 한다. 또한 우리는 이런 환경에서 어떤 입장을 취해야 하는지도 잘 알고 있다. 예를 들어 상사가 직원들의 업무 역량을 심사하는 인터뷰를 떠올려보자. 모든 직원은 자신이 지금 어느 위치에 있는지, 그리고 1년 뒤에는 어느 위치에 있을지 알게 된다. 이는 회사나 기관의 관심사다. 이러한 심사를 담당하는 사람들은 당연히 그들만의 '기본욕구', 즉 경쟁 업체보다 더 나아야 하고 더 성장해야 하며 이익을 증대시켜야 하고 비용을 최소화해야 하는 등의 기본욕구를 가지고 있다.

현재의 가치와 당위 가치를 비교하는 것은 익숙한 일이며 평생 동안 우리를 따라다닌다. 하지만 자기 돌봄이라는 관점에서 자신의 현재 모습이 어떤지, 앞으로의 모습은 어때야 하는지, 혹은 어떻게 되면 안 되는지에 대해서는 아쉽게도 거의 묻지 않는다. 반면 우리는 다른 사람이 결정한 당위 가치를 아무 성찰 없이 우리 내면의 좌표 시스템으로 받아들인다. 이러한 당위 가치는 다음과 같은 것에서 생겨난다.

- 교육상의 명령과 금지령
- 성별에 따른 역할 분배
- 학교 성적표
- 직장에서의 직급 분류
- 신분
- 우리의 주변 환경에서 '정상적'인 것이나 어긋난 것

이런 관점에서 보면 현재와 당위의 비교는 '더 나아질 수 있다!'라는 생각을 우리에게 넌지시 불어넣는다. 그렇게 되면 이런 비교는 기본욕구로 안내하는 유익한 수단이 아니라 엄격하게 우리를 지적하는 수단이 된다. 우리는 충만하고 만족스러운 삶을 위해 먼저 자신에게 중요한 것이 무엇인지를 스스로 찾아야 한다. 하지만 그 방법을 우리에게 가르쳐준 사람은 거의 없다. 오히려 우리는 그 반대를 요구하는 지침에 더 익숙하다. 이를테면 '삶을 있는 그대로 받아들여라! 마음에 드는지 아닌지를 묻지 말고!' 같은 지침들 말이다.

유감스럽게도 삶의 만족에 대해, 가치 체계에 대해, 우리의 자기 이미지에 대해, 혹은 가장 중요한 욕구에 대해 매년 우리와 함께 대화 나누는 일에 소명을 느끼는 사람은 없다. 기본적으로 배우자 나 부모님이 이렇게 해준다면 좋을 것이다. 시간을 내서 우리의 이야기에 귀 기울여주는 친구, 걱정이나 규범을 핑계 삼아 우리가 추구하는 길을 막지 않는 친구가 있다면 우리는 행복한 사람이다.

이 책이 배우자나 부모, 친구와의 대화를 대신할 수는 없지만, 이를 위한 훌륭한 토대를 마련해줄 수는 있다. 여러분은 다음과 같은 질문에 어떤 대답을 할 수 있는가. '나는 나의 삶에서 정말로 필요한 것을 어떻게 인식하는가? 목표를 설정할 때 나에게 기쁘거나 불쾌한 감정 반응을 제공하는 도움은 무엇인가? 내 삶의 질을 점검하기 위해 나는 어떤 수단을 가지고 있는가?' 이런 질문에 대답하기 위해 나는 여러분에게 두 가지 방법을 제시하려고 한다. 하나는 어떤 욕구가 과거에 충족되었으며, 어떤 욕구가 현재에 충족되고 있는지, 이러한 욕구가 당신에게 얼마나 중요한지 발견하는 데 도움이 되는 질문지다. 다른 하나는 원그래프다. 이 원그래프를 이용하여 당신은 자신에게 주어진 시간과 에너지를 어떻게 분배하는지 분명하게 알 수 있다.

당신의 삶에서 정말로 필요한 것

욕구 충족이라는 주제와 관련하여 현 상황을 규정하려면 우리의 현재 상태를 결정하기 위한 특정 좌표가 필요하다. 그리고 변화를 원한다면 목표가 무엇인지 규명해야 한다. 다시 말해 소망 상태를 파악해야 한다. 현재 상태와 소망 상태 사이에 차이가 존재하면 욕구를 인지할 수 있다. 통상적으로 우리는 가진 것보다 없는 것에 더 주의를 기울인다. 이러한 행동은 내면을 왜곡할 수 있다. 말하자면 유리컵에 물이 반이 차 있다는 생각보다 반이 비어 있다는 생각을 하게 만든다. 다른 말로 표현하면 충족되지 않은 욕구를 인식하는 것이 충족된 욕구를 인지하는 것보다 더 쉽게 느껴진다.

우리의 가장 중요한 기본욕구(견고한 유대관계, 인정과 존중, 동등한 대우와 공평함, 에로틱과 육체적 사랑, 안전, 호기심, 자율성)는 다른 사람의 행동에 의존하여 충족되는 욕구와 독립심을 중재하는 욕구로 나뉜다. 이로

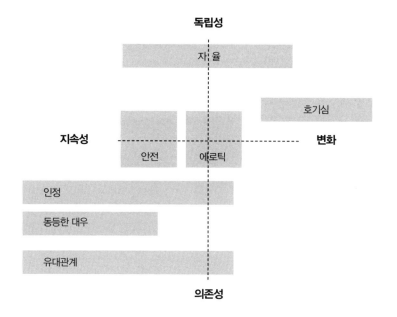

써 우리는 두 개의 축을 기준으로 네 개의 영역으로 확장시켜 위와 같이 기본욕구를 배치할 수 있다.

이 네 개의 개념(독립성, 지속성, 변화, 의존성)은 서로 긴장관계에 놓여 있다. 각 개념은 본질적으로 볼 때 삶의 핵심적 특징이지만, 그와 반대되는 특징을 통해 보완되어야 한다. 우리의 기본욕구도 마찬가지다. 즉 우리가 한 가지 욕구만 충족하려고 한다면 기본욕구는 서로 균형을 이루지 못한다. 삶의 국면에 따라 이러한 균형은 위치가 바뀔 수도 있다. 이를테면 아이는 자연적으로 어른보다 의존성이 높으며, 청소년은 노인보다 더 많은 변화를 지향한다. 이러한 변증법적 원칙은 내면의 평정심이라는 주제의 맥락 아래, 5장에서 좀 더 자세히 살펴보려고 한다. 도표에서 기본욕구는 앞에서 언급한 축에 따라 분류되어 있다.

우리의 모든 욕구 충족은 가장 먼저 다른 사람들에 의해 좌우된다. 이는 모순적이게도 '자율' 욕구에도 해당된다. 왜냐하면 우리가 자율이라는 욕구를 온전히 충족하기 위해서는 앞에서 언급한 단계모델에서 알 수 있듯이, 어린 시절의 다른 욕구들이 충족되어야 하기 때문이다. 물론 일방적인 의존에서 벗어나 삶을 스스로 꾸려나가는 긍정적인 경험도 필요하다. 이로써 자율은 상대적인 독립성을 향해 나아간다. '견고한 유대관계' 욕구도 변화의 가능성을 결코 배제하지 않는다. 오랫동안 지속가능한 연애관계에서도 변화에 대한 자유가 허용되어 있다.

'안전' 욕구에 대해 말하자면 우리는 다른 사람에게 의존하기도 하고, 우리 안에서 스스로 안정을 발견하거나 잠재적인 위험을 통제하려고 노력한다. 쾌락적인 '에로틱'과 '육체적 사랑'은 네 개의 영역 모두에 걸쳐 배치될 수 있다. 즉 부부관계에 한정된 위치나 여러 파트너와의 자유로운 사랑으로, 또는 호기심이나 자기결정권의 표현으로 나타날 수 있다.

대부분의 욕구가 '지속성'과 '의존성' 사이의 영역에 포함된다는 사실은 주목할 만하다. 말하자면 인간은 사회적인 존재이며, 특히 인생 초반에는 자신의 정신적 평정을 위해 다른 사람을 원한다. '변화'와 '의존성' 사이의 영역이 거의 비어 있다는 사실도 눈여겨봐야 한다. 변화를 위한 마음가짐은 대개 의존에서 벗어날 수 있다는 것을 의미하며 상대적인 독립을 전제로 한다. 물론 어떤 사람들은 견고한 유대관계에 대한 욕구를 갖고 있으면서도 동시에 의존에 두려움을 느낀다. 이런 경우 파트너를 자주 바꾸는 행동으로 욕구를 표현하기도 하는데, 이런 지속적인 변화는 경험해보지 못한 유대관계에 대한 욕구를 의미하는 동시에 의존에 대한 두려움으로 이를 회피하려는 것을 의미한다.

주변 사람들의 '인정'과 상호 간의 '동등한 대우'는 인간관계를 전제로 충족되는 욕구로서 '지속성'의 영역에 주로 배치된다. 마지막으로 '호기심'은 발전에 대한 충동을 불러일으키며 장기적인 '변화'로 귀결될 수 있다.

이제 당신의 삶에서 몇몇 기본욕구가 현재 어느 정도로 충족되고 있는지, 혹은 과거에 어느 정도로 충족되었는지 확인하기 위해 자신의 가장 중요한 욕구가 무엇인지를 묻는 질문지가 제시될 것이다. 질문지의 결과를 토대로 일종의 욕구 결산표를 간단히 작성해볼 수 있다. 이 욕구 결산표는 변화에 대한 소망을 위한 출발점 역할을 하며, 5장에서 이를 구체적인 행동으로 옮길 수 있다.

질문지에는 각 기본욕구의 중요한 관점을 서술하는 진술이 담겨 있으며, 모든 질문지는 과거와 현재로 나뉘어 있다. 현재와 관련해서는 각각의 욕구가 당신에게 얼마나 중요하게 느껴지는지를 추가적으로 검증해볼 수 있다. 과거와 관련해서는 질문이 제기되지 않는데, 아동기와 청소년기에는 모든 기본욕구가 중요하기 때문이다. 반면 성년으로 이행하면서 중요도의 위치가 바뀔 수 있다. 즉 몇몇 욕구가 중요해지는 반면, 다른 욕구들은 뒤로 물러난다.

여러분이 자신에게 가장 먼저 던져야 하는 질문은 '나의 아동기와 청소년기는 어땠는가?'이다. 그다음으로 '나의 현재 삶의 상황에서 각 진술에 어느 정도로 동의할 수 있는가, 혹은 각 진술이 얼마나 중요하다고 생각하는가?'라는 질문에 답해야 한다.

여러분은 각각의 진술 옆에 0에서 10까지의 숫자를 기입해야 한다. 10은 완전히 동의하거나 가장 중요하다는 뜻이고, 0은 전혀 동의하지 않거나 전혀 중요하지 않다는 뜻이다. 각 진술에 동의하는 점수로 평균값을 내고 총점을 10으로 나눈다. 이 평균값으로 여러분의 해당 욕구가 어느 정도로 충족되었는지, 혹은 충족되고 있는지 가늠할 수 있다.

여러분은 전적으로 자신의 감정에 따라 대답하면 된다. 질문에 답할 때 어떤 특정한 사람들을 평가하거나 그들의 어떤 부분을 비난하기보다는 여러분의 마음속에 느껴진 감정이 가장 중요하다. 그러므로 여러분이 그 사람에 대해 현재 어떻게 느끼고 있는지도 중요하지 않다. 또한 각 진술에 대해 다른 사람들, 예를 들어 여러분의 부모님이나 친구들이 무슨 말을 하는지는 중요하지 않다. 각 질문에 답할 때는 즉각적으로 떠오르는 생각과 감정을 토대로 삼는 것이 좋다.

부모님이나 양부모, 조부모, 그 외 가까운 사람들에 대해서는 '가장 중요한 애착인물들'이라고 표현했다.

견고한 유대관계

이 욕구는 삶이 시작할 때부터 존재하는 근본적인 욕구다. 부모가 우리를 '사랑'으로 대하고 우리에게서 사랑을 빼앗아가지 않는다면 가끔 우리가 그들의 기대에 어긋나더라도 기본적인 신뢰가 형성된다. 그러면 우리는 우리가 사랑받는 존재임을 알게 되며, 안정된 유대관계에 대해 걱정하지 않는다. 사랑받는 것과 사랑을 줄 수 있는 것은 견고한 자아의 바탕이 되는 중심 기둥이다. 수많은 시와 노래에서 이러한 동경이 표현되고 있지 않은가. 괴테는 "신들이시여, 사랑한다는 것은 얼마나 큰 행복인가요! 사랑받는 것은 또 얼마나 큰 행복인가요!"라는 시를 썼고, 한 오페라에서는 "나의 온 마음은 당신 것입니다. 당신이 없는 곳에서 나는 존재할 수 없습니다"라고 노래했다.

이 기본욕구는 자녀나 부모 혹은 배우자에 대한 사랑 외에도 오랜 우정이나 신뢰감이 두터운 동료 사이에서도 충족될 수 있다. 이러한 유대관계는 자발적 의지에 더 깊이 근거할수록 더욱 만족스러워진다. 이러한 맥락에서 유명한 부부 심리상담사 루카스 모엘러 Lukas Moeller는 "사랑은 자유가 낳은 아이다"라고 말한 바 있다. 반면 어쩔 수 없어서 유지되는 유대관계는 자유롭지 않으며 다른 욕구들, 이를테면 안정이나 보살핌과 같은 욕구를 우선적으로 충족시킨다. 보호와 안전, 소속감, 이해와 같은 다른 욕구는 견고한 유대관계에 대한 욕구에 귀속될 수 있다.

'보호'와 '안전'에 대한 소망은 어린아이처럼 느껴질 수 있다. 하지만 이러한 소망은 어린아이의 생존을 위해 반드시 필요한 조건이다. 어릴 때 보호와 안전이 결핍되면 불안감이 반복되고, 나아가 하나의 약점이 된다. 이 기본욕구가 손상되지 않았더라도 이는 평생 동안 이어지는 주제다. 보호와 안전이 결여되면 마음의 평정이 위태로워진다. 사람마다 보호받는다는 느낌을 매우 다른 방식으로 경험한다. 배우자의 품에서 잠들 때, 가족 안에서, 혹은 친한 친구와 대화할 때 느끼기도 한다. 또한 자신의 집, 자연 속의 친근한 장소, 종교인의 경우 신에 대한 믿음도 우리에게 보호와 안전의 느낌을 전한다.

'소속감' 욕구의 충족 여부는 다양한 경험에 근거한다. 우리는 부모에게 환영받는 존재였는가? 부모는 우리의 행복을 위해 전념했는가? 부모는 때때로 우리를 위해 자신의 욕구를 뒤로 미룰 수 있었는가, 혹은 그럴 의지가 있었는가? 나중에 시간이 흘러 우리의 자아를 다른 사람과 구분하는 법을 배웠을 때, 우리는 자기 자신에게 더 몰입하고 다른 사람들과 분리되었다고 느낀다. 그러면서 '우리'라는 감정에 대한 욕구가 생긴다. 소속감에 대한 소망은 모든 인간에게 공통적으로 나타난다. 가족이든, 유치원의 또래 친구이든, 학교에서든, 친구 사이에서든, 단체나 회사에서든 상관없이 말이다.

'이해' 욕구는 특히 다른 사람들이 우리에 대해 기대하는 것과 우리의 실제 모습이 다를 때 느낀다. 이때 우리는 다른 사람들이 우리의 감정과 욕구를 무시하거나 중요하지 않게 느끼거나 성가시거나 잘못된 것으로 경시하지 않는다고 믿는다. 자신만의 세계에 살고 아직 언어적으로 세밀하게 표현할 수 없는 어린아이에게는 공감과 감정이입이 절대적으로 필요하다. 아이의 이러한 욕구에 응하는 것은 어른에게는 종종 쉽지 않은 일이다. 아마 어른의 '이성적'인 시각이 방해하기(예를 들어 아이에게 '귀신이 쫓아와도 도망가서는 안 돼'라고 이야기할 때처럼 말이다) 때문이거나 자신의 욕구가 당장 더 절박하게 느껴지기 때문일 것이다. 하지만 우리가 아이의 감정 세계와 사물을 보는 시각을 인정해야만 아이가 다르게 느끼고 생각할 수 있게 된다. 어른으로서 무엇이 참된지, 무엇이 옳고 그른지를 아이에게 단정 짓지 않는 태도가 바람직하다.

이해받았다는 경험은 다른 사람의 내면세계를 이해하는 능력 발달의 토대가 된다. 지속적으로 자신이 이해받지 못했다고 느낀 사람은 뒤로 물러나 사람들과의 관계를 끊거나 이해받으려는 욕구를 충족하기 위해 끊임없이 사투를 벌인다. 이 두 가지 방법 모두 다른 사

사랑과 보호, 안전, 소속감, 이해로 이루어진 견고한 인간과의 유대관계

과거	동의 정도 0-10
나의 가장 중요한 애착인물들이 나를 이해해주었다고 느꼈다.	
나의 가족은 서로 신뢰했다.	
나는 나의 사회적 주변 환경에서 소속감을 느꼈다.	
나의 가장 중요한 애착인물들은 나를 보호하고 내가 도움이 필요할 때 내 곁에 있었다.	
나는 가족들끼리 서로 예민하게 대하는 것을 느꼈다.	
나의 가장 중요한 애착인물로부터 무조건적인 사랑을 받았다고 느꼈다.	
나는 애정과 신체적 온기를 몸으로 느꼈다.	
나는 부모님이 원해서 낳은 자식이라고 생각한다.	
나의 가장 중요한 애착인물들은 나를 위해 충분한 시간을 할애했고, 내가 그들을 원할 때 그들은 내 곁에 있었다.	
가족들끼리 가끔 싸우고 나면 다시 화해했다.	
중간점수(모든 점수를 더한 총합)	
이 욕구는 얼마나 충족되었는가? 10개 문항에서 얻은 평균값	

현재	동의 정도 0–10	중요도 0–10
나의 가장 중요한 애착인물들과 나의 관계는 견고하며 신뢰할 수 있다.		
나는 나의 배우자와의 관계나 가정 안에서 안전하다고 느낀다.		
다른 사람들이 나를 좋아하고 받아들여준다.		
나의 가장 중요한 애착인물들은 나를 보호하고 내가 도움이 필요할 때 내 곁에 있다.		
내 가까이에 있는 친한 사람들이 나를 이해한다고 느낀다.		
나는 나의 사회적 주변 환경에서 소속감을 느낀다.		
나는 나의 친구들이나 가족들 사이에서 환영받는다고 느낀다.		
나에게 솔직하게 마음을 터놓는 사람들이 있다.		
나에게는 무조건적으로 나를 사랑하는 반려자가 있다.		
나는 나에게 중요한 사람들에게 쓸모 있는 사람이다.		
중간점수(모든 점수를 더한 총합)		
왼쪽: 이 욕구는 얼마나 충족되었는가? **오른쪽: 이 욕구의 충족이 당신에게 얼마나 중요한가?** **10개 문항에서 얻은 평균값**		

3장 당신의 기본욕구를 알고 있는가

람과 갈등을 겪을 때 유익한 해결책이 아니며, 견고한 유대관계에 대한 욕구를 위협한다. 어떤 사람들은 조화와 일치를 찾기 위해 지나친 노력을 하는데, 그 대가로 종종 자신의 자율성을 상실한다. 조화를 가장 중요한 욕구라고 생각했겠지만, 엄밀히 생각해보면 이는 그저 인간과의 유대관계를 확보하기 위한 일종의 자기보호 프로그램일 뿐이다.

인정과 존중

서로 짝을 이루고 있는 인정과 존중은 자존감과 자신감 발달을 위한 토대다. 우리는 이 욕구를 충족시킬 수 있는 대상을 우선적으로 애착인물에게서, 다시 말해 우리와 정서적으로 긴밀하게 연결되어 있는 사람에게서 찾는다. 뿐만 아니라 이 욕구는 수많은 다른 인간관계 영역에서도 중요한 역할을 한다. 이를테면 우리는 직장에서 상사나 동료로부터 칭찬과 인정을 받고 싶어 하며, 친구들 사이에서나 선행을 할 때 좋은 평가를 받고 싶어 한다. 우리는 이미 어릴 때부터 여러 일상적 상황에서 지속적이지는 않더라도 신뢰할 수 있는 방식으로 부모님의 온전한 관심을 원한다. 아이는 부모가 딴 생각을 하고 있을 때 자기 방식으로 반항하고 조르고 성가시게 하며, 뭔가를 망가뜨리기도 하고 뒤로 물러나기도 한다.

아동기에 인정과 존중이 결핍되면 약점을 남긴다. 그리고 어른이

인정과 존중

과거	동의 정도 0-10
나의 가장 중요한 애착인물들은 나의 관심과 능력을 존중해주었으며 나를 장려해주었다.	
나는 어린 시절에 충분한 관심을 받았다.	
나의 가장 중요한 애착인물들은 나를 충분히 칭찬하고 인정해주었다.	
나의 가장 중요한 애착인물들은 내가 그들에게 중요한 존재라는 감정을 제공해주었다.	
나의 가장 중요한 애착인물들은 나의 감정과 욕구를 진지하게 받아들였고 이를 제지하려고 하지 않았다.	
나는 나 자신에게 자긍심을 가질 수 있었다.	
나는 어렸을 때 내 처지에 대부분 만족했다.	
나는 많은 사람들이 나를 좋아했다고 생각한다.	
나는 공동 이벤트나 축제, 파티 등에 자주 초대받았다.	
다른 사람들이 나의 외모를 마음에 들어했다.	
중간점수(모든 점수를 더한 총합)	
이 욕구는 얼마나 충족되었는가? **10개 문항에서 얻은 평균값**	

3장 당신의 기본욕구를 알고 있는가

현재	동의 정도 0-10	중요도 0-10
다른 사람들은 나의 존재를 높이 평가한다.		
나는 인정과 존중을 받는다.		
나의 직업적 능력이 높이 평가받는다.		
나의 감정과 욕구가 진지하게 받아들여진다.		
나에게 중요한 사람들은 나의 약점과 결점에도 호의를 갖고 나를 대한다.		
나는 내 처지에 만족하는 편이다.		
직장 동료들이 종종 나의 의견을 묻는다.		
나는 나의 외모가 마음에 든다.		
내가 자긍심을 느끼는 몇 가지가 있다.		
나는 차분하게 뒤로 물러나 다른 사람들이 먼저 행동하도록 기회를 줄 수 있다.		
중간점수(모든 점수를 더한 총합)		
왼쪽: 이 욕구는 얼마나 충족되었는가? **오른쪽: 이 욕구의 충족이 당신에게 얼마나 중요한가?** **10개 문항에서 얻은 평균값**		

되었을 때 무시당한다고 느끼면 이 약점이 다시 모습을 드러낸다. 이를테면 마땅히 들어야 하는 칭찬을 못 듣거나 사람들이 자신의 생일을 기억해주지 않거나 이웃이 자신에게 인사를 하지 않거나 배우자가 자신의 부탁을 무시할 경우, 이것이 자신을 무시하는 행동이라고 생각한다.

인정에 대한 욕구는 모든 인간에게 공통적으로 존재한다. 하지만 사람마다 그 중요도를 매우 다르게 평가한다. 어떤 사람들은 중심 자리를 차지하려고 끊임없이 노력하지만, 어떤 사람들은 마치 인정에 대한 욕구가 없는 것처럼 얌전하게 행동한다. 그리고 어떤 사람들은 자신에게 필요한 것을 획득할 능력을 지니고 있다.

동등한 대우와 공평함

공평함은 높은 윤리적 척도다. '모든 사람은 동등하므로 모두가 동등한 권리를 갖는다'는 것은 인류의 오랜 꿈이다. 하지만 유감스럽게도 살아가면서 이를 실행하기는 매우 어렵다. 현실에서는 서로 가지려고 쟁탈전을 벌이고, 남성과 여성을 차별하여 보수를 지급하며, 부당하게 세금을 징수하는 등 전 세계적으로 자금을 둘러싼 싸움이 끝없이 벌어지고 있다.

우리는 사심 없이 공유하는 마음가짐을 배웠다(혹은 배우지 않았을 수도 있다). 이러한 마음가짐은 대체로 특정한 조건과 결합되어 있다. 즉

동등한 대우와 공평함

과거	동의 정도 0-10
나의 욕구는 다른 사람들의 욕구와 똑같이 중요하게 받아들여졌다.	
아무도 이해할 수 없는 이유로 편애받지 않았다.	
나는 부당한 처벌을 받지 않은 편이었다.	
나의 가족은 아무도 억압받지 않았다.	
나의 가족에게 공평함과 동등한 대우는 높은 덕목이었다.	
나는 홀대받지 않았다고 언제나 확실하게 느꼈다.	
나의 가족 중에 진정으로 공평함을 추구하려는 사람이 있었다.	
나는 다른 사람들과 나누어 갖는 것을 쉽다고 느꼈다.	
나의 가장 중요한 애착인물들은 내가 부당한 대우를 받을 때 나를 위해 노력해주었다.	
나는 무언가를 포기하거나 다른 사람에게 먼저 기회 주는 일에 인색하지 않았다.	
중간점수(모든 점수를 더한 총합)	
이 욕구는 얼마나 충족되었는가? **10개 문항에서 얻은 평균값**	

현재	동의 정도 0-10	중요도 0-10
나의 욕구는 다른 사람들의 욕구와 똑같이 중요하다.		
나는 정당하게 대우받는다고 느낀다.		
나는 아주 가끔 질투심을 느낀다.		
나와 주변 사람들 사이에서는 주고받기가 균형을 이루고 있다.		
적절하다고 생각하면 다른 사람에게 먼저 기회를 줄 수 있다.		
나는 홀대받는다는 감정을 느끼지 않는다.		
나는 다른 사람들과 나누는 것을 쉽다고 느낀다.		
나에게 해당되지 않더라도 부당한 대우를 감지하는 감각이 뛰어나다.		
개인적으로 그리고/혹은 나의 사회적 주변 환경에서 공평하려고 노력한다.		
나는 전반적으로 직장에서 정당한 대우를 받고 있다고 느낀다.		
중간점수(모든 점수를 더한 총합)		
왼쪽: 이 욕구는 얼마나 충족되었는가? **오른쪽: 이 욕구의 충족이 당신에게 얼마나 중요한가?** **10개 문항에서 얻은 평균값**		

우리가 다른 사람의 곤경을 내면화하는지 아닌지, 다른 사람의 불이익에 대한 책임이 자신에게 있다고 생각하는지 다른 사람에게 있다고 생각하는지, 우리 자신이 불이익을 받는다고 느끼는지 등과 말이다. 말하자면 동등한 대우와 공평함은 교육을 통해서 우리에게 전달되는 윤리적인 기본가치다(적어도 그래야 한다). 이 기본가치가 손상되면 욕구로 나타난다. 이 욕구는 지금까지 언급한 다른 기본욕구와는 달리 (유감스럽게도) 선천적으로 타고나는 것이 아니며, 다른 사람에게 공감할 수 있는 능력에 기반을 둔다.

공평함과 동등한 대우에 대한 욕구는 살면서 공평함과 동등한 대우를 받지 못하고 이것이 다른 사람들이나 사회에서 충족되기를 기대한 사람들에게 특히 큰 관심사일 것이다. 또한 많은 사람이 다른 사람들과 나누어 갖기를 바라지만, 그렇다고 해서 이것이 결코 당연한 문제는 아니다. 동등한 대우와 공평함의 이념은 현존하는 불평등, 즉 권력관계, 재산, 성별, 국적, 교육, 재능, 연령에 따라 생겨나는 불평등과 긴장관계에 놓여 있다.

이러한 기본가치를 우리가 관심을 가지는 기본욕구에 끼워 넣는 것은 의미 있는 일이다. 왜냐하면 이 기본욕구에 귀를 기울이는 것이 우리의 자존감에 매우 중요하기 때문이다. 불공평한 대우나 불평등을 경험하면 마음에 상처를 입고 이는 종종 약점을 남긴다.

우리는 다양한 전략을 사용하여 이러한 약점에 대응하려고 노력한다. 이때 우리가 펼치는 자기보호 프로그램은 어떨 때는 성공적이고, 어떨 때는 오히려 문제를 확대하기도 한다. 우리는 사소한 것 때문에 싸우고, 마음에 상처를 입고 물러나기도 하며, 독선적이거나 질투도 한다. 말하자면 코끼리가 우리에게 인사를 하는 것이다!

에로틱과 육체적 사랑

생물학적으로 볼 때 육체적 사랑은 종種을 보존하려는 목적을 가지고 있다. 만약 이것이 유일한 목적이라면 우리는 성적인 영역에서 성공적인 생식과 임신으로 최고의 만족감을 경험했을 것이다. 하지만 다행히도 이것은 유일한 행복감이 아니다. 우리는 에로틱하고 성적 가능성을 지닌 우리 몸을 다양한 방식으로 즐길 수 있다. 물론 이는 어릴 때부터 성적으로 민감한 부위를 금기시하지 않고 탐색하며, 자신의 성이나 이성에 관심을 드러낼 수 있어야 가능하다. 부모님은 우리의 이런 행동에 놀라지 않거나 우리의 성적 탐색 충동을 꾸짖기도 했으며, 적절한 시기에 우리의 질문에 대답해주고, 육체적인 사랑과 우리 몸을 어떻게 다루어야 하는지에 대한 본보기를 제시했다. 또한 성적 행위에 대한 우리의 욕구와 수치심의 한계를 존중해주기도 했다. 연애를 할 때 갈등이나 근심이 생기면 부모님은 우리를 강요하거나 도덕적으로 질책하지 않고 깊은 이해심을 갖고 우리 편이 되어주었다.

유감스럽게도 많은 사람은 소위 성해방을 따르기도 한다. 성해방

에로틱과 육체적 사랑

과거	동의 정도 0-10
나의 가장 중요한 애착인물들과 나는 그때그때 내 나이에 맞게 육체적 사랑에 대해 솔직한 대화를 나누었다.	
나의 가장 중요한 애착인물들은 육체적 사랑과 에로틱이 행복한 삶을 위해 중요하다는 사실을 알려주었다.	
나의 가장 중요한 애착인물들은 내가 아동기에 성을 즐기고 두려움 없이 발견할 수 있도록 허락해주었다.	
청소년기의 나는 다른 사람들이 나에게서 육체적 매력을 발견했다고 느꼈다.	
성과 관련된 질문에 솔직하게 답할 수 있는 사람이 늘 곁에 있었다.	
나는 성이 더럽다거나 부정한 것이라는 생각을 한 번도 해본 적이 없다.	
영화나 인터넷 동영상은 나의 성적 행동의 척도가 아니었다.	
다른 사람이 나에게 성적 욕망을 강요하려고 했던 적이 없다.	
나는 사랑에 대해서 이야기할 수 있는 친구가 있었다.	
중간점수(모든 점수를 더한 총합)	
이 욕구는 얼마나 충족되었는가? 10개 문항에서 얻은 평균값	

현재	동의 정도 0-10	중요도 0-10
에로틱과 육체적 사랑은 나의 삶에서 중요한 위치를 차지한다.		
나와 다른 성적 취향을 가진 사람들에 대해 선입견이 없다.		
나는 성적관계를 만들 수 있다.		
나는 나의 성을 즐길 수 있다.		
나는 다른 사람의 성적 욕망을 위해 성적 음해를 당한 적이 없다.		
섹스는 나에게 고성능 스포츠가 아니다.		
나는 성적 판타지를 좋아한다.		
성적인 욕구가 없을 때 이를 분명하게 표현할 수 있다.		
나는 다른 사람의 성적 한계를 존중하며, 성적 소망을 표현할 수 있다.		
중간점수(모든 점수를 더한 총합)		
왼쪽: 이 욕구는 얼마나 충족되었는가? **오른쪽: 이 욕구의 충족이 당신에게 얼마나 중요한가?** **10개 문항에서 얻은 평균값**		

사상은 20세기 중반에 널리 퍼졌다. 예나 지금이나 아동과 청소년은 자신의 육체적 사랑을 부끄러워하고 이를 억누르는 법을 배운다. 또한 그들은 다양한 매체를 통해 성적 무절제함을 접하기도 한다. 섹시해야 한다는 압박감이나 섹시해지려는 노력은 종종 사랑, 애정, 헌신에 대한 본질적인 소망을 가로막는다. 일부 영화 산업과 문학, 광고, 인터넷에서는 에로틱과 육체적 사랑을 마치 상품처럼 다룸으로써 불안감을 조장하는 데 기여한다.

에로틱과 육체적 사랑에 대한 개인적인 욕구를 적절하게 만족시키는 것, 혹은 일단 먼저 인식하는 것은 간단한 일이 아니다. 질문지는 이와 관련하여 도움을 줄 것이다.

안전

살면서 자신이 안전하다고 느끼는지 아닌지는 매우 주관적이며 종종 변덕스러운 감정이다. 위험은 언제 어디에든 존재한다. 다시 말해 육체적 온전함도 정신적 안정도 언제나 위험에 처할 수 있다. 우리가 어떤 위험을 인지하고 그 위험에 어떻게 대처하는지는 각 상황에 따라 우리가 그 상황을 위협적이라고 느끼는가 아닌가라는 주관적인 판단에서 생겨난다. 비행기를 타는 것에 두려움이 있는지 없는지, 군사적 대치나 테러 공격을 두려워하는지 아닌지, 물가 상승이 우리를 위협하는지 아닌지, 어떤 사람과 너무 가까워질 때 두려움을 느끼는지 아닌지, 찌르는 듯한 가슴 통증에 깜짝 놀라는지 아닌지, 사소한 일에 놀라는지 아닌지 등은 언제나 뇌에서 판단을 거친다. 안전에 대한 주관적인 감정은 한편으로는 우리가 어떤 위험을 겪는지, 다른 한편으로는 그 위험을 어느 정도로 극복할 수 있다고 믿는지에 좌우된다.

절대적인 안전이란 존재하지 않는다. 어느 누구도 모든 위험에 대비할 수 있다고 주장하지 못한다. 모든 위험을 비켜가려고 노력한다고 해서 위험에 대비할 수도 없다. 그런 사람은 어려운 상황을 다스릴 수 있다는 믿음을 발전시키지 못하기 때문에 오히려 자신의 불안을 더욱 강화한다. 과잉보호를 받으며 자란 아이들은 부모가 가까이 있을 때에만 안전하다고 느끼며 종종 무의식적으로 부모의 불안감을 그대로 이어받는다. 그런 아이들은 독립적으로 조치를 취할 수 있는 자극이나 격려를 받지 못한다. 그렇게 되면 자율에 대한 기본욕구가 좌절되고, 그 결과 삶에 대해 일반적인 불안이 생겨날 수 있다. 말하자면 내면적 안전감은 모순적이게도 평생에 걸친 발달 과정에서 안전을 포기하려는 반복적인 마음가짐에서 생겨난다. 자신이 안전하다고 생각한 장소를 평생 동안 한 번도 떠나지 않은 사람은 새롭게 도전하지 못하며 지속적으로 변화를 두려워한다.

안전에 대한 욕구는 사람마다 매우 다르게 형성된다. 어떤 사람들은 경제적인 풍족함을 주는 관계를 잃지 않으려고 자신을 포기하면서까지 온갖 애를 쓴다. 어떤 사람들은 보험설계사들의 쉬운 먹잇

안전

과거	동의 정도 0–10
나의 집은 안전한 장소였다.	
나의 가장 중요한 애착인물들은 내가 두려워할 때 곁에 있었다.	
나는 집 외부의 삶의 공간에서도 안전하다고 느꼈다.	
나의 가족은 재정적으로 안정된 상황에서 살았다.	
나는 가족의 뒷받침 덕분에 그때그때 연령에 따른 도전에 응했다.	
나는 가장 중요한 애착인물들에게 보호받았지만 과잉보호는 아니었다.	
나의 가족 중에 누구도 심각한 질병으로 위협받은 적이 없다.	
나는 신체적인 공격으로부터 보호받았고, 점점 나이가 들면서 스스로를 방어할 수 있었다.	
나는 도둑/어둠 혹은 내가 생각하는 다른 위험에 대해 한 번도 두려움을 느끼지 않았다.	
나는 어떤 위기도 극복할 수 있다는 확실성을 가지고 있었다.	
중간점수(모든 점수를 더한 총합)	
이 욕구는 얼마나 충족되었는가? **10개 문항에서 얻은 평균값**	

현재	동의 정도 0–10	중요도 0–10
나는 미래에 대한 믿음을 가지고 있다.		
내가 가진 것을 누구도 쉽게 빼앗을 수 없다.		
나는 삶의 요구들에 맞설 수 있다고 느낀다.		
나는 필요한 변화와 그에 따른 불확실함을 잘 받아들일 수 있다.		
나는 사적 영역과 직업적 영역에서 나의 가장 중요한 애착인물들을 신뢰하며 그들도 나를 신뢰한다.		
나는 위험을 올바르게 평가하는 법을 배웠다.		
나는 중요한 곳에 안전 조치를 취한다.		
나는 적절한 방식으로 재정적인 대비를 하고 있다.		
나는 통상적인 범위 안에서 의료적으로 제공되는 건강 관리 조치를 인지하고 있다.		
나는 중대한 실수를 하지 않을 것이라고 믿는다.		
중간점수(모든 점수를 더한 총합)		
왼쪽: 이 욕구는 얼마나 충족되었는가? **오른쪽: 이 욕구의 충족이 당신에게 얼마나 중요한가?** **10개 문항에서 얻은 평균값**		

감이 되어 모든 보험 상품에 가입한다. 또 어떤 사람들은 지나친 건강 예찬에 빠져 있으며, 새로운 직업적 도전을 시도하지 않거나 집안 모든 창문에 창살을 다는 사람들도 있다. 이런 사람들에 대해 열거하자면 끝이 없다. 안전을 최우선으로 얻으려는 사람은 '모든 것이 있는 그대로 있어야 한다'는 기본원칙에 따라 행동한다. 이러한 사람들에게 모든 변화는 위협으로 느껴진다.

안전 욕구의 충족은 지속성을 지향하고 있기는 하지만, 변화 의지를 통해 항상 새롭게 획득되어야 한다. 말하자면 우리 능력을 시험해보려는 믿음을 통해 균형이 생겨난다.

우리는 미지의 지역에 발을 디딜 때 안전 욕구를 잠시 미뤄두어야 한다. 위기를 마주할 용기가 없다면 어릴 적 처음 탔던 네발 자전거를 계속 타고 다녀야 할 것이다. 말하자면 내면의 안전은 삶의 모든 요구에 대적할 수 있다는 자신감에서 생겨난다. 다시 말해 한편으로는 두려움을 극복하기 위해 어느 정도 안전이 필요하며, 다른 한편으로는 두려움을 극복할 수 있다는 경험에서 안전감이 생긴다는 뜻이다.

내면의 안전감은, 누구나 쉽게 인식하듯이, 과거와 현재의 다른 욕구들이 충족됨으로써 구축된다. 말하자면 어렸을 때 보호와 안전을 경험했는지, 다른 사람들과 애정 넘치는 견고한 유대관계를 맺는지, 연령에 따른 새로운 도전에 응할 수 있었는지, 호기심을 가져도 되었는지, 자립심을 어느 정도로 발전시킬 수 있었는지에 좌우된다.

이처럼 내면의 안전감은 다른 기본욕구에 대한 질문과 필연적으로 중첩된다.

당신은 자신의 삶에서 얼마나 안전감을 느끼는가? 당신의 안전 욕구는 얼마나 우세한가?

호기심

호기심은 세상에 대한 탐구를 뜻한다. 어렸을 때 우리는 아주 좁은 세상 안에서 여러 가지 물건을 만지고 입속으로 넣는다. 어린아이에게 호기심이란 이렇게, 혹은 저렇게 하면 어떤 일이 일어나는지 시험해보는 것을 의미한다. 이를테면 블록을 얼마나 쌓아야 그 블록탑이 무너질까? 강아지 꼬리를 잡아당기면 강아지가 어떻게 반응할까? 놀이터에 있는 미끄럼틀을 타고 내려오면 어떤 느낌일까? 같은 것 말이다.

아이는 새로운 모든 것에 매력을 느낀다. 아이가 위험으로부터 보호받으며 자신의 능력 범위 안에서 세상을 시험할 수 있도록 부모가 허용하는 한, 아이에게 새로움에 대한 매력은 계속 유지된다. 이렇듯 호기심은 자신의 능력을 시험할 수 있다는 믿음에 대한 욕구와 결합되어 있다. 이에 대해서는 다음 장에서 좀 더 자세히 살펴볼 것이다.

우리는 점점 성장하면서 '왜 또는 무엇을 위해서'라는 호기심 어

호기심

과거	동의 정도 0-10
나의 가장 중요한 애착인물들은 나의 호기심과 지식욕을 지지해주었다.	
나는 사물을 탐색하는 것을 좋아했다.	
나의 가장 중요한 애착인물들은 즉흥적인 사람이 될 수 있도록 나를 격려해주었나.	
나의 가장 중요한 애착인물들은 새로운 것에 개방적이었다.	
나는 새로운 경험을 할 충분한 시간과 자유의지를 가지고 있었다.	
나는 자주 새로운 도전과 모험을 찾았다.	
나의 가장 중요한 애착인물들은 내가 어디에 있는지 몰라도 과도하게 걱정하지 않았다.	
내가 새로운 것을 시험해보려고 할 때 다른 사람의 감정을 상하게 하거나 당황하게 만들어도 괜찮았다.	
나의 가장 중요한 애착인물들의 조언을 듣지 않고 한계를 넘었을 때에도 나와 그들의 관계에는 변화가 없었다.	
나는 깜짝 놀라는 것을 좋아했고 많은 것에 감탄했다.	
중간점수(모든 점수를 더한 총합)	
이 욕구는 얼마나 충족되었는가? 10개 문항에서 얻은 평균값	

현재	동의 정도 0-10	중요도 0-10
나는 새로운 시도를 좋아한다.		
나는 새로운 과제에 몰두하는 것을 좋아한다.		
나는 즉흥적이고 장난스러운 것을 좋아한다.		
나는 정신적으로 활달하고 지식욕이 넘치며 열린 마음을 가지고 있다.		
나는 새로운 사람과 문화를 익히는 것을 좋아한다.		
나는 새로운 도전을 좋아하고 이를 통해 생동감을 느낀다.		
용기가 필요하더라도 나는 가끔 나의 한계를 테스트한다.		
나는 다른 사람의 의견을 궁금해한다.		
나는 무언가에 놀라는 것을 좋아한다.		
나는 나의 발전을 위해 언제나 새로운 도전을 즐긴다.		
중간점수(모든 점수를 더한 총합)		
왼쪽: 이 욕구는 얼마나 충족되었는가? 오른쪽: 이 욕구의 충족이 당신에게 얼마나 중요한가? 10개 문항에서 얻은 평균값		

린 질문을 제기한다. 여러분의 부모님은 이런 질문에 어떻게 대처했는가? 그들은 여러분의 관심사에 인내심을 가지고 이해하기 쉽게 대답했는가? 학교에서는 호기심 욕구가 장려되고 충족되었는가? 아니면 어떤 연관관계도 파악하지 못하고 여러분의 지식을 활용하지 못한 채 의미 없이 학습 내용을 벼락치기로 공부해야 했는가? 호기심 욕구를 보장하는 것은 마땅히 최고의 교칙이어야 한다. 하지만 유감스럽게도 현실은 전혀 다르다. 부모들조차 호기심이 별로 없기 때문에 아이에게 본보기가 되어주지 못한다. 그러한 부모들은 미지의 영역에서 미숙한 자신의 아이에게 혹시라도 어떤 일이 닥칠까 봐 두려워한다.

온갖 명령과 금지령은 호기심을 갖고 낯선 모든 것을 탐지하는 행동이나 책이나 여행이나 인터넷을 통해 미지의 세계로 나아가는 행동 또는 새로운 것에 대한 소심함이나 거부감을 극복하는 행동을 가로막는다. 이러한 장애물은 아이다운 감탄을 유지하지 못하게 만들고, 다름에 대해 존중하는 법을 배우지 못하게 하며, 자신의 현실과는 다른 현실이 존재한다는 것을 너그럽게 이해하지 못하게 만든다.

자율성

자율성은 한편으로는 점차적으로 발달하며, 다른 한편으로는 어려운 상황에 빠짐으로써 발달하기도 한다. 개학 시기, 부모님 집에서의 독립, 새로운 도시로의 이사, 직장 생활이 끝나는 시기 등은 많은 사람에게 삶의 위기를 느끼게 하는 국면이다. 매슬로의 단계모델에 따르면, 하위 욕구 단계에 견고한 토대를 제공하면 우리는 이런 과도기를 잘 극복할 수 있다. 그러나 이러한 토대가 결여되면 새로운 것에 대한 두려움이 매우 커질 수 있다. 그러면 익숙한 것에 집착하거나 꼭 필요한 변화를 밀어내려고 한다.

보호와 안전, 소속감, 친밀함, 이해심이 바탕이 되는 견고한 유대 관계, 인정과 존중, 안전과 호기심을 토대로 삼을 수 있고, 에로틱한 성적 욕구와 자율성이 조화를 이룰 수 있다면 매우 이상적이다. 우리는 한 단계가 취약해지면 다양한 자기보호 프로그램을 발전시키고 절박하게 필요한 것을 우회로를 통해 얻으려고 한다. 자신의 감정과 욕구를 무시하는 것, 무조건 뭔가 특별한 성과를 이루어야 한다는 생각, 신분 상징을 축적하는 것, 다른 사람들을 통제하는 것, 일방적으로 다른 사람의 기대를 충족시키는 것, 뒤로 물러나는 것은 또 다른 욕구 손상을 피하기 위한 노력이다.

자율성은 한 인간이 살면서 혼자서 잘 해낸다는 것을 의미하는 것이 아니라, 다른 사람들의 욕구와 조화를 이루면서 자신의 모습을 있는 그대로 유지할 수 있는 자유를 누리는 것, 자신의 감정과 욕구와 조화를 이루면서 살고, 자신의 자유의지가 삶을 결정하는 것을 의미한다. 심리분석가 아르노 그륀Arno Gruen은 자신의 저서 《자기 배

반: 남성과 여성에게 나타나는 자율성에 대한 두려움Der Verrat am Selbst: Die Angst vor Autonomie bei Mann und Frau》에서 "자율적이라는 것은 자신의 의미에 대한 이념이나 독립의 필연으로부터 생겨나는 것이 아니라, 자신의 인지와 감정, 욕구를 방해받지 않고 경험할 수 있는 가능성에서 생겨난다"라고 말했다.

그는 많은 사람이 "자신의 인간성을 방해물이라고 느끼기 때문에 이를 극복하려는" 소망을 갖고 있다고 지적한다. 말하자면 공감과 배려, 인간과의 유대관계 같은 능력이 자신의 직업적 성공에 방해가 된다고 생각한다는 것이다. 그러나 자율성 욕구를 충족하기 위해 언제나 강해야 할 필요는 없으며, 자신에 대한 의구심을 가져도 괜찮다. 우리가 자율성을 상실하는 이유는 무력함이나 약점을 경험해서가 아니라, 다른 사람의 기대나 그때그때의 단체 규범에 부응하기 위해 본연의 모습과 달라지려고 끊임없이 노력하기 때문이다. 특히 젊은 사람들이 자주 말하는 '쿨cool'해지고 싶은 욕구는 자율성을 잘못 이해하는 예시 가운데 하나다. 이 경우에 감정을 드러내지 않는 것, 예민하지 않는 것, 약하다고 느끼지 않는 것 등이 강한 인간의 척도처럼 여겨진다.

자율성을 향한 노력은 자기 존중, 자기 결정, 경계 설정에 대한 욕구를 포괄하며, 자신의 능력을 시험할 수 있는 자유의지가 필요하다.

먼저 자기 존중은 자신의 가치를 인정하고, 자신을 다른 사람들과 똑같이 중요하게 여기며, 자신의 감정과 욕구에 주의를 기울이는 것을 의미한다.

자기 결정은 본인이 스스로 의지를 갖고 그것을 효과적으로 행사하는 것, 자신의 행동에 책임을 지는 것, 자신의 판단력을 사용하는 것을 뜻한다.

경계 설정은 나를 너와 구분할 수 있는 것을 뜻한다. 부모의 기대를 만족시키는 것을 무엇보다도 먼저 배운 아이들은 부모에게 반항하거나 부모를 거부하지 못한다. 그런 아이들은 주로 부모의 욕구를 충족시킬 때는 칭찬을 받고 남들과 다르게 행동할 때는 벌을 받는다. 일부 부모의 욕심이 아이의 자아 발견 의지를 초기에 꺾어버릴 수 있다. 아이는 부모로부터 사랑과 보호를 받기 위해 종종 "너 때문에 우리가 창피하지 않게 행동해라!" "더 높은 점수를 받았어야지!" 등의 요구를 따라야 한다. 말하자면 경계 설정이란 다른 사람의 욕구만을 우선시하지 않는 것, 주변 사람들의 감정 세계에 자신이 지속적으로 책임이 있다고 느끼지 않는 것, 자신과 주변 세계가 다를 수 있음을 인정하는 것을 뜻한다. 특히 사춘기에는 표현의 욕구가 강하게 나타난다. 이를테면 머리를 녹색으로 염색하거나 뜬눈으로 밤을 새우거나 명령을 어기는 등의 행동은 실제로 부모가 받아들이기 어려울 때가 많다. 이를 받아들이려면 부모는 자신의 욕구를 어느 정도 자제하고 침착함을 유지해야 한다.

많은 어머니는 항상 아이들 곁을 지키지 않아도 되고 집안일을

자율성

과거	동의 정도 0-10
나의 가장 중요한 애착인물들은 내가 의지를 표출할 수 있도록 격려해주었다.	
나의 가장 중요한 애착인물들은 내가 나이에 맞게 자유롭게 결정할 수 있도록 허용해주었다.	
나는 내가 중요하다고 생각한 것을 실행할 수 있었다.	
나의 부모님과 선생님은 나의 독립적인 행동을 칭찬하고 장려했다.	
나는 있는 그대로의 내 모습을 받아들일 수 있었다.	
나는 내 능력에 대한 자신감을 발달시킬 수 있었다.	
나는 실수를 해도 용납받았다.	
나는 의견을 주장할 용기가 있었다.	
나는 약점을 드러내 보이는 것도 문제가 되지 않았다.	
나는 자동적으로 다른 사람의 기대를 따르려고 하지 않았다.	
중간점수(모든 점수를 더한 총합)	
이 욕구는 얼마나 충족되었는가? **10개 문항에서 얻은 평균값**	

현재	동의 정도 0–10	중요도 0–10
나는 결심한 것을 행동으로도 옮긴다.		
나는 내 삶에 책임이 있다고 느낀다.		
나는 나의 삶에서 중요한 결정을 혼자서도 내릴 수 있을 만큼 충분히 강하다.		
나는 나의 욕구를 주의 깊게 살핀다.		
나는 나에 대한 정당한 비판을 받아들일 수 있다.		
나는 다른 사람들과의 경계를 정할 수 있다.		
나는 행동을 통해 뭔가를 성취할 수 있다.		
나는 나의 한계를 인지하고 이를 받아들인다.		
나는 다른 사람들의 한계와 욕구를 존중한다.		
나는 나 자신의 가치에 따라 살고 있다.		
중간점수(모든 점수를 더한 총합)		
왼쪽: 이 욕구는 얼마나 충족되었는가? **오른쪽: 이 욕구의 충족이 당신에게 얼마나 중요한가?** **10개 문항에서 얻은 평균값**		

3장 당신의 기본욕구를 알고 있는가

하지 않아도 되는, 충분히 이해할 수 있는 바람을 가지고 있다. 마찬가지로 아버지들도 자신의 기대감을 만족시킬 수 있는 자기만의 시간을 갖고 싶어 한다. 자신을 소홀히 하고 욕구가 충족되지 않으면 그저 겉모습만 멀쩡하게 유지될 뿐이다. "더 이상은 못하겠어!"라는 말이 튀어나올 때쯤 한계에 도달하는데, 이때는 이미 건강상의 위험이 도사리고 있을 수 있다. 이러한 의미에서 볼 때 자율성에 대한 질문지에서 '나는 나의 한계를 인지하고 이를 받아들인다'라는 문항은 쉽게 이해될 것이다.

모든 근심과 좌절을 마음속에 삭이고 자신의 감정과 욕구를 두꺼운 벽 뒤로 숨기는 것, 비난의 화신처럼 뚱한 모습만 보이는 것은 지속적으로 불리한 경계 설정의 형태다. 이런 행동은 역기능을 야기하는 욕구 표현의 예시다.

자율성을 향해 나아가려면 자신의 능력을 믿을 수 있도록 자유롭게 결정할 수 있는 권한이 필요하다. 부모가 모든 것을 항상 더 잘 알거나 그들의 삶의 경험을 집요하게 내세우며 모든 결정을 직접 내리고 아이들의 모든 어려움을 해결해주려고 한다면, 그 부모는 아이의 자율성 욕구를 방해하는 것이다. "넌 아직 못하잖아. 내가 해줄게!" "네 마음대로 하면 어떻게 될지 알잖아!"처럼 종종 인내심이 부족하거나 두려워서 나오는 말들은 아이들이 자신의 능력을 믿지 못하도록 만드는 메시지다. 스스로 원하는 것을 발견하는 시간, 실수를 해보고 그로부터 무언가를 배울 수 있는 시간을 확보하는 것은 아이들의 자신감과 자율성을 발달시키기 위한 토대다. 독립적인 사람은 아동기의 발달 단계에서 다른 사람에게 의존했던 욕구들을 스스로 충족할 수 있게 된다.

욕구 결산: 당신은 만족할 수 있는가

이제 모든 결과를 통합해서 당신의 기본욕구가 어느 정도로 충족되었는지, 혹은 충족되고 있는지, 당신이 해당 욕구를 현재 얼마나 중요하게 생각하는지 결산해볼 수 있다. 이를 위해 각각 산정된 평균값을 욕구 결산표에 기입해보자.

욕구 결산표의 수치는 다음과 같은 질문에 간단한 대답을 제공한다.

1. 과거와 현재 사이에 무엇이 변화했는가?

과거의 평균값과 현재의 평균값을 비교해보면 당신에게 어떤 변화가 생겼는지 보일 것이다. 예를 들어 당신에게 자율성은 어릴 때보다 지금 더 중요하게 생각될 수 있다. 자율성 욕구가 현재에 충족되고 있다면 당신은 그렇게 쉽게 불안을 느끼지 않을 것이며, 간혹 다른 욕구가 좌절되더라도 수월하게 견딜 수 있다. 예를 들면 다른 사람들의 기대에 경계를 긋는 능력을 통해서 말이다. 과거에 거의 충족되지 않았던 욕구가 현재에도 여전히 충족되고

욕구 결산

	과거	현재	
	충족 정도 중요도 0-10	충족 정도 중요도 0-10	충족 정도 중요도 0-10
견고한 유대관계			
인정과 존중			
동등한 대우와 공평함			
에로틱과 육체적 사랑			
안전			
호기심			
자율성			

있지 않은지, 그전처럼 지금도 뭔가 중요한 것이 빠져 있다는 아쉬움을 느끼고 있는지에 대해서는 특별히 관심을 가져야 한다. 그렇게 느낀다면 당신은 이 욕구의 충족에 매우 의존하고 있다고 느낄 수 있다. 이에 따라 당신은 이 욕구와 관련된 위험이나 손상에 민감하게 반응할 것이다. 예를 들어 인정 욕구나 이해 욕구가 충족되지 않아 약점이 생겼다면 이 욕구가 조금이라도 좌절된 기미가 보일 때 당신의 평정심은 위험에 처할 수 있다. 앞에

욕구 결산표의 네 영역

영역 1	
충족도	낮음(0–2)
중요도	높음(8–10)

현재 당신에게 중요한 것이 전혀, 혹은 거의 충족되지 않고 있다. 삶의 만족을 위해 어떻게 하면 이 영역에 위치한 욕구들이 당신의 삶에서 더 많은 공간을 차지할 수 있는지 점검해보아야 한다.

영역 2	
충족도	높음(8–10)
중요도	높음(8–10)

당신에게 중요한 것이 전반적으로, 혹은 완전히 충족되고 있다. 모든 욕구가 이 영역에 위치하고 있다면 축하를 받아 마땅하다!

영역 3	
충족도	낮음(0–2)
중요도	낮음(0–2)

이 욕구들은 충족되지도 않고 중요하게 여겨지지도 않는다. 이것이 당신에게 아무 문제가 되지 않을 수도 있다. 어쩌면 이 욕구들이 충족될 수 없다는 사실에 순응했을 수도 있다. 마치 우화에 등장하는 여우가 자신이 먹을 수 없는 포도를 신 포도라고 단정하듯이 말이다. 아니면 이 욕구들을 이미 시야에서 놓쳐버렸을 수도 있다. 그렇다면 더 나은 삶의 만족도를 위해 이 욕구들의 잠재성을 시험해보는 것을 고민해보아야 한다.

영역 4	
충족도	높음(8–10)
중요도	낮음(0–2)

이 영역에는 충족되기는 했지만 만족감을 느끼기에는 중요도가 낮은 욕구들이 위치해 있다. 당신은 지금 상태를 있는 그대로 내버려둘 수 있다고 생각할 수 있다. 당신이 가지고 있는 것이 당연하게 느껴질 수도 있다. 숨 쉬기 위해 필요한 공기처럼 말이다. 하지만 만약 이 욕구들이 충족되지 않았다면 어땠을까? 그렇다면 중요도에 대한 평가가 달라질 수 있다. 또한 이 욕구들의 충족을 높이 평가하는 것도 도움이 될 수 있다.

서 언급한 일화들에서 명확히 드러났던 이러한 연관관계를 당신의 개인적인 경험을 바탕으로 다음 장에서 좀 더 자세히 살펴보도록 하자.

2. 중요한 욕구들이 어느 정도로 충족되었는가? 아니면 충족되지 않았는가? 그리고 이 욕구들이 현재 당신의 삶에서 얼마나 중요한가?

당신의 점수를 대략적으로 분류하면 방향 설정에 도움이 된다. 이를테면 5점 이하는 평균 이하로 충족된 욕구, 5점 이상은 평균 이상으로 충족된 욕구로 구분하는 것이다. 욕구의 중요도에도 이와 동등한 방식을 적용한다. 이로써 다음과 같은 네 개의 영역이 생겨난다.

어쩌면 당신은 욕구 결산표를 보면서 자신의 욕구들을 좀 더 균형 있게 변화시켜야겠다고 자극받았을지도 모른다. 특히 매우 중요한 욕구지만 거의 충족되지 않은 욕구들이 위치한 영역을 눈여겨보길 바란다.

앞에서 언급했듯이 기본욕구들은 서로 충돌할 수도 있다. 당신이 덜 중요하게 생각하는 다른 욕구를 충족하기 위해 중요한 욕구를 뒤로 제쳐둘 수 있는지에 대해 곰곰이 생각해본 적이 있는가? 어떤 사람들은 존중받기 위해 온갖 애를 쓰며 이 과정에서 자신감을 잃는 위험에 처하기도 한다. 또 어떤 사람들은 한 사람과의 견고한 유대관계에 집착하면서 다른 욕구들, 이를테면 자율성이나 자신의 능력을 시험하는 욕구를 포기한다. 어쩌면 당신은 그러한 갈등과 화해하고 이러한 타협에 만족했을 수도 있다.

하지만 욕구 사이의 충돌이 내면적 긴장이나 인간과의 긴장관계로 이어질 수 있다는 것도 생각해봐야 한다. 가끔 우리는 만족이라는 것을 전혀 모르는 사람들에게서 욕구가 충돌하는 모습을 보곤 한다. 가슴 속에 품고 있는 두 개나 그 이상의 영혼은 서로 일치하기 어렵다. 그러한 갈등은 대체로 의식되지 않는다. 다시 말해 이 욕구나 저 욕구를 가지는 것, 혹은 이를 표현하는 것을 의도적으로 작정할 수는 없다. 아마도 주변 사람들에게 지나친 부담이 되거나 그들을 불안하게 만들 수 있다는 두려움 때문일 것이다. 예를 들어 혼자서 휴가를 떠나는 것은 자신의 능력에 대한 믿음을 강화할 수는 있지만, 배우자에 대한 배려라는 측면에서는 진지하게 고려할 수 없는 생각이다. 혹은 자신의 의사를 표현하는 것이 소속감 욕구를 위험에 빠뜨릴 수 있기 때문에 감히 그렇게 하지 못하기도 한다.

욕구 결산표를 보면서 당신이 어떤 욕구를 오래전부터 우선순위에 두었는지, 어떤 욕구를 뒤로 미루어두었는지 자문할 수 있다. 이 내용은 뒤에서 다시 한 번 다루므로 이에 대한 생각은 메모해놓으면 좋을 것이다.

욕구 사이의 갈등은 쉽게 해결되지 않는다. 이 갈등을 인식하고 명확하게 밝히는 것은 중요한 시작점이다. 앞에서 언급한 일화에서 드러났듯이 갈등은 사소한 계기로도 생길 수 있다. 우리는 지금 우리에게 가장 중요한 것이 무엇인지, 경우에 따라 무엇을 포기할 마음의 준비가 되어 있는지 탐지할 시간을 전혀 갖지 못한다.

자신의 욕구를 정산해보는 욕구 결산은 내면의 비용편익 분석이라고 할 수 있다. 이 과정에서 다양한 욕구 사이에 필연적으로 타협이 이루어진다. 우리는 다양한 삶의 영역에서 충만함이나 좌절감을 경험한다. 경우에 따라서는 우리가 가정에서 충족되기를 원했던 욕구가 직업적 영역에서 충족되기도 하며, 그 반대의 경우도 있다. 사무실에서 겪은 좌절감을 집에서 분출할 경우 상황이 심각해질 수 있다. 말하자면 잘못된 장소에서 자기보호 프로그램을 활성화하는 것이다. 이를테면 어떤 사람은 적어도 집에서는 인정받고 싶다는 바람을 가지고 있는데 그의 행동이 완전히 반대 효과를 불러일으키기도 한다. 혹은 자신의 직업적 지위에 근거하여 집에서도 직장에서처럼 똑같이 존중받기를 기대하고, 가족구성원으로서 자신에게 완전히 다른 사회적 능력이 요구된다고 잘못 판단하기도 한다. 이에 대한 해결책을 찾기 위해 5장에서는 다양한 욕구 사이의 갈등에 대해 좀 더 자세히 살펴볼 것이다.

당신의 시간과 에너지 분배가 말하는 것

"안타깝지만 그럴 만한 시간이 없어!"라는 말은 뭔가를 기꺼이 하고 싶지만 그렇게 할 수 없을 때 자주 하는 불평이다. 또한 다른 사람의 부탁을 거절할 때에도 자주 사용하는 말이다. 그렇다면 무엇을 위해 시간을 쓸지 결정하는 사람은 누구일까? 확실한 사실은 극소수의 사람들만이 자신의 시간을 직접 분배하고, 무엇에 시간을 쓸지, 혹은 무엇에 시간을 쓰지 않을지 직접 결정하고 있다고 느끼면서 살아간다는 것이다. 다시 말해 시간 분배를 할 때 본인이 스스로 우선순위를 결정하는 경우는 매우 드물다. 오히려 피할 수 없게 느껴지는 외부적 강제에 따라 순서가 결정되곤 한다. 우리는 살면서 끊임없이 시간 부족과 시간적 압박을 느낀다.

그에 비해 '나는 나의 시간을 어떻게 분배하는가?'라는 질문은 일종의 자기책임, 다시 말해 우리가 시간을 잡아먹는 행위의 희생양이 아니라 무엇을 위해 시간을 쓸지, 또는 쓰지 않을지에 능동적으로 영향을 미친다는 사실을 겨냥한다. 우리가 얼마나 많이 일하는지, 누구와, 혹은 무엇을 하며 시간을 보내는지, 부득이한 일을 위해, 혹은 본인의 즐거움을 위해 얼마나 많은 시간을 할애하는지는 우리의 가치 체계와 욕구 체계를 반영한다. 이러한 관점에서 볼 때 개인적인 시간 및 에너지 분배는 우리가 하는 여러 행위가 실제로 어떤 욕구를 향해 있는지 살펴보기에 매우 적합하다.

시간과 에너지를 무엇에 사용하는지 우리는 얼마나 분명하게 그릴 수 있을까? 다양한 크기의 조각으로 나눌 수 있는 케이크를 상상해보자. 이 케이크는 일주일 동안 사용할 수 있는 시간과 에너지 전체, 즉 100퍼센트를 나타낸다. 당신은 평균적인 일주일을 어떻게 분배하는가? '대략적으로' 가장 중요한 영역을 간략히 요약해보자. 예를 들면 직업, 가족, 친구, 소셜미디어, 인터넷, 텔레비전, 스포츠, 취미, 관심, 의무, 신체 가꾸기 등으로 말이다.

A4 용지에 큰 원을 그리고 당신이 시간과 에너지를 할애하는 내용으로 구획을 나누어본다. 이렇게 하는 것이 어렵다면 일주일 동안 전형적으로 하는 일을 기입해본다. 여러분이 학교에 다닐 때 만들었던 시간표나 일과표를 생각하면 된다. 여러분이 하는 행위를 여러 영역에 배치해본다. 세바스티안의 시간 및 에너지 원그래프를 살펴보자.

세바스티안은 이 그래프를 설명할 때 이마에 주름을 지었다. 왜냐하면 그는 주로 다른 사람들에게 도움이 되는 일을 처리하는 데 적지 않은 시간과 에너지(최소 15퍼센트)를 사용한다는 사실이 분명하게 드러났기 때문이다. 세바스티안은 공동 과제를 분배할 때 주변 사람에 비해 언제나 더 빨리 의사를 표현했다는 사실을 깨달았다. 이때 그는 가끔씩 자신의 협조로 부당이득을 얻으려는 사람들에게 (마음속으로) 매우 화가 났다. (앞에서 언급한 일화들에 등장한 주제를 여기서 쉽게 재인식할 수 있다. 즉 세바스티안은 자신이 쓸모 있는 사람이 되어야 환영받는

세바스티안의 시간 및 에너지 원그래프

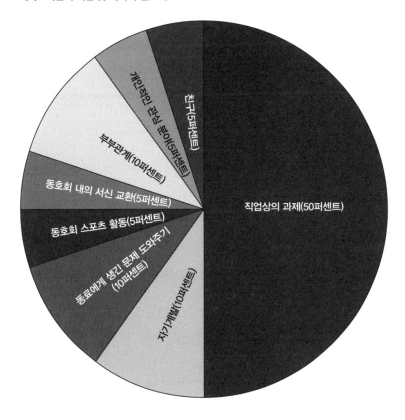

다고 여기며, 그래야 소속감을 느낀다. 그래서 쓸모 있는 존재가 되기 위해 온갖 노력을 한다.)

　그렇다면 여러분은 시간과 에너지를 어떻게 분배하고 있는가? 아마 자신의 시간 및 에너지 원그래프를 보았을 때 이 칸은 왜 이렇게 클까, 혹은 저 칸은 왜 그렇게 작을까, 또는 왜 그것은 도표에 전혀 등장하지 않았을까 하는 생각에 잠길 것이다. 중요한 사실은 당신이

3장 당신의 기본욕구를 알고 있는가

세바스티안의 에너지 소비(현재 상태)와 그와 관련된 기본욕구

행위 (백분율로 나타낸 에너지 소비)	행위를 통해 만족되는 기본욕구
직업/본인 업무(50퍼센트)	자율성, 안전, 인정
직업/다른 사람 지원 업무(10퍼센트)	인정과 소속감을 주는 견고한 유대관계
직업 연수(10퍼센트)	인정, 자율성
부부관계(10퍼센트)	사랑과 이해심을 주는 견고한 유대관계 존중, 에로틱과 육체적 사랑
개인적인 관심 분야(5퍼센트)	호기심, 자율성
친구들과의 교류(5퍼센트)	견고한 유대관계, 존중
스포츠(5퍼센트)	자신의 능력에 믿음을 주는 자율성
동호회 활동(5퍼센트)	소속감을 주는 견고한 유대관계

이를 모두 깊이 생각했다는 점이다. 에너지를 잡아먹는 몇몇 요인이 당신의 개인적인 만족에 거의 기여하지 않으며, 반면 당신에게 만족감을 주는 다른 영역들이 등한시되고 있다는 사실을 확인하게 될 것이다.

이제 다시 한 번 에너지 원그래프를 그려보자. 이번에는 당신의 소망대로 에너지를 분배한다. 그것이 정말 현실적인지, 아니면 너무 이기적이라고 여겨지는지는 상관하지 말고 각각의 요소를 분배해 보려고 노력한다. 물론 앞에서 기술된 질문지에 대한 당신의 대답을 참조해도 된다.

그다음에 소망과 현실을 비교해본다. 두 개의 원그래프를 보면 주목할 만한 차이를 확인하게 될 것이다. 현재의 에너지 분배가 당신에게 충분한 만족감과 삶의 기쁨, 행복한 순간을 마련해주는가? 당신은 어디에서 변화를 바라는가? 어디에서 부족함을 느끼는가? 그리고 이 모든 것이 당신의 기본욕구와 어떤 관계가 있는가? 당신이 하는 행위와 기본욕구를 서로 대조해보면 이를 알 수 있다. 세바스티안의 경우를 살펴보자.

세바스티안은 존중과 견고한 유대관계, 특히 소속감에 대한 욕구를 직업적 영역에서의 적극적인 참여와 동호회 내에서의 활동을 통해 얻는 성과에서 찾으려고 한다. 그가 매우 중요하다고 평가한 자율성 욕구, 특히 경계 설정에는 오히려 미미한 역할이 부여된다. 그가 자율성 욕구를 소속감과 인정에 대한 욕구보다 하위에 두고 있음이 명백하게 보인다. 또한 꽤 높은 중요도를 가진 욕구인 호기심도 분명히 등한시되고 있다. 공평함과 동등한 대우는 표에 나타나지 않으며, 이 욕구에는 별다른 에너지를 투입하지 않는다.

이러한 결과는 세바스티안에게 무엇을 의미일까? 간략하게 대답하자면 '분발'이다. 인정과 견고한 대인 간의 유대관계를 얻으려는 세바스티안의 일방적인 노력은 그의 정신적 평정심을 지속적으로 위협하며 다른 욕구들을 제쳐두게 만든다. 이미 살펴보았듯이 약점은 자기보호 프로그램을 활성화하고, 이 프로그램은 언제나 또 다른 노력을 요구하거나 체념적인 후퇴로 끝난다. 이러한 상황에 처하면 세바스티안은 분명히 또 기분이 나빠질 것이다. 물론 다른 사람들이 잘못 행동하거나 부적절하게 행동해서가 아니라, 그가 자신의 에너지 분배와 행동에 대해 곰곰이 생각하게 만드는 계기를 제공하는 코끼리와 마주쳤기 때문이다. 그가 코끼리를 진지하게 받아들이는 경우라면 말이다.

이제 다시 당신의 기본욕구를 추적해보길 바란다. 다음 두 개의 표에 당신의 행위와 그 안에 내재된 욕구를 적어 넣고 서로 대조해보자(현재 상태표와 소망 상태표).

어떤 욕구가 당신에게 우선순위인가? 일곱 개의 기본욕구 중에 어떤 욕구가 거의, 혹은 전혀 등장하지 않는가?

그다음에는 지금까지의 행동과 앞으로의 인생 설계에서 중요한 질문을 제기해보자. 자신의 삶에서 지금까지 배려하지 않은 욕구들이 나타나 있는가? 어떤 영역들을 지금처럼 그대로 둘 수 있는가?

모든 욕구 결산표에는 그 사람의 지난 삶이 담겨 있다. 말하자면 욕구 결산표는 즐거운 상황과 불쾌한 상황에서 겪은 다양한 경험의 결과다. 당신의 과거를 다시 한 번 돌아보라! 어떤 욕구들이 아동기와 청소년기에 충족되지 않았는가? 당신은 이런 상황을 그냥 받아들였는가, 아니면 아직도 이 욕구들을 느끼고 있는가? 당신은 이 책의 일화에 등장한 주인공들처럼 명령과 금지령을 기본욕

당신의 에너지 소비(현재 상태)와 그와 관련된 기본욕구

행위 (백분율로 나타낸 에너지 소비)	기본욕구

당신의 에너지 소비(소망 상태)와 그와 관련된 기본욕구

행위 (백분율로 나타낸 에너지 소비)	기본욕구

구 사이의 복잡한 갈등 속으로 가져갔을 수도 있다. 어렸을 때에는 그러한 갈등을 피하기 위한 적절한 극복 전략을 찾지 못했을 것이다. 또한 바람직하지 않은 욕구를 표현하는 것이 불리하게 작용했을 수도 있다. 이를 통해 욕구를 생각하는 것만으로도 이미 당신은 불안할지도 모른다.

이러한 관점에서 보면 당신은 그때그때 주어진 가능성에 따라 최선의 행동을 했고 주어진 여건에 자신을 적응시켰다. 하지만 그 대가로 높은 단계에 위치한 욕구의 충족을 의도치 않게 포기해야 했을 것이다. 특히 독립적인 인성을 발달시키는 데 결정적으로 중요한 자율성이나 경계 설정과 같은 욕구가 등한시되었을지도 모른다. 당신의 욕구 결산표는 이에 대한 대답을 보여준다.

○ ● ○

자신의 기본욕구를 아는 것, 그 기본욕구의 충족도와 중요도는 우리가 삶에서 정말로 무엇을 원하는지 분명하게 알려준다. 이는 마음의 평정을 위해서도 근본적으로 중요한 의미를 지닌다. 충족되지 않은 욕구는 또다시 긴장을 유발하며, 이에 대처하기 위해 활성화되는 자기보호 프로그램도 많은 에너지를 힘겹게 소비한다.

이제 당신은 자신의 코끼리를 마주할 대비가 아주 잘 되었다. 4장은 아래와 같은 내용을 파악하는 데 도움을 줄 것이다.

- 사소하다고 생각되는 계기에서 어떤 약점이 반응하는가?

- 문제적 상황에서 자기 자신에 대한 이미지와 주변 사람들에 대한 이미지가 어떻게 변화되는가?

- 욕구가 실제로 손상되거나 손상될 위험에 처한 상황에서 당신은 어떤 익숙한 자기보호 프로그램을 무의식적으로 활성화하는가?

인간을 혼란스럽게 하는 것은 사물 그 자체가 아니라
사물에 관한 우리의 생각이다.

에픽테토스
Epiktetos

4장

당신의 코끼리를 발견하라

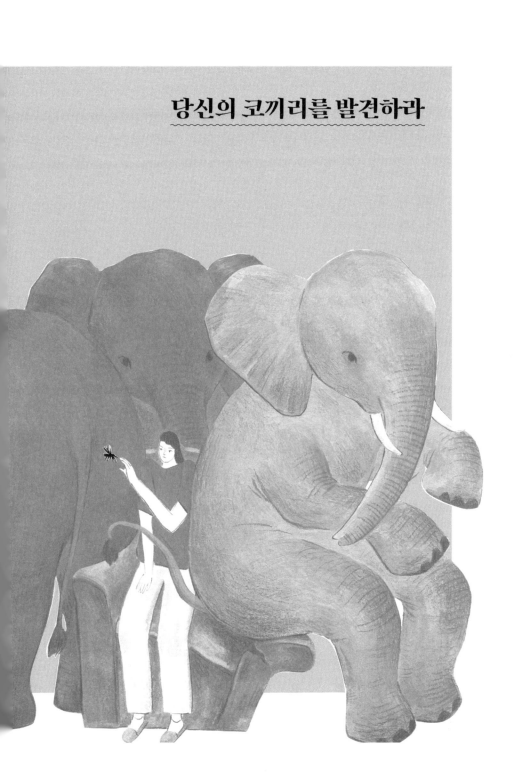

당신은 이제 자신의 기본욕구가 무엇인지, 어떤 기본욕구가 결핍되어 있는지 알고 있다. 이제 당신 내면의 코끼리를 탐색할 차례다. 다양한 통로를 통해 탐색할 수 있는데, 어떤 측면은 낯설지 않고 쉽게 접근할 수 있으며, 몇몇 측면은 의식적으로 접근하기가 어려울지도 모른다. 자기 탐색을 할 때 메모를 하면 좋다. 처음에는 관련성이 높은 중요한 주제에 한정하고 이와 관련된 모든 통로를 시험해보기를 권한다. 그렇게 하면 다른 모기와 코끼리에도 이와 같은 과정을 쉽게 적용할 수 있다.

감춰진 코끼리를 인식하고 그 의미를 이해하려면 어느 정도의 에너지가 소모된다는 사실을 당신은 알고 있을 것이다. 아마도 2장에서 언급한 상황을 통해 자기 자신을 부분적으로 재발견하고 이로부터 유익한 자극을 끌어낼 수 있을 것이다. 그 외에도 한 걸음 한 걸음 나아갈 때마다 코끼리의 다른 부분들도 조명된다는 사실을 알게 될 것이다. 마치 십자말풀이에서 한 단어가 다른 단어를 맞추기 위한 글자를 제시하는 것처럼 말이다. 어느 한 영역에서 얻은 대답이 뜻밖의 깨달음을 통해 다른 영역에 도움을 줄 수도 있다. 관심의 초점은 건드려진 약점이다. 안타깝게도 우리는 흥분 상황에서 무엇이 절실하게 필요한지 거의 알지 못한다. 다시 말해 어떤 중요한 욕구가 손상되거나 위험에 처했는지, 어떤 욕구가 존중되어야 하는지 모른다.

다음 그림은 자신의 코끼리에 접근할 수 있는 다양한 통로를 한눈에 보여준다.

통로 1
모기
원인과 반복되는
주제에 대한 질문

통로 2
흥분
일상에서 느끼는 설명하기
어려운 감정과
자동적으로 떠오르는 생각

통로 3
약점
기본욕구와 관련된
취약성 규명

통로 4
자기보호 프로그램
문제 상황에서 드러나는
완고한 신념과
행동 패턴 인식하기

통로 5
자기 이미지와 타자 이미지
문제 상황에서 자신과
다른 사람들에 대한 판단

통로 6
지나온 삶
기본욕구가 손상된
과거의 기억

4장 당신의 코끼리를 발견하라

어떻게 자신의 코끼리에게 접근할 것인가

통로 1: 모기

어떤 사소한 계기가 당신에게 불쾌감을 유발하는지 알아내기 위해 아주 익숙하게 느껴지는 일련의 상황이 다음 표에 열거되어 있다. 개인적인 영역에서부터 직업적 영역에 이르기까지 다양한 장면이 묘사되어 있다. 얼마나 가까운 사람들인지, 어떤 역할 속에서 그들과 마주하는지에 따라 당신은 서로 다른 약점에 부딪칠 것이다.

물론 이 표에는 그저 몇 가지 상황만 추려서 기술해놓았다. 일상에서 당신 자신과 주변 사람들을 관찰하고 그것을 메모해두면 좋다. 그렇게 하면 개인적인 상황에 대한 목록을 보충할 수 있을 것이다. 첫 단계에서는 각 상황에서 느껴지는 감정, 이를테면 분노, 두려움, 실망감, 부끄러움 등의 감정에 신경 쓰지 않도록 한다. 이는 다음 단계에서 다룰 것이다. 첫 단계에서는 오로지 자신의 감정적 반응이 얼마나 강한지, 그리고 얼마나 지속적인지 평가한다.

0에서 2에 걸쳐 평가한다.

0: 특별한 감정을 느끼지 않는다.

1: 가볍고 일시적인 불쾌감을 느낀다.

2: 자신의 감정이 매우 강하다고, 혹은 지속적이라고 느낀다.

낯선 사람들과 겪는 경험

상황	강도		
	0	1	2
자동차를 주차하려고 하는데 다른 운전자가 당신의 주차 공간을 빼앗는다.			
전화로 걸려오는 광고가 귀찮다.			
누군가가 강연 중에 휴대전화를 끄지 않았다.			
가게에서 점원에게 잘못된 정보를 얻었다.			
마음에 들 만큼 서비스가 좋지 않다.			
누군가가 당신 바로 앞에서 문을 닫았다.			
약속된 상대를 오랫동안 기다려야 한다.			
많은 사람들 속에서 이리저리 치인다.			
당신에게 감정적으로 불쾌감을 유발하는 또 다른 요인이 있는가?			

가족이나 친구 또는 지인들과 겪는 경험

상황	강도		
	0	1	2
대화하고 있는데 상대의 전화기가 울린다. 상대방은 당신 앞에서 오랫동안 통화를 한다.			
배우자가 당신을 비난한다("당신은 너무 빨리 운전해" "당신은 주차를 잘 못해" "냄비를 잘못 골랐잖아." "소금을 그렇게 많이 넣지 마").			
누군가가 약속에 10분 정도 늦게 온다.			
배우자에게 질문했는데 배우자가 반응을 하지 않는다.			
친구가 당신의 생일을 잊었다.			
누군가 당신이 상식적인 것을 모른다며 놀라워한다.			
친한 친구가 당신에게 연락하지 않고, 연락해도 반응하지 않는다.			
기대와는 달리 중요한 파티에 초대받지 못했다.			
당신에게 감정적으로 불쾌감을 유발하는 또 다른 요인이 있는가?			

어떤 상황이 당신의 감정을 상하게 하는가? 당신의 감정적 반응은 얼마나 강한가? 당신이 강도 '2'에 표시했고, 그 문제가 기본적으로 순전히 객관적인 차원에서 어렵지 않게 해결될 수 있는 문제라면 아마 그 뒤에는 감정이 개입될 만한 다른 주제가 숨어 있을 것이다. 그렇다면 당신은 잠재적인 코끼리에 대한 첫 번째 힌트를 얻은 것이다.

반복적으로 흥분하는 상황에 어떤 공통점이 있는지 메모해보라. 어떤 주제가 반복되는가? 주제 영역은 아주 다양할 수 있다. 예를 들면,

- 외부로부터의 비판
- 무시당했다는 감정
- 약속을 지키지 않는 것
- 다른 사람의 훈계
- 여러 소망이나 의견 사이의 충돌
- 손해를 봤다는 느낌

통로 2: 흥분

많은 사람이 흥분 뒤에 어떤 감정이 숨어 있는지 쉽게 탐색하지 못한다. 감정을 표현하는 수많은 단어가 존재하지만 일상에서 사용하

직업적 영역에서의 경험

상황	강도		
	0	1	2
동료가 인사를 잘 하지 않는다.			
부주의로 인한 실수를 상사가 지적한다.			
동료가 당신에게 비판적인 질문을 제기한다			
당신이 회의에서 발언하고 있는데 동료 두 명이 서로 속삭인다.			
담당 분야에 관한 일인데 알 수 없는 이유로 회의에 참석하지 못했다.			
누군가가 당신이 이미 알고 있는 것을 설명한다.			
누군가가 당신이 모르는 외래어를 자주 사용한다.			
당신이 나타나자 동료들이 대화를 중단한다.			
당신에게 감정적으로 불쾌감을 유발하는 또 다른 요인이 있는가?			

는 단어는 겨우 몇 개밖에 되지 않는다. 이를테면 '그건 나한테 안 맞는다, 참을 수 없다, 기분을 망친다, 유감스럽다, 신경 쓰인다.' 등이다. 심지어 어떤 사람들은 말을 전혀 하지 않고 감정을 표현한다. 눈동자를 굴리거나 걱정스럽게 고개를 흔들거나 거부하는 손짓을 하거나 신음을 내뱉거나 한숨을 쉬거나 문을 쾅 닫는 식으로 말이다. 마지막으로 '행간'에서 읽을 수 있는 감정의 메시지도 있다. '네가 와서 좋구나!'라는 문장은 어조를 통해서만 화자가 정말로 기뻐서 한 말인지 화가 나서 한 말인지가 분명해진다.

대부분의 사람은 언어적으로 세분화하여 신중하게 감정을 다루는 법을 배우지 않으며, 이를 본보기로 보여주는 사람을 찾기도 어렵다. 특히 불쾌한 감정은 톱니에 낀 성가신 모래알처럼 느껴지고, 이를 드러내는 것은 약점의 신호라고 생각한다. 인정하고 싶지는 않지만 우리의 행동은 감정과 그에 해당되는 욕구에 의해 주로 결정된다. 감정은 우리의 마음에 접근하는 가장 중요한 통로이며, 우리에게 위험 신호를 알려주며, 지속적이거나 아무 이유 없이 억압되지 않는다. 그런데도 감정을 억압하려고 한다면 우리의 기분이나 신체 상태에 장기적으로 나쁜 영향을 미칠 수 있다.

문제 상황에서 감정을 탐색할 때 감정과 결부되어 있는 생각이 가장 먼저 떠오를 것이다. 예를 들어 성과에 대한 압박으로 불안해하는 사람은 두려움을 느끼면서 '나는 절대로 해내지 못할 거야!'라고 생각할 것이다. 혹은 '나는 절대로 다시는 여기에 안 올 거야!'라고 생각할 때에는 심통이 나거나 창피하거나 단호함을 느낀다. 또는 다른 사람의 배려 없는 행동에 화를 내면서 '저런 버릇없는 사람이 있나!'라고 생각한다. 코끼리를 탐색하기 위해 우리는 감정과 생각 두 가지를 모두 바라보아야 한다. 감정과 생각은 서로 영향을 미친다. 다시 말해 하나가 다른 하나의 결과로 생겨난다.

아마도 당신은 이미 여러 개의 '모기'를 발견했을 것이다. 그렇다면 나는 당신이 먼저 다음과 같은 것을 고민해보기를 권한다.

- 발견된 원인들 중 어떤 원인이 당신을 가장 불쾌하게 만드는가?
- 어떤 반복적인 주제가 당신에게 특별히 중요하게 여겨지는가?

기본욕구의 충족도와 중요도에 대한 질문지를 들여다보았을 때에도 당신은 이미 중요한 주제와 마주했을 것이다. 하나의 주제를 결정한 다음, 그와 관련이 있을 수 있는 일상의 상황들을 다시 주의 깊게 살펴보자. 그리고 다음과 같은 질문을 제기해본다.

- 흥분과 함께 어떤 감정이 느껴지는가?
- 이때 어떤 생각이 머릿속을 스치는가?

감정을 정확하게 구별하고 지정하는 것이 항상 쉽지만은 않다. 불쾌한 감정을 표현하는 다음 목록들이 아마 도움을 줄 수 있을 것이다. 이 목록에 당신에게 익숙한 다른 감정을 보충해보라. 문제적 상황에서는 여러 개의 상반된 감정이 나타날 수도 있다. 과거의 감정이 새로운 감정에 묻힐 수도 있고 서서히 의식 속으로 떠오를 수도 있다. 그러면 과거의 욕구 손상과 어떤 연관관계가 있는지 분명하게 드러난다.

감정은 고유한 논리를 가지고 있다. 즉 '원치 않는' 감정 때문에 자신을 비난하지 말고 그런 생각과 친구가 되라는 것이다.

나는 문제적 상황에서 다음과 같은 감정을 느낀다.

슬픔 - 절망 - 실망감 - 책임감 - 공허감

소심함 - 걱정 - 겁남 - 창피함 - 긴장됨

화 - 분노 - 짜증 - 불만 - 오기

의심 - 질투 - 무기력 - 열등감 - 속수무책

가득한 혐오감 - 경멸감 - 부러움 - 역겨움 - 거부감

당신 자신에 대한 관찰 내용을 종이 위에 적어보라. 다양한 상황을 적고 그 옆에 당신이 느끼는 감정과 그에 따라 자동적으로 떠오르는 생각을 기입한다.

4장 당신의 코끼리를 발견하라

당신의 주제: _____

	분명하거나 강한 감정 (강도 2)	자동적으로 떠오르는 생각
상황 1		
상황 2		
상황 3		
상황 4		

통로 3과 4: 약점과 자기보호 프로그램

아마도 이쯤에서 당신은 이미 반복되는 흥분이 어떠한 약점과 결부되어 있는지 인식했을 것이다. 약점의 징후에 해당되는 내용은 다음과 같다.

- 흥분과 함께 나타나는 예민한 감정
- 다양한 원인 사이에서 발견되는 유사점('~한 일이 나한테 늘 반복적으로 일어나.')
- 반복되는 감정 상태('나는 ~를 자주 느껴.')
- 당신이 자동적으로 떠올리는 생각 속에 나타나는 유사성('내

생각은 ~ 주제를 계속해서 맴돌고 있어.')

- 과거의 욕구 손상에서 나타난 유사성('나는 또 부당한 대우를 받는 구나.' '이번에도 나는 환영받지 못하는구나.' 등)

예를 들어 당신이 다른 사람들의 비판적 언사나 반응에 매우 자주 예민하게 반응한다는 사실을 인지했다면,

- 당신은 기본욕구 중에서 인정이 결핍되었다고 느낄 것이다.
- 당신은 비판을 들으면 '내가 또 뭘 잘못했지?'라는 생각을 자주 할 것이다.
- 당신은 열등감을 반복적으로 느낄 것이다.
- 객관적인 비판을 (아무런 근거 없이) 자신의 인격을 향한 비판이라고 해석했을 것이다.

1장에서 소개한 일화들과 유사한 상황은 누구에게나 일어날 수 있다. 하지만 개인적인 반응은 매우 다르게 나타날 것이다. 부정적인 감정에 휩쓸리지 않기 위해 당신이 어떤 생각을 했고, 어떤 감정을 느꼈으며, 어떻게 행동했는지 스스로에게 물어보라.

앞에 제시한 일화들이나 당신이 직접 경험한 이와 유사한 상황을 떠올려본다면, 당신은 설명하기는 어렵지만 더 큰 의미가 부여되는 감정이 떠오를 것이다. 그런 뒤에 당신의 자기보호 프로그램

을 탐색해보라. 이것이 특히 중요한 이유는 당신이 불쾌한 감정을 비켜가거나 그로부터 벗어나기 위해 하는 행동이 단기적으로는 종종 성공할 수 있어도 장기적으로 볼 때는 대부분 당신에게 불리하게 작용하기 때문이다. 대체로 자기보호 프로그램은 당신의 기본욕구가 충족되는 길로 당신을 안내하지 않는다. 자기보호 프로그램은 우리의 평정심을 지속적으로 견고하게 만들지 못한다. 우리가 불쾌한 감정을 피하려고 노력하는 것은 정상적인 일이며, 단기적으로 긴장을 완화하기 위한 조치는 도움이 되기도 한다. 긴장에서 벗어나기 위해 동네를 산책하거나 따뜻한 물로 목욕을 하는 것, 또는 인터넷이나 영화관이나 텔레비전을 통해 잠시 다른 세계를 접하는 것은 도움이 된다. 본질적인 것을 시야에서 놓치지 않는다면 말이다.

우리의 자기보호 프로그램은 이미 우리가 살펴보았듯이, 우리의 약점이 건드려질 때 도피하는지 회피하는지, 아니면 공격적인 반응을 보이는지에 따라 다르게 나타난다. 갈등을 피하는 행동은 자신의 인격을 희생해야 가능하다. 다시 말해 우리의 욕구가 표출되지 않고 자신을 스스로 탓한다. 이런 경우를 속담에 빗대어 표현하자면 "사람들이 너에게 하기를 원치 않는 것을 너 자신에게 하라"(원래 독일어 속담은 "사람들이 너에게 하기를 원치 않는 행동은 다른 사람에게도 하지 말라"이다-옮긴이)이다. 공격적인 반응을 보이는 경우는 '사람들이 너에게 하기를 원치 않는 행동을 그냥 다른 사람에게 하라'라고 말할 수 있다.

우리는 이 두 가지 경우 모두에서 일어난 일에 대한 통제력을 어

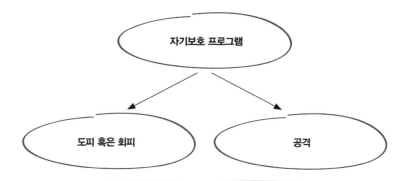

도피 혹은 회피

- 책임을 떠맡는다.
- 모든 사람을 만족시키려고 한다.
- 늘 다른 사람을 위한다.
- 자신의 소망을 뒤로 밀어둔다.
- 모두에게 항상 친절하다.
- 자신의 불쾌함이 눈에 띄지 않도록 한다.
- 마음을 진정시킨다.
- 양보한다.
- 자리를 떠나거나 컴퓨터 게임을 한다.
- 인터넷 서핑을 한다.
- 소심하게 뒤로 물러난다.
- 주제를 바꾼다.
- 아무것도 아닌 듯 행동하거나 못 들은 척한다.
- 다른 사람을 조롱한다.
- 희생자 역할로 돌아간다.
- 피로감이나 두통을 호소한다.
- 자기 자신을 낮춘다.
- 혼자 중얼거린다.
- 오로지 한 가지 이성적인 관점만 인정한다.
- 모든 것을 혼자 할 수 있는 것처럼 행동한다.
- 술이나 신경안정제 등 다른 약물에 손을 댄다.

공격

- 책임을 전가한다.
- 자신의 권리를 주장한다.
- 자기 자신에게만 관심을 둔다.
- 무슨 수를 써서라도 자신의 소망을 관철시킨다.
- 다른 사람을 평가절하한다.
- 목소리가 커진다.
- 불난 데 부채질한다.
- 다른 사람을 훈계하거나 원칙을 주장한다.
- 공격적으로 쌀쌀맞게 대한다.
- 자신의 생각을 고집한다.
- 즉각적인 해명을 요구한다.
- 다른 사람을 벌하거나 그에게 폭력을 가한다.
- 큰 소리로 불평한다.
- 자기 감정의 정당함을 집요하게 주장한다.
- 다른 사람의 도움을 공격적으로 요구한다.

느 정도 가지고 있으며, 행위자로서 어떤 행동을 한다. 이로써 자동적으로 행위자이자 희생자가 된다. 또한 자기 공격과 타자 공격이 혼합되어 있을 수도 있다. 이를테면 '네가 나를 그렇게 못되게 대한다면, 내가 이렇게 계속 기분이 나쁘고 술을 마시고 더 이상 자신감을 갖지 못하는 등의 행동을 해도 넌 나를 이상하게 생각할 수 없다'가 되는 것이다.

덧붙여 말하자면 이러한 반응 방식 모두가 그 자체로 기본욕구를 보호하는 데 사용되지는 못한다. 자신의 좌절감을 다른 사람에게 터뜨리거나 다른 사람의 마음에 공감할 생각이 전혀 없거나 자신의 이해관계만 주장하거나 그저 권력을 휘두르려는 것처럼 동기를 존중해줄 수 없는 경우도 있다. 내가 여기서 다시 한 번 상기해주고 싶은 점은 합법적인 기본욕구를 보호한다는 이유로 타인이나 자기 자신에게 해를 입히는 어떠한 행동방식도 정당화될 수 없다는 것이다. 이런 행동으로 말미암아 보호받아야 할 것이 오히려 파괴될 수 있기 때문에 보호에 대한 생각을 왜곡할 수 있다.

자기 자신에 대해 알고 있는 것

생각과 감정과 행동은 사람마다 해당 상황을 어떻게 느끼고 평가하는지에 따라 달라진다. 앞에서 언급한 다음의 일화들에서 기본욕구를 손상시키지 않으면서도 완전히 유용한 자기보호 프로그램의 다양한 대안을 생각해보자. 나는 각각의 일화에서 세 가지 대안 형태를 소개하려고 하며, 그다음에 당신이 자기성찰을 할 수 있도록 다섯 가지 질문을 제기할 것이다.

리사의 문제 상황: 이웃 때문에 생긴 분노

서로 다른 생활습관이나 가치관념, 혹은 배려심이 부족해서 생기는 이웃과의 문제는 아마도 누구에게나 익숙할 것이다. 이웃과의 문제에서 관용과 이해심이 결여되면 갈등이 고조되는 위험에 처한다. 즉 양측 모두 자기보호 프로그램을 작동하고, 이는 결과적으로 싸움을 더욱 부추긴다. 프리드리히 실러Friedrich Schiller는 이미 자신의 희곡 《빌헬름 텔Wilhelm Tell》에서 "아무리 착한 사람이라도 사악한 이웃의 마음에 들지 않으면 평화롭게 살지 못한다"라고 썼다.

리사에게 자동적으로 떠오른 생각, 즉 '드릴을 쓴 사람이 내가 아니라는 걸 옆집 여자가 믿어야 할 텐데!'라는 생각은 변명하는 그녀의 반응 뒤에 반사적으로 이어진다.

과거의 상처를 환기시키지 않는 세 개의 개별적인 대안은 다음과 같다. (자동적으로 떠오르는 생각을 먼저 적고 그다음에 반응을 적어보려고 한다.)

1. 나를 그렇게 공격하다니 무례해. → 내가 정말로 드릴을 사용했는지 먼저 물어봤을 수도 있잖아요!
2. 세상에, 지금 이게 무슨 일이지? → 당신은 저를 정말 놀라게 했어요!

3. 이게 그렇게 흥분할 이유는 아니지. → 드릴 소리는 정말 거슬리는 소리죠. 그러고 보니 치과 의사가 생각나는군요.

슈테판의 문제 상황: 자동차 사고로 생기는 갈등

옆 차가 바로 붙어 있고 다음 사람이 주차할 자리를 기다리고 있는 상황에서 차를 빼야 한다면 '감'을 따를 때가 있다. 어떤 사람들은 '자동차 범퍼가 왜 있겠어?'라고 생각할 수도 있지만, 차에 대한 사랑은 사람마다 매우 다르다.

슈테판은 허공에 대고 큰 소리로 화를 내고 한참 동안 불쾌한 기분에 빠진 상태에서 자동적으로 이렇게 생각했다. '나는 그런 대우를 받을 만한 사람이 아니야!'

세 가지 대안은 다음과 같다.

1. 사람들은 너무 배려심이 없어. → 아무 말 없이 화가 난 듯 고개를 젓는다.
2. 무슨 일이 일어났는지 일단 한번 보자. → 내 차는 저렇게 살짝 부딪혀도 괜찮아.
3. 저 운전자가 내 차와 부딪쳤다는 사실을 모를 수도 있어. → 만일의 사태에 대비해서 자동차 번호를 적어둔다.

안나의 문제 상황: 부부 간의 갈등과 정리정돈

양말, 신문, 아침을 먹은 그릇, 쓰레기통. 이는 부부 중 한쪽이 자신의 임무를 다하지 않거나 누구의 일인지에 대해 의견이 분분할 때 자주 생기는 싸움의 전형적인 원인이다. 가끔은 정리정돈에 대해 서로 생각이 달라서 문제가 생길 수도 있다. 그러면 한 사람은 순식간에 정리를 못하는 사람이 되고, 다른 한 사람은 강제로 치울 수밖에 없게 된다. 이때 공평함, 존중, 자신이 한 일에 대한 인정, 자신의 역할에 대한 불만 등과 같은 주제가 언급된다. 당신도 이런 일이 익숙하게 느껴지는가?

안나에게 자동적으로 떠오른 생각, 즉 '나는 언제나 남편 뒤를 따라다니며 정리를 해야 해!'라는 생각은 화를 삼키고 불평하는 그녀의 반응에 뒤이어 나타난다.

세 가지 대안은 다음과 같다.

1. 저렇게 정리정돈을 못하다니! → 다음에는 남편의 양말을 그의 서류가방에 넣어놓는다.
2. 정리정돈은 남편한테 그렇게 중요하지 않은 일 같아. → 남편이나 친구와 이 문제에 대해 대화할 수 있는 좋은 기회를 마련한다.
3. 남편이 오늘도 급했나 보네. → 잠깐 고개를 절레절레 흔들고 금방 잊는다.

페터의 문제 상황: 퇴근한 사람에게 기대하는 것들

페터는 저녁이 되어 지칠 대로 지쳐 퇴근한다. 머릿속은 업무 문제로 가득 차 있고 그저 쉬고 싶다는 바람만이 간절하다. '나한테 어떤 기대도 어떤 의무도 주어지지 않으면 좋겠다!' 이런 상황에서는 악의 없는 말에도 상대를 오해하거나 살짝 화가 날 수 있다. 예를 들면 배우자의 비판적인 말 한마디에 일말의 자제력마저 잃을 수 있다.

페터에게 자동적으로 떠오른 생각, 즉 '또 불평이 시작되었군!'이라는 생각은 그가 피곤하다는 사실을 강조하고 뒤로 물러서는 반응을 보인 뒤에 이어진다.

세 가지 대안은 다음과 같다.

1. 내가 물건을 아무 데나 두는 행동은 늘 있는 일이지. → 이런 행동에 대해 미안하다고 사과한다.
2. 내가 오늘 아침에 얼마나 급했는지 아내가 몰랐을 수도 있어. → 왜 그런 일이 일어났는지 설명한다.
3. 내가 집에 돌아왔을 때 아내의 기분은 자주 좋지 않았어. → 같이 앉아서 어떤 문제가 있는지 이야기하자고 제안한다.

세바스티안의 문제 상황: 친구들과의 갈등

누군가가 어떤 표현을 할 때 우리는 그 사람의 의도와는 완전히 다르게 행간을 이해하는 경우가 있다. 예를 들면 함께 휴가를 보낼 친구가 왜 짤막하게 대답할 수밖에 없었는지 알아보기도 전에 이미 불쾌한 감정을 느끼고 해명을 준비해두는 것이다. 이렇게 쓸데없이 의미를 부여하면 화가 날 수 있다.

세바스티안에게 자동적으로 떠오른 생각, 즉 '이 친구들은 내가 필요하지 않아'라는 생각은 말없이 방으로 들어간 다음에 이어진다. 세 가지 대안은 다음과 같다.

1. 이 친구들은 언제나 자기들 것만 챙기잖아. → 그들에게 인색하게 굴고 자신의 물건을 전혀 내어주지 않는다.
2. 그 친구가 왜 전화를 그렇게 빨리 끊었을까? → 그 이유를 직접 물어본다.
3. 우리가 좀 더 부드럽게 이야기할 수 있었을 텐데. → 농담조로 '그럼 우리 송아지 고기는 우리만 먹어야겠네'라고 말한다.

당신이라면 어떻게 반응했을까? 당신이 중요하게 여기는 상황들에 대해 다음과 같은 질문에 대답해보라.

- 해당 상황에서 당신은 어떤 감정을 느꼈는가?

4장 당신의 코끼리를 발견하라

- 상대는 어떤 생각을 했을까?
- 상대는 어떻게 반응했을까?
- 당신은 어떤 완고한 신념을 따랐는가?
- 당신의 중요한 욕구들이 위험에 처했는가?

어떤 경우든 흥분의 배후를 탐색하는 것은 유의미한 일이다. 많은 사람은 자신을 보호하려고 끊임없이 노력하면서도 자신의 삶에서 무엇이 정말로 중요한지에 대해서는 오래전부터 놓쳐버렸다. 소위 '까다로운 사람들'을 한번 생각해보자. 그들과 교류하기 어려운 이유는 그들이 다른 사람들을 감정적으로 궁지에 빠뜨리는 방식으로 자신을 보호하기 때문이다. 그들은 자신의 곤란한 처지나 상처받기 쉬운 마음 때문에 극도의 긴장감을 느끼고, 자신의 현재 요구를 충족시켜주지 못하는 내면의 자기보호 프로그램에 따라 행동한다. 그들은 자신이 무엇을 바라는지 공개적으로 드러내지 않으면서 주변 사람들이 자신의 소망을 들어주어야 한다는 압박감을 표현한다. 그래서 주변 사람들이 그들과 쉽게 거리를 두지 못하게 만든다. 이와 같이 반응하는 사람들은 이런 전략으로 기껏해야 단기적 효과를 볼 뿐이며, 장기적으로는 그들이 진정으로 원하는 것을 얻지 못한다. 독일의 심리치료사 라이너 작세Rainer Sachse는 '역기능적 상호작용 방식'(정말로 소망하는 결과에 이르지 못하는 상호작용 방식)에 대해 이야기한다. 이 상호작용은 소통 상대가 본인의 욕구를 표출할 수 있는 자유

를 강하게 제한한다. 한 여성 잡지에서 '감정 마피아의 불쾌한 방식'
이라는 제목으로 이러한 주제를 다룬 적이 있다. 자신이 원하는 대
로 행동하지 않으면 상대방에게 양심의 가책을 느끼게 만드는 '감
정적 협박자'와 적절한 거리를 두는 방법을 다룬 기사였다. 다른 사
람의 마음을 이렇게 괴롭혀봤자 본인이 얻는 것은 거의 없다. 상호
간에 좋은 소통을 하려면 양측 모두의 가장 중요한 욕구에 대해 대
화하려고 노력해야 한다. '감정적 협박', 즉 자신의 욕구를 충족시키
기 위해 다른 사람에게 강요하는 노력은 유익한 자기보호 프로그램
이 될 수 없다.

　　당신은 자신의 약점과 자기보호 프로그램과 관련하여 어떤 경험
을 했는가? 이에 대해 간략하게 요약해보길 바란다. 가장 좋은 방법
은 문서로 정리하는 것이다.

통로 5: 자기 이미지와 타자 이미지

모든 사람은 어느 정도 자기 자신에 대한 의식적인 표상(자기 이미지)
을 가지고 있으며, 이와 상응하는 다른 사람들에 대한 이미지(타자 이
미지)를 가지고 있다. 이러한 타자 이미지는 자신의 마음에 들 수도
있고 그렇지 않을 수도 있으며 다음과 같이 생각할 수도 있다. '나
는 아무렇지도 않아.' '나는 원래 다른 사람인데, 뭐.' '나는 내가 지
금과는 달랐으면 좋겠어'처럼 말이다. 현재 상태와 당위 상태는 어

4장 당신의 코끼리를 발견하라

느 정도 큰 차이가 날 수 있으며 감정적인 심신 상태에 따라 변하기도 한다. 우리가 이미 살펴본 것처럼 타자 이미지는 우리 자신에 대한 생각과 주변 사람들을 극적으로 변화시킬 수 있을 뿐만 아니라, 마치 어린아이가 된 것 같은 신체적, 정신적 상태에 우리를 빠뜨릴 수도 있다. 다시 말해 과거의 도식이나 코끼리를 활성화시킬 수 있다. 말하자면 자기 이미지와 타자 이미지는 변할 수 있고 매우 주관적이다. 또한 가끔 '나는 바른 사람이야/정확해/게을러/민감해/엄격해…' 혹은 '사람들은 이기적이야/정직하지 않아/잔인해/더 많은 걸 바라/그 점에서는 나보다 나아…'라는 논거를 댈 때, 이러한 논거는 '사실'에 입각한 내용이 아니라 일반적으로 증명할 수 없는 그저 개인적인 가정이자 생각일 때도 있다.

하지만 여기에는 좋은 점도 있다. 즉 가정이 우리 삶을 (불필요하게) 힘들게 만든다면 변경할 수 있다는 점이다. 앞의 일화에 등장한 주인공들의 코끼리에서 이러한 사실이 명확히 드러난다. 그렇다면 자기 자신에 대한 부정적인 생각이 본인에게 명백히 해롭다는 것을 아는데도 부정적인 생각을 하는 이유는 무엇일까?

자기 이미지와 타자 이미지는 우리의 긍정적 경험과 부정적 경험 모두를 통해 생겨난다. 자기 이미지와 타자 이미지가 더 일찍 영향을 미칠수록, 그리고 우리가 이를 의식하고 비판적으로 대처하지 못할수록 더 깊이 각인된다. 누군가 자신의 이야기를 잘 들어주지 않는 경험을 한 아이는 자신이 중요한 존재가 아니라는 확신을 암묵적으로 키운다. 반면 항상 중심에 있는 경험을 한 아이는 자신이 매우 특별한 존재라고 믿는다. 아들을 원했는데 딸을 갖게 된 부모가 이러한 실망감을 아이에게 드러내면 너는 바랐던 아이가 아니라는 감정을 심어줄 수 있다.

반면 자신의 가장 중요한 기본욕구를 충족하면서 살아온 사람은 자기 자신과 주변 세계에 대해 적절하고 긍정적인 이미지를 발전시킬 수 있으며, 이를 통해 인생에서 일어나는 도전과 부담에 잘 대비한다. 기본욕구가 충족되지 않은 경험을 반복적으로 한 사람은 과거의 부정적인 경험에 비추어 현재를 보려고 한다. 그러므로 자기 이미지와 타자 이미지는 기본욕구 충족을 보여주는 거울이다(이런 이유로 우리가 다루는 맥락에서 매우 중요하다). 더욱이 과거에 욕구 손상이 심각하고 반복적으로 일어났다면 자신이 언제나 그와 똑같은 익숙한 부정적인 경험을 하고 있다는 생각을 무의식적으로 하면서 살아갈 수 있다. 그런 사람은 배우자를 선택할 때에도 과거의 애착인물처럼 자신의 중요한 욕구를 충족시켜주지 못하는 사람을 택한다. 그렇게 되면 정신적으로 살아남으려는 노력이 반복적인 실망감으로 돌아오는 악순환을 만든다.

이제 다음의 두 가지 질문을 통해 자신을 관찰해보자.

1. 당신은 약점이 건드려지는 문제 상황에서 자기 자신과 주변 사람들에 대해 어떤 이미지를 갖고 있는가?

4장 당신의 코끼리를 발견하라

2. 성인으로서 충분한 능력을 지니고 있고 강하다고 느낄 때 당
   신은 자신과 주변 사람들을 어떻게 바라보는가?

1번 질문에 대해서 당신은 이미 상세하게 살펴보았다. 때문에 '모
기-코끼리-상황'에서 자신을 평가하는 것은 어렵지 않을 것이다.
아래에는 서로 대립되는 특성이 양끝에 표기되어 있는, 소위 양극
성 프로파일Polarity Profile표가 제시되어 있다. 당신이 어떤 점수에 해
당되는지 표기해보자. 즉 다양한 상황에서 당신에게 나타나는 특정
한 특성에 표기하는 것이다. 주변 사람들을 평가할 때도 이 표를 사
용할 수 있다. 만약 당신이 생각하는 자기 이미지와 타자 이미지에
또 다른 중요한 특성이 있다면 이를 각각 표의 양끝에 보충할 수
있다.

양극성 프로파일

	1	2	3	4	5	6	7	
대담함								소심함

1 매우 대담함
2 상당히 대담함
3 대담한 편
4 특별히 소심하지도 특별히 대담하지도 않음
5 소심한 편
6 상당히 소심함
7 매우 소심함

문제 상황에서 당신이 갖고 있는 자기 이미지

	1	2	3	4	5	6	7	
환영받는다								환영받지 못한다
자신감이 있다								불안하다
자격이 있다								부족하다
어른스럽다								아이 같다
이해받고 있다								이해받고 있지 않다
가치가 크다								가치가 없다
사랑받는다								사랑받지 않는다
쓸모 있다								불필요하다
자기결정권이 있다								자기결정권이 없다
존중받는다								무시당한다
소신이 있다								타인의 뜻에 따른다
독립적이다								의존적이다
보호받고 있다								보호받고 있지 않다
융통성이 있다								융통성이 없다
낙관적이다								비관적이다
강하다								약하다
동등한 대우를 받는다								불이익을 받는다
바람직하다								바람직하지 않다
갈등을 이겨낼 수 있다								갈등을 꺼린다
열려 있다								폐쇄되어 있다
보충 사항								

4장 당신의 코끼리를 발견하라

문제 상황에서 다른 사람들에 대해 갖고 있는 이미지

	1	2	3	4	5	6	7	
배려심이 많다								배려심이 없다
정당하다								정당하지 않다
도울 준비가 되어 있다								이기적이다
친절하다								불친절하다
존중한다								존중하지 않는다
공감 능력이 있다								감수성이 없다
한결같다								변덕스럽다
애정이 넘친다								애정이 없다
너그럽다								고압적이다
호응할 수 있다								호응하지 못한다
열려 있다								폐쇄되어 있다
연락이 가능하다								연락이 불가능하다
정중하다								정중하지 않다
지배적이다								굴종한다
이해심이 많다								이해심이 없다
호의적이다								감정을 해친다
관용적이다								관용적이지 않다
도덕적이다								도덕적이지 않다
자유를 허락해준다								통제한다
건설적이다								파괴적이다
보충 사항								

다음에 이어지는 두 개의 양극성 프로파일표는 당신이 에너지와 능력을 가득 소유하고 있다고 느낄 때의 자기 이미지와 타자 이미지에 관해 다루고 있다. 만약 자신감을 쉽게 느끼지 못한다면 먼저 한 가지 작은 사전 연습을 제안한다. 즉 자신의 많은 강점(당신이 그 강점을 항상 사용하는지 아닌지와는 상관없이)을 생생하게 그려본다면 도움이 될 것이다. 당신이 자신의 긍정적인 면을 의식한다면 당신의 자기 이미지는 자연스럽게 바뀐다. 이 과정에서 당신이 자기 자신과 다른 사람들에 대해 가지고 있던 이미지는 그저 바뀔 수 있는 가정일 뿐이라는 사실을 직접적으로 경험하게 될 것이다. 물론 가끔은 당신의 감정이 '너는 그런 사람이고 달라질 수 없어'라고 당신을 설득할 수도 있다. 당신이 자신감이나 자긍심을 느꼈던 장면, 혹은 요구 사항을 훌륭하게 성취한 것에 대해 칭찬받은 장면을 한번 떠올려보라. 또한 당신에게 호의를 갖고 있는 가까운 사람들이 당신의 어떤 점을 높이 평가하는지, 혹은 당신에게서 어떤 긍정적인 능력을 인지하고 있는지 그들에게 물어볼 수도 있다.

이제 당신의 약점이 건드려졌을 때, 그리고 당신이 에너지가 가득하다고 느끼는 상황과 관련해서 자기 이미지와 타자 이미지를 비교해보라. 당신은 아마도 당신의 자기 이미지와 타자 이미지가 상황의 조건에 따라 다르다는 것을 알게 될 것이다. 이것은 물론 매우 정상적인 일이다. 하지만 이를 통해 기본욕구가 손상될 때(상처받았다고 느낀 후에 자기 자신의 가치를 폄하할 때에는 두 배로 화가 난다) 자기 자신과

유리한 전제 조건하에서 자기 이미지

	1	2	3	4	5	6	7	
환영받는다								환영받지 못한다
자신감이 있다								불안하다
자격이 있다								부족하다
어른스럽다								아이 같다
이해받고 있다								이해받고 있지 않다
가치가 있다								가치가 없다
사랑받는다								사랑받지 않는다
쓸모 있다								불필요하다
자기결정권이 있다								자기결정권이 없다
존중받는다								무시당한다
소신이 있다								타인의 뜻에 따른다
독립적이다								의존적이다
보호받고 있다								보호받고 있지 않다
융통성이 있다								융통성이 없다
낙관적이다								비관적이다
강하다								약하다
동등한 대우를 받는다								불이익을 받는다
바람직하다								바람직하지 않다
갈등을 이겨낼 수 있다								갈등을 꺼린다
열려 있다								폐쇄되어 있다
보충 사항								

긍정적인 자기 이미지를 갖고 있을 때 다른 사람들에 대해 갖는 이미지

	1	2	3	4	5	6	7	
배려심이 많다								배려심이 없다
정당하다								정당하지 않다
도울 준비가 되어 있다								이기적이다
친절하다								불친절하다
존중한다								존중하지 않는다
공감 능력이 있다								감수성이 없다
한결같다								변덕스럽다
애정이 넘친다								애정이 없다
너그럽다								고압적이다
호응할 수 있다								호응하지 못한다
열려 있다								폐쇄되어 있다
연락이 가능하다								연락이 불가능하다
정중하다								정중하지 않다
지배적이다								굴종한다
이해심이 많다								이해심이 없다
호의적이다								감정을 해친다
관용적이다								관용적이지 않다
도덕적이다								도덕적이지 않다
자유를 허락해준다								통제한다
건설적이다								파괴적이다
보충 사항								

다른 사람들을 바라보는 당신의 시각이 얼마나 편협하고 불리한지가 드러난다.

이제 약점이 건드려지는 상황에서 특히 눈에 띄게 나타나는 특성들을 메모해보자(1이나 2, 혹은 6이나 7).

통로 6: 지나온 삶

'아동기와 청소년기에 당신의 기본욕구가 얼마나 충족되었으며 그 기본욕구가 얼마나 중요한가?'라는 질문을 들으면 부담스럽거나 답답하다고 느낀 장면이 떠오를 것이다. 부모님을 비롯한 다른 사람들이 당신에게 반복적으로 했던 말이 이미 기억 속에서 떠올랐을지도 모른다. 이는 당신의 정당한 욕구에 위배되는 불쾌한 경험이다. 하지만 많은 사람은 과거의 문제 상황에서 자신이 어떤 감정을 가졌는지 더 이상 정확히 기억하지 못한다. 세바스티안의 경우를 생각해보자. 남동생이 태어났을 때(세바스티안은 그때 막 세 살이었다) 그는 왕좌에서 물러나야 했다. 당시 세바스티안은 어떤 감정을 느꼈을까? 상담 시간 동안 그는 자신의 감정이 어땠는지 정확히 설명하지는 못했지만, 이 시기의 사진 속 세바스티안의 눈빛은 슬퍼 보였다. 그 외에도 그는 가끔 동생을 괴롭혀서 부모님에게 혼난 적이 있다고 이야기했다. 슬픔과 분노라는 두 가지 감정은 바람직하지 못한 감정이었고, '형이니까 바르게 행동해야 한다'는 암시 때문에 이런 감정은 부적절하고 하찮게 여겨졌다. 세바스티안의 부모님은 그의 감정에 대해 그와 이야기를 나누지 않았고, 세바스티안이 화를 내면 그를 혼냈다. 당시에 세바스티안은 분명히 부모님에게 분노를 느꼈지만 이런 감정을 숨겨야 했을 것이다. 그 감정은 양심의 가책을 느끼게 하고 더 이상 표출할 수 없는 분노였다.

당시에 당연하게 생겨났던 근본적인 감정을 억압하는 행동은 자기보호 조치의 가장 초기 단계에 속한다. (두려움이나 부끄러움 때문에) 감정을 억압하는 이러한 과정을 이해하는 것은 매우 중요한데, 그 이유는 억압된 감정들이 이러한 방식으로 어느 정도 사라져버리기 때문이다.

이것이 당신의 흔적을 찾는 데 어떤 의미를 가질까?

우리의 목표는 사소하다고 생각하는 일로 평정심을 잃는 상황에서 '우리에게 정말로 무엇이 필요한가?'라는 질문에 대한 대답을 찾는 것이다. 우리가 직접적으로 느끼는 것, 우리의 머릿속을 스치는 생각, 우리의 약점은 어떤 기본욕구가 손상된 것인지 알려준다. 아동기나 청소년기에 겪은 근원적인 부정적 경험을 떠올리면 훨씬 직접적인 또 다른 통로가 열린다. 그러한 기억을 마음속에서 불러일으키기란 오랜 시간이 지난 후라도 분명히 쉽지 않은 일이며 당연히 불쾌하고 고통스럽다. 당시 상황에서 자신에게 매우 절박하게 필요했던 것이 거부되었기 때문이다.

일반적으로 감정을 허용하고 이를 세분화해서 지정하는 것은 어

4장 당신의 코끼리를 발견하라

려운 일이다. 어떤 사람들은 감정에 주의를 기울이는 것조차 익숙하지 않으며, 심지어 이를 기본적으로 성가시게 여긴다. 또 어떤 사람들은 언제나 매우 감정적으로 반응한다. 가족끼리 감정에 대해 이야기하는 경우는 흔치 않기 때문에 이러한 능력을 습득할 기회도 별로 없다.

괜찮다면 당신의 지난 삶에서 당신의 부모님이 항상 엄격하게 훈계했던 내용을 돌이켜보자. 당신은 어렸을 때 어떤 특성한 말을 반복적으로 들어야 했거나 비난의 제스처를 견뎌야 했을 것이다. 그러면 아이였던 당신은 뒤로 물러나거나 반항하는 잘못을 저지를 수밖에 없었다. 두려움, 수치심, 속수무책, 부당함, 분노, 외로움과 같은 감정에는 그럴 만한 이유가 있다.

앞에서 살펴본 당신의 과거 욕구표(평균값)를 보면서 과거에 좌절된 어떤 중요한 욕구가 당신이 선택한 주제에 가장 먼저 들어맞는지 점검해보자. 다음 질문들은 근본적인 감정과 결부되어 있는 기본 욕구를 좀 더 정확하게 상술하도록 도움을 줄 것이다. 사소한 계기가 반복될 때마다 어떤 약점이 나타나는지에 따라 다음과 같은 상황을 경험했는지 자문해볼 수 있다.

- 자신이 진지하게 받아들여지지 않았다고 느꼈던 상황
- 버림받는 두려움을 느꼈던 상황
- 부당한 대우를 받는다고 느꼈던 상황

- 사람들이 당신을 이해해주기를 바랐던 상황
- 사람들이 당신을 웃음거리로 만들었던 상황
- 부모님의 도움과 지원이 필요했던 상황
- 너무 엄하게 벌받았다고 느꼈던 상황
- 부모님이 엄하게 금지하지 않았다면 한번 해보고 싶었던 상황
- 부모님이 당신의 의지를 존중하지 않았던 상황
- 부모님이 당신의 문제를 해결해주었으면 좋았을 상황

이 질문은 당신의 지난 삶을 돌이켜보는 데 하나의 자극일 뿐이다. 개인의 경험은 여기에서 모두 거론할 수 없을 정도로 너무나 다양하다.

당신에게 어떤 경험이 너무 고통스럽게 느껴진다면 괴로워하지 말고 아무것도 강행하지 않는 것이 좋다. 그보다는 당신이 과도한 부담을 느끼지 않는 보다 무해한 상황을 택해야 한다. 어느 경우든 당신의 감정을 분명하게 지정할 수 있으면 충분하며, 이때 과거의 상처를 강도 있게 다시 경험할 필요도 그럴 의미도 없다. 이는 치유의 효과도 없고 건강에 유익하지도 않다. 마음의 깊은 상처(이를테면 신체적·심리적 학대)를 다루는 것은 간혹 자기치유 서적을 능가할 정도로 유익하다. 당신이 어릴 적 문제 상황에서 느꼈던 본래 감정이 현재 모기가 나타날 때 느끼는 감정과 똑같은지 아닌지는 흥미로운 관점이다. 만약 똑같은 감정이 느껴진다면 당신은 그 연관관계를 직

접적으로 인식할 수 있다. 이 감정이 당시에 완전히 정당했음을 인식하면서 감정을 받아들이려고 노력해야 한다. 과거의 문제 상황에서 존재했던 감정을 지금 나쁘다고 느끼거나 수치스럽게 생각할 이유가 전혀 없다. 과거의 이러한 감정을 인식하면 그 감정이 어떤 감정인지 제대로 식별할 수 있기 때문에 매우 유익하다. 이때 당신은 어른으로서 많은 가능성을 지니고 있으며, 더 이상 어찌할 바를 몰랐던 과거의 아이가 아니라는 사실을 인식할 수 있다.

하지만 과거를 돌아봐도 명확한 감정이 떠오르지 않는다면 좌절감을 느꼈던 과거의 상황에서 당신에게 무엇이 도움이 될 수 있었는지 분명하게 의식해보면 좋다.

이제 그 욕구에 이름을 붙여본다. 그 욕구는 당신이 앞에서 언급한 기본욕구 목록에서 택할 수 있는 그런 욕구인가, 아니면 그 감정을 조금 더 명확하게 규명하거나 보충해야 하는가? 이때 앞에서 제시된 목록을 반드시 따를 필요는 없다. 자신만의 단어를 택하는 게 좋다. 아마도 당신은 목록에 제시된 감정과 일치하지 않는 여러 욕구를 발견할지도 모른다. 서로 모순되는 감정들, 예를 들면 부당한 대우를 받은 상황에서 분노와 함께 느낀 안전 상실에 대한 두려움 같은 감정이 하나의 힌트가 될 수 있다. 당신은 그 당시에 어떻게 반응했으며 어린아이였던 당신에게 정말로 필요했던 것은 무엇인가? 이 욕구도 함께 메모해보라.

○ ● ○

이제, 개인적인 코끼리에 대한 당신의 생각이 완성되었으며 당신은 마음속의 고난을 인식했다. 이제는 이러한 고난을 보다 건설적으로 마주할 차례가 되었다. 5장에서 이어지는 성찰과 훈련은 마음의 평정을 되찾을 수 있게끔 차근차근 도움을 줄 것이다. 5장에서 다룰 내용은 다음과 같다.

- 과거의 상처 진정시키기
- 과거에서부터 이어진 자기보호 프로그램을 적절한 극복 패턴으로 대체하기
- 자기 자신과 다른 사람에 대한 편협한 이미지를 현재 능력과 조화를 이루면서 수정하기

또한 당신의 기본욕구(그리고 주변 사람들의 기본욕구)에 더 많은 주의를 기울이고, 이를 통해 당신이 가진 욕구의 전반적인 모습을 개선할 수 있는 가능성을 탐색할 것이다. 마지막으로 중요한 사실을 하나 이야기하자면, 삶의 만족이 커질수록 심리적 스트레스에 대한 저항력이 강해진다.

춤추는 별을 잉태하려면 반드시
스스로의 내면에 혼돈을 지녀야 한다.

프리드리히 니체
Friedrich W. Nietzsche

5장

마음의 평정을 되찾는 방법

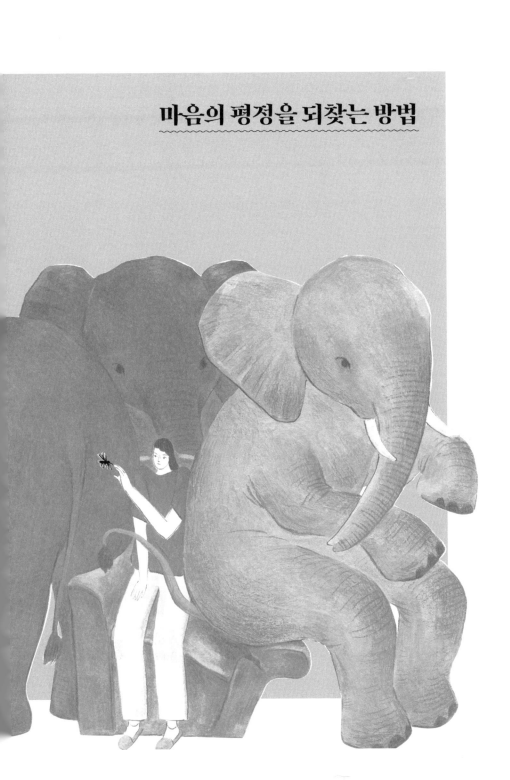

숨겨진 코끼리가 우리에게 부담을 주는 것은 당연한 일이다. 숨겨진 코끼리는 오로지 불리한 특성만 가지고 있는 것처럼 보인다. 적어도 우리는 숨겨진 코끼리를 통해 다음과 같은 것은 느낀다.

- 편협함(자기 이미지와 타자 이미지)
- 상처받음(우리의 기본욕구)
- 정체됨(우리의 자기보호 프로그램)
- 약점(우리 영혼의 특정한 부분)

그렇다면 우리가 숨겨진 코끼리를 인식하면 이 코끼리는 어떻게 될까? 일단 겉으로 드러난 코끼리는 더 이상 숨겨진 코끼리와 같지 않다. 우리는 앞에서 감춰진 코끼리를 유심히 살펴보고 다양한 측면에서 코끼리를 조명했다. 이제 코끼리는 더 이상 혼란스러운 형상이 아니라 분명한 형체를 가지고 있다. 당신은 자기 관찰과 질문지의 도움을 통해 사소한 계기로 흥분하는 이유를 전체적으로 설명해주는 다양한 요인을 접할 수 있었다.

이제는 겉으로 드러난 코끼리를 위험을 인식하는 영리하고 강한 동물로, 문제 상황에서 당신을 적절하게 보호하고 당신에게 정말로 무엇이 필요한지 알려주는 존재로 보아야 한다. 지금까지 여러 가지 그럴 만한 이유로 코끼리를 내쫓으려고 했다면 지금부터는 새로운 형체의 코끼리를 환영해주어야 한다. 이제 코끼리는 엄청난 유익함을 제공하는 거물이 되었다. 당신에게 매우 특별한 의미를 갖는 꼬리표를 코끼리에게 부여해보라(예를 들면 인정, 중요함, 주의, 거리두기, 자율). 그러면 일상에서 코끼리를 재발견하고 코끼리에 주의를 기울이는 데 도움이 될 것이다. 적절한 행동을 통해 자신의 기본욕구에 많은 가치를 부여할수록 문제 상황에서 유용하게 사용할 수 있는 자원이 생겨난다는 사실을 확인하게 될 것이다. 말하자면 긍정의 소용돌이를 경험하는 것이다.

모든 변화 단계는 반드시 목표 설정에서 시작한다. 하지만 목표를 정하는 것이 쉽지만은 않다. 미국의 심리치료사이자 전문 카운슬러 바버라 셔Barbara Sher의 베스트셀러《소원을 이루는 기술Wishcraft》의 부제는 '네가 원하는 것을 알았더라면How to Get What You Really Want!'이다. 뜻깊은 목표를 발견하는 데 지대한 관심을 갖는다는 것은 많은 사람이 자신의 욕구를 충분히 존중하는 법을 배우지 못했다는 사실을 보여준다. 하지만 적어도 당신은 이제 한 걸음 성큼 나아갔다.

- 당신은 자신을 더 많이 존중하고자 하는 목표를 가지고 있다. 말하자면 자신의 약점을 주의 깊게 살펴볼 수 있다.
- 당신은 어떤 기본욕구가 당신에게 중요하며, 이 욕구가 얼마나 충족되었는지 인식했다.
- 당신은 자신의 에너지 원그래프를 통해 에너지 분배를 변화시키면 무엇이 행복감을 높여줄 수 있는지 알아냈다.

마지막 두 사항은 마음의 평정을 위한 훌륭한 토대가 되며, 당신이 앞으로 사소한 일에 덜 흥분하도록 만들 것이다.

나는 겉으로 드러난 당신의 코끼리와 이 코끼리에 접근하는 여섯 개의 통로로 먼저 제안하려고 한다. 그리고 당신이 마주칠 수 있는 문제에 대한 해결책을 함께 제시하고자 한다. 이를 통해 모기 또한 사소하고 무해한 골칫거리에 불과한 존재가 될 것이다.

이 책을 읽는 동안 당신은 잠시 멈춰 서서 관찰자의 입장이 되어 자신의 생각과 기억을 성찰하고 감정을 인지했고, 자신에게 기본욕구가 존재하고 이런 욕구가 정당하다는 사실을 인식했다. 자신을 관찰할 때에는 자동적으로 한 걸음 옆으로 비켜나 거리를 두게 된다. 이미 이 거리만으로도 당신의 관점과 행동의 여지는 조금 더 확장되었다. 당신이 질문지와 평가지에 집중적으로 노력을 기울인다면 그만큼 도움을 받을 가능성이 더 커진다.

당신의 코끼리로 들어가는 통로	목표 설정
통로 1과 2: 모기와 흥분	보다 침착하게 모기에 대처하기
통로 3과 4: 당신의 약점과 자기보호 프로그램	손상된 당신의 기본욕구를 주의 깊게 살피기: 상황에 적절하고 욕구 충족에 기여할 수 있는 생각과 행동
통로 5: 당신의 자기 이미지와 타자 이미지	긍정적인 자기 이미지와 다른 사람들에 대한 현실적인 이미지
통로 6: 과거에 손상된 기본욕구	분노하지 않고 호의적인 시선으로 바라보기

더 이상 모기의 침을 두려워하지 말라

"이런, 하느님 맙소사, 조심 좀 하란 말이야." 누구나 이런 외침에 익숙할 것이다. 아직 다 낫지 않은 신체의 상처를 실수로 건드렸을 때 곧바로 이렇게 주의시키기도 한다. 하지만 우리는 마음의 상처에 대해서는 대체로 소리 지르지 않고 숨기려고 하거나 다양한 방식으로 자신을 본능적으로 보호하려고 노력한다. 우리가 많은 사례를 통해 보았듯이 이러한 행동은 끊임없이 우리를 막다른 골목으로 몰아세운다. 갑자기 흥분하면 숨을 깊게 들이마시거나 마음속으로 천천히 숫자를 열까지 세는 등 일반적으로 효과가 있는 민간요법을 떠올린다. 이런 행동은 우리를 올바른 방향으로 안내한다. 열까지 세는 동안 몸의 긴장이 완화되고 시간적인 여유가 확보됨으로써 마음의 평정에 조금이나마 다가갈 수 있는 것이다.

행복과 평안함을 위해 다음과 같은 훈련을 해보기 바란다.

먼저 2주 동안 일상의 모든 긍정적인 경험에 의식적으로 주의를 기울여본다. 이는 성공을 느끼는 작은 경험이 될 수 있다. 긴장이 풀어지는 순간, 좋은 감정, 감각적 경험에서 느끼는 기쁨, 기분 좋은 놀람, 누군가에게 건네는 작은 선물, 누군가에서 듣는 칭찬. 이런 긍정적인 경험을 다음과 같은 신호와 결합시켜본다. 이를테면,

- 마음속으로 짧은 문장("참 좋다.")을 말하거나 〈돈 워리, 비 해피 Don't worry, be happy〉 같은 노래를 흥얼거린다.
- 작은 동작(손 문지르기)을 하거나
- 감각적인 자극과 결합해본다. 향기는 매우 효과가 크다. 당신이 좋아하는 향수(작은 향수병이나 향수를 떨어뜨린 손수건)를 늘 지니고 다닌다. 향기는 마음을 진정시키는 효과가 있다. 이 향기를 가지고 다니면서 편안함을 느낄 때 코에 대고 깊게 들이마신다. 그러면 향기 혹은 마음속으로 하는 말이나 손의 움직임은 긍정적인 경험과 연결되고 기분 좋은 순간에 대한 신호가 된다. 나는 실험을 통해 이러한 효과를 입증했다. 향기로 기분 좋은 순간을 상기하는 것은 모기의 침을 막는 효과적인 수단이 된다. 이 사실을 곧 확인하게 될 것이다.

위급한 문제 상황에서의 일곱 가지 충고

약점이 건드려질 때 무엇을 주의해야 할까? 독일의 심리치료사 베르벨 바르데츠키Bärbel Wardetzki는 자신의 저서 《아무도 그렇게 빨리 내 감정을 상하게 하지 않아!Mich kränkt so schnell keiner!》에서 이러한 문제 상황을 위한 일종의 응급처치를 요약하고 있는데, 다음과 같은 일곱 가지 일반적인 충고를 담고 있다. 이를 통해 당신의 코끼리에 대한 몇몇 관점과 관련이 있는 보다 특수한 해결책을 접하게 될 것이다.

1. 당신의 마음속에서 무슨 일이 일어나는지 의식적으로 인지하고 감정을 말로 표현한다. 예를 들면 자기 자신에게 이렇게 말한다. "그래, 이 상황은 지금 내 마음을 상하게 하거나 나를 불안하게 해."

2. 그 순간에 떠오르는 감정을 긍정하려고 노력한다. '이성적'으로 반응하거나 그 감정을 통제하려고 하지 않아도 된다. 다른 사람에게 피해를 주지 않거나 당신의 감정이 역효과를 낼 수도 있다는 걱정을 하지 않아도 되는 상황에서 기분풀이를 한다면 홀가분할 것이다. 다른 사람에게 뭔가 앙갚음을 하려고 하지 않는 게 좋다. 그리고 욕설 대신 아무도 이해할 수 없는 말을 한다. 예를 들어 당신이 알고 있는 외국어가 있다면 그 외국어로 된 욕을 하거나 '하붐발라카쿰바!'처럼 아무도 이해하

지 못하는 말을 힘주어 말하는 것이다. 이런 행동은 사람들을 어이없게 만들지만 아무도 당신을 불쾌하게 받아들이지 않을 것이다. 그게 무슨 뜻이냐고 되물으면 이렇게 대답하면 된다. "별 뜻 없어." 아무도 이해할 수 없는 말이지만 이 말을 함으로써 감정의 '중단 상태'가 생겨나기 때문에 큰 의미가 있다.

처음 흥분이 치밀어 오른 다음에는 '그 뒤에 존재하는' 다른 감정이 느껴질 수 있다. 분노는 쉽게 표현할 수 있는 감정이자 당신이 상처를 덜 받는 것처럼 보일 수 있는 감정이다. 그런데 분노의 감정 뒤에는 슬픔이나 두려움이 숨어 있을 수 있다. 이러한 가려진 감정은 종종 기본욕구가 손상되었음을 암시한다. 당신이 이런 감정을 받아들이면 자신과의 소통을 유지할 수 있다. 정신적 고통이 신체적 고통보다 덜 정당할 이유는 없다.

3. 자기 자신에게 우월함이나 쿨함 같이 너무 높은 요구를 하지 않는다. 있는 그대로의 당신 모습이 먼저다. 그러므로 있는 그대로의 당신 모습을 받아들인다. 나중에라도 자신을 가꿀 시간은 충분하다.

4. 첫 분노, 혹은 내면적 폭발 후에 짙은 연기가 사라졌다면 한 걸음 떨어져서 방금 일어난 일에 대해 곰곰이 생각해보려고 노력한다. 즉 이리저리 조금씩 떨어져 걷거나 문제의 공간을 벗어나는 것이다. 말하자면 스트레스를 주는 공간을 떠나서 불필요하게 상황이 악화되는 것을 피한다. 물론 잠시 거리

를 두어야겠다고 상대에게 이야기해야 하며, 문을 쾅 닫고 나와서는 안 된다. 또는 좋은 기분을 선사하는 향기를 손에 쥐고 눈을 잠깐 감은 다음 그 향기를 깊이 들이마시면서 행복했던 순간을 떠올린다.

당신이 자신의 코끼리를 이미 충분히 알고 있고 문제 상황에서 무엇이 필요한지 알고 있다면 상황이 그렇게 심각하게 고조되지 않을 것이다. 익숙한 상처의 감정이 완전히 사라질 때까지 기다리지 말고 당신이 무엇을 원하고 무엇을 원하지 않는지 친절하지만 단호하게 즉각적으로 말하라. 예를 들면 "지금은 방해받고 싶지 않아요!"라거나 "저한테는 중요한 문제니까 그런 농담은 하지 마세요!" "이 문제는 여기서 빨리 이야기하고 싶을 정도로 내게 매우 중요해요!" "가장 중요한 내 문제가 뭔지 네가 정말로 이해했는지 모르겠어"라고 말한다.

5. 다른 사람이 유발한 흥분에는 언제나 두 사람이 모두 해당된다는 사실을 유념해야 한다. 한 사람한테만 잘못이 있는 것이 아니다. 이를 통해 누가 가해자고 누가 피해자인지를 밝히는 비생산적인 행위("넌 항상 내 신경을 건드려!" "너는 한 번도 나를 진지하게 받아들인 적이 없어!")에서 벗어날 수 있다. 당신의 책임과 상대의 책임이 각각 얼마나 차지하는지 성찰해보고 당신의 책임을 스스로 떠맡는다. 이는 주도권을 충분히 잘 이해했다는 일종의 신호다.

6. 당신의 과거 자기보호 조치는 매우 익숙할 것이다. 기존의 완고한 신념에 맞불을 놓을 수 있도록 대안적인 문제 해결로 관심을 전환한다. 어떤 대안적 사고가 가능한지에 대해서는 뒤에서 다룰 것이다. 유리하게 작용하지 않는 과거에서부터 계속된 행동 패턴을 포기한다. 회피 대신 솔직함을, 맹목적인 공격과 책임전가 대신 명확한 규명을 지향한다.

7. 당신의 감정과 욕구와 접촉을 유지한다. 당신의 강점을 의식한다. 그리고 당신의 자존감을 높인다. 당신의 가장 중요한 기본욕구는 상처받는 순간에 나타난다.

이제 몇 가지 비판적인 의견을 적어보려고 한다. 몇몇 상황에서는 자신의 감정과 욕구를 대할 때 신중을 기해야 한다. 자신의 기본욕구를 알고 이를 존중하는 것은 언제나 의미 있는 일이지만, 자신의 진정한 욕구를 표현하는 것에 대해 이해받기 어려운 상황은 언제나 존재한다. 다시 말해 자신의 기본욕구에 관심을 기울이는 것이 집단 규범에 어긋나는 사회적 영역이 있다. 바로 (유감스럽게도) 직장이 그렇다. 감정을 내보이거나 직장 동료나 상사 혹은 고객 앞에서 개인적인 욕구를 표현하는 것은 약점으로 보일 수 있기 때문에 그리 권할 만한 행동은 아니다. 이런 행동을 할 경우 오히려 인정받지 못하거나, 이러한 솔직함이 경쟁에서 불리하게 작용할 수도 있다. 어떤 사람들은 다른 사람들의 민감한 부분을 건드려 그들을 깎아내리면서 의도적으로 자신의 이익을 꾀하기도 한다. 그런 사람들 앞에서는 공격할 여지를 제공하지 않기 위해 약점을 드러내지 않는 것이 좋다.

그 외에도 다양한 사람들의 기본욕구는 서로 충돌할 수도 있고 다른 사람을 희생시키는 대가를 통해 충족될 수도 있다. 자율성을 강하게 밀어붙이면 다른 사람들을 억압할 위험이 따른다. 소속감 욕구는 어떨까? 이는 다른 사람들을 배제하는 행위를 통해 충족되는 경우가 많다. 광고에서 흔히 보이는 '독보적'이라는 단어는 결국 다른 사람을 끼워주지 않음으로써 자신의 소속감을 창출하는 것을 의미할 뿐이다(독보적인 집단에 속해 있다고 느낀다, 독보적인 주거 지역에 산다, 다른 사람은 갖지 못하는 출입증을 갖고 있다 등).

또한 가끔은 욕구가 그저 겉으로만 충족되는 경우도 있다. 이를테면 친절은 자기 자신을 향하지 않는다. 판매업에서 자주 사용되는 소위 '고객 지향'이라는 말을 생각해보자. 고객은 자신이 마치 왕이 된 것 같은 만족감을 느낀다. 판매원은 고객이나 고객 가족의 취미에까지 관심을 갖는다. 하지만 그의 목표는 결국 하나, 즉 자신의 물건을 판매하는 것이다. 그러한 '유혹자'는 사적인 영역에도 있을 수 있다. 사람들은 우리가 만족감을 느끼고 신뢰를 발전시키도록 우리를 조종한다. 그들의 목적은 오로지 우리를 조종하여 자신이 원하는 바를 이루는 것이다.

또한 우리는 우리의 몸과 마음의 상태에 전혀 관심 없는 사람들이나 감수성과 공감 능력이 부족한 사람들을 마주치기도 한다. 어떤 사람들은 우리 눈에 비치는 모습과 똑같은 인성을 지니고 있다. 이를테면 이기적이거나 감정이 결핍되어 있거나 무례하거나 변덕이 심하거나 폐쇄적이거나 너그럽지 못하다. 우리는 그들이 이런 인성으로 본인의 자아를 보호하는지 아닌지에 대해 관심을 가질 필요가 없다. 왜냐하면 이제 우리는 그러한 사람들에 맞서 철저히 대비할 수 있기 때문이다. 이제는 당신이 인지하는 모든 것이 결코 과거의 도식을 통해 왜곡되지 않을 것이나. 인간에 대한 당신의 지식과 당신의 관찰 내용을 신뢰해야 한다. 그리고 의문이 생길 때에는 당신이 만족감을 느끼는 것에 대해 상대가 정말로 관심이 있는지, 혹은 상대가 오로지 자신의 이득만을 생각하는지 자문해보면 된다. 굶주린 늑대에게 우리의 보호 욕구를 설명하고 이해를 바라는 것은 무의미한 일이다. 늑대는 그럼에도 우리를 잡아먹을 테니 말이다.

낡은 자기보호 프로그램보다 적절한 문제 해결이 낫다

주변 사람들이 우리의 욕구에 언제나 관심을 가진다면 물론 좋을 것이다. 우리가 원하는 것을 언제나 꺼낼 수 있는 보따리를 주변 사람들이 둘러메고 있다는 생각은 참 유혹적이다. '나는 지금 진지하게 받아들여지고 싶어, 이해받고 싶어, 사랑받고 싶어, 인정받고 싶어…' 이러한 기대를 갖고 있는 사람은 막다른 골목에 쉽게 다다른

다. 사랑과 소속감, 인정, 안전을 비롯한 다른 모든 기본욕구는 요구한다고 해서 얻어지는 것이 아니다. 부모나 배우자가 강요에 의해 이런저런 소망을 들어준다 해도 마찬가지다. 욕구가 그저 타의에 의해서 강제적으로 충족된다면 근본적인 본질은 사라진다. 또한 이러한 요구 때문에 과거의 의존성으로 다시 돌아가고, 이는 가장 높은 단계의 자율성 욕구에 위배된다는 사실도 기억해야 한다.

오히려 우리의 욕구를 충족시킬 가능성을 높이는 방향으로 소통하고 행동하는 것이 더 희망적이다. 이는 동시에 자율성을 향한 노력을 근본적으로 촉진한다.

정신적인 궁지에 처한 순간에 자기보호 프로그램은 우리가 재빨리 불러올 수 있는 자동화된 응급 처치 프로그램이라고 볼 수 있다. 이러한 프로그램은 자신을 주의 깊게 살피고 마음의 평정을 위해 장기적으로 유용한 목표를 인식할 시간을 허용하지 않는다. 우리는 위기를 느낄 때 유의미한 해결책을 기대하는 대신 불쾌한 감정을 피하려고 한다. '위기 인식, 위기 방지'라는 관용구는 너무 짧은 표현인데, 이를 좀 더 보충해서 말하자면 '위기를 인식하고 좋은 해결책을 손에 넣는다면 비로소 위기를 방지할 수 있다'라고 할 수 있다.

그렇다면 당신의 약점에 대처하는 해결책을 어떻게 발견할 수 있을까? 과거의 사고 및 행동 패턴을 바꾸는 것은 쉬운 일이 아니다. 하지만 다음 조언들을 지침으로 활용한다면 도움이 될 것이다.

1. 불쾌한 감정이라도 자신의 감정을 존중한다. 이는 분명 상당히 어려운 연습이 될 것이다. 왜냐하면 우리는 반사적으로 불쾌한 감정에서 벗어나려고 하기 때문이다. 문제 상황에서 당신이 코끼리와 마주하고 있다는 사실을 받아들여라. 힘들더라도 흥분 뒤에 숨어 있을 수 있는 분노와 두려움, 수치심 같은 감정을 긍정해야 한다. 있는 그대로의 감정을 받아들이는 것은 변화를 위한 첫걸음이다.

2. 자신의 욕구와 다른 사람들의 욕구를 존중한다. 당신은 질문지와 테스트의 도움으로 당신의 욕구가 무엇인지 분명하게 알게 되었다. 당신에게 정말로 무엇이 필요한지 아는 것은 목표를 설정하는 데 가장 중요하다.

두 가지 조언을 더 추가하자면,

3. 당신의 완고한 신념이 현재 상황에서 유효한지 점검해본다.
4. 당신의 자기보호 프로그램이 지닌 유리한 효과와 불리한 효과를 점검해보고, 이를 대체할 만한 해결책을 발전시킨다.

마지막 두 가지 조건은 당신의 코끼리에 접근하는 통로 4와 일치한다. 이에 대해 좀 더 자세히 다루어보려 한다.

완고한 신념을 점검하라

어떤 완고한 신념이 당신의 자기보호 프로그램을 조종하는지 이미 메모했을 것이다. 당신은 이 신념이 어떤 상황에서든 정당하고 중요하다고 생각하는가? 그렇지 않다면 이 의문스러운 신념을 점검해봐야 한다. 가족이나 친구들과 할 수 있는 작은 단체 게임을 하나 소개한다.

> 엄격한 계명이 담긴 문장과 삶의 기쁨을 표현하는 문장을 각각 생각해둔다. 첫 번째 사람이 계명 문장을 말하고, 그다음 사람이 기쁨이 담긴 문장을 말한다. 순간적으로 떠오르는 문장을 말하면 된다. 예를 들면,
>
> 게으름은 모든 악덕의 시초다! — 게으름은 좋다! — 비이성적인 행동을 하면 안 된다! — 위험이 없으면 재미도 없다! — 인생은 그렇게 달콤하지만은 않다! — 죄악은 그저 달콤하기만 하다! — 모든 일을 끝까지 잘 마무리해야 한다! — 기회를 잡아라! — 항상 최선을 다해야 한다! —기회가 찾아왔을 때 즐겨야 한다!

어떤 문장이 제일 먼저 떠오르는가? 근본적인 '삶의 지혜'를 닮은 이런 문장들은 다음 과제를 해결하는 데 도움을 줄 것이다.

당신의 자기보호 프로그램에 주로 담겨 있는 완고한 신념들을 선정하고 점검해본다. 이를 위해 소위 '소크라테스 대화법'을 제안한다. 소크라테스 대화법은 자신의 사고 패턴을 논리적이고 현실에 입각한 관점에서 조명하는 질문을 통해 가르침을 얻는 방법이다. 그리

스 철학자 소크라테스는 잘 알려진 것처럼 직접적으로 가르침을 주지 않고 비판적인 질문을 통해 제자들이 그들의 오성을 사용하도록 격려했다. 이 방법의 가장 큰 장점은 '전문가의 의견'에 따르지 않고 무엇이 자신에게 올바르고 유용한지 직접 발견할 수 있다는 것이다. 말하자면 자율적인 사고와 행동이 강화된다. 그러므로 이 원칙에 따라 자기 자신과 일종의 내적 독백을 해보는 것이다.

다음과 같은 질문을 활용하여 '결코 포기하면 안 된다!'라는 문장을 한번 점검해본다.

1. 이 문장의 정당성에 얼마나 확신하는지? 0에서 100 사이의 백분율로 대답해보라.
2. 이러한 확신은 어디에서 파생되었는가? 그 타당성을 입증하는 증거를 찾아보라.
3. 이러한 확신이 그저 경우에 따라서만 타당하다는 암시가 있는가?
4. 당신이 이러한 확신을 존중하지 않을 때 무엇이 가장 두려운가? 이런 최악의 경우가 나타날 확률이 얼마나 높다고 생각하는가?
5. 과거의 신념을 따를 때 그것이 당신의 행복에 기여하는가? 만약 그렇다면 구체적으로 장점이 무엇인가? 만약 그렇지 않다면 새로운 확신의 장점은 무엇인가? 몇 가지 가능성을 적어보고 변화된 시각이 문제 해결에 기여할 수 있는지 감정적으로 결정해보라.
6. 이제 당신은 이 문장의 정당성에 대해 얼마나 확신하는가?(0-100퍼센트)

당신의 대답을 적어보라. 그리고 이번 장에서 당신이 새롭게 인식한 강점과 유용한 신념들을 함께 적어보라. 5번 질문을 위해 앞의 일화들의 주인공들이 무엇을 수정했는지 다음의 표를 통해 확인해보자.

	과거의 신념	새로운 신념
리사	누가 나한테 못되게 구는 것, 내가 호감과 인정을 잃는 것을 참을 수 없어.	모두가 나를 좋아할 필요는 없어.
슈테판	나를 스스로 방어해야 해. 그렇지 않으면 사람들이 나를 진지하게 받아들이지 않을 거야.	나는 내가 무엇을 할 수 있고 내가 어떤 가치를 가지고 있는지 알고 있어.
안나	나는 나의 개인적인 소원을 밀어 두어야 해.	나의 욕구는 다른 사람들의 욕구와 똑같이 중요해.
페터	내 아내의 불만족은 내 책임이야.	아내의 행복을 위한 모든 요구를 내가 책임질 필요는 없어.
세바스티안	나는 어떤 특별한 성과를 내야만 쓸모 있는 존재야.	나의 가치는 성과에만 좌우되지 않아.
지빌레	겸손은 자랑거리야.	나는 나의 욕구에 솔직할 거야.
마쿠스	아무도 없는 것이 더 나아.	물어봐서 손해볼 건 없어. 도와줄 마음이 있는 사람들도 있으니까.
당신 자신		

대안은 있다

더 나은 해결책에 도달하기 위해 어느 정도 거리를 두고 문제 상황을 관찰하는 것은 유의미하다. 이를 통해 자동적으로 다른 시각을 갖게 된다. 왜냐하면 문제 상황을 떠올릴 때 더 이상 돌발적인 위협을 느끼지 않고, 시간 간격을 두고 다양한 관찰 방식과 해결 가능성으로 실험해볼 수 있기 때문이다(코끼리에 대한 다양한 반응 가능성에 대해서는 4장을 참조하라). 새로운 시각은 새로운 해결책의 단서를 열어준다.

당신에게 떠오르는 모든 해결 방안을 수집해본다. 이때는 실현가능성을 점검해보지 않아도 된다. 가까운 사람과 함께할 수 있다면 가장 좋다. 왜냐하면 그들은 자신만의 관점과 사고를 제시할 수 있기 때문이다. 그런 다음 첫째, 당신의 가치 체계와 일치하고, 둘째, 당신에게 새로운 접근 방식을 의미하는 단초를 선택한다.
이를테면 리사는 소란이 있던 다음 날 이웃 여자를 찾아가는 것이 좋겠다고 생각했다. 자신이 그녀의 분노 표출에 얼마나 깜짝 놀랐는지, 이웃과의 좋은 관계가 자신에게 얼마나 중요한지 분명하게 전달하기 위해서다. 실행에 옮기기 전에 그 과정을 상상해보는 것은 도움이 된다.

생각 조율하기

당신이 모기 속에서 코끼리를 마주치는 상황을 조목조목 상상해보라. 상대는 어떤 행동을 하고 어떤 말을 했는가? 당신은 '행간에서' 어떤 메시지를 느꼈는가? 당신의 마음은 어땠는가? 당신은 어떻게 행동했고 그런 행동이 어떤 효과를 나타냈는가? 이를 통해 문제가 해결되었는가, 아니면 더 악화되었는가? 악화되었다면 이로부터 상황이 고조되거나 악순환이 시작되었는가?

새로운 대안 행동을 시도해보기 전에 당신의 강점에 집중한다. 혹은 당신이 다른 어려운 상황들을 어떻게 극복했는지 떠올려본다. 이제 머릿속으로 문제 상황으로 들어가 새로운 행동을 처음부터 끝까지 그려본다. 이때 "나는 할 수 있어." "나는 그럴 만한 권리가 있어." "나는 숨지 않을 거야." "나는 상대를 마주할 용기가 있어." 같은 말로 자신을 위로함으로써 용기를 북돋는다.

머릿속으로 자신 있는 태도를 취하고 양발로 굳게 서고 상대와 적정 거리를 유지한다. 그리고 새로운 해결책과 일치하게 행동한다. 어떤 느낌이 드는가? 상대가 어떻게 반응할지 감이 오는가? 마음이 보다 편안해진 자신을 느끼면서 상상을 마친다. 당신에게 정말로 필요한 것 중에서 무엇이 실현되었는가? 어떤 경우든 당신은 무언가를 얻는다. 당신이 실전처럼 행동해본 경험, 갈등에 다가가는 용기, 지금까지 회피한 결말을 가져올 용기를 입증했다는 경험을 말이다.

실전 테스트

이제 당신이 머릿속으로 그려본 행동을 어떻게 실행에 옮길 수 있는지를 고민해본다. 경험에 비추어 난처하고 힘들었던 세 가지 상황을 적어보고 어려웠던 정도에 따라 순서를 매겨본다. 당신은 지금한 가지 상황을 머릿속으로 그려보았다. 실전 테스트를 할 때에는 가장 쉬운 상황에서부터 시작한다. 모기를 다시 만날 때까지 기다리든가, 아니면 불만족스러운 결말로 끝난 사건을 다시 끄집어낸다. 그리고 상대에게 새로운 사고 및 행동 패턴을 시험해본다.

당신은 자기 자신에게 만족하는가? 당신은 자신을 위해 어떤 긍정적인 결과를 가져올 수 있는가? 이로부터 당신은 무엇을 배웠는가? 세부적인 사항에서 개선되어야 할 부분이 있는가? 당신의 호의적인 내적 독백을 통해 강화된 작은 변화늘을 계속해서 연습해본다. 그리고 작은 성과가 있다면 스스로를 인정한다. 자기 칭찬은 좋은 향기를 풍기지만 시기하는 자에게서는 나쁜 냄새가 나는 법이다!

긍정적인 자기 이미지와 다른 사람들에 대한 현실적 이미지 갖기

아동기와 청소년기에 받은 사랑과 존중은 잦은 비판이나 가치 폄하와는 달리, 긍정적인 자기 이미지를 위한 비옥한 토양이 된다. 우리가 무엇을 경험했는지에 따라 우리 자신을 받아들이는 것이 쉬울 수도 어려울 수도 있다. 우리의 수많은 특성은 그것을 인성의 확고한 구성 요인으로 느낄 정도로 우리에게 친숙하다. 하지만 언제나 이러한 특성은 유익하다고 검증될 수 있는 현재의 경험에서 파생된다.

당신은 자신의 코끼리를 관찰하면서 기본욕구가 위험에 처하는 순간, 어떻게 자기 평가가 바뀔 수 있는지 분명하게 확인했다. 다시 말해 기본욕구가 위험에 처하면 자신이 갑자기 평소보다 더 약하고 더 공격받기 쉽다고 느끼며, 다른 사람들이 더 강하고 더 위협적이라고 느낀다. 하지만 당신이 자신의 강점과 능력을 의식한다면 자신에 대한 판단이 달라진다. 즉 이 경우에 당신은 양발로 굳게 설 수 있고 자기 자신에 대해 한 치의 의혹도 없다. 이런 차이는 매우 큰 의미를 갖는다. 우리가 그냥 그런 사람이 아니라 그때그때 경험의 배후관계에 따라 우리 자신을 바라보는 시각이 좌우된다는 사실을 분명히 의식하게 되는 것이다. 평정심을 갖고 싶다면 바로 여기서 시작할 수 있다. 즉 과거의 편협한 자기 이미지와 타자 이미지로 자신을 교란시키지 말고, 우리가 근본적으로 사용할 수 있는, 하지만 몇몇 상황에서 자신에게 결여되어 있는 것처럼 여겨지는 나 자신의 능력과 자원에 관심을 기울이는 것이다.

모든 것은 다시 다음과 같은 질문을 맴돈다. '우리가 일시적으로 정신적인 궁지에 처하는 상황에서 무엇이 필요하며 평정심을 찾기 위해 무엇을 할 수 있을까?'

한편으로는 상처받기 쉬운 상태에서, 다른 한편으로는 자신의 강점을 의식한 상태에서 우리가 자신을 어떻게 생각하는지 이미 4장에서 확인했다. 이와 관련하여 다음 질문에 답해보자.

1. 두 상태를 비교했을 때 가장 큰 차이를 보이는 특성은 무엇
   인가?
2. 강점을 의식한 상태에서 사용할 수 있는 특성은 무엇이며, 문
   제 상황에서 당신이 가장 바라는 특성은 무엇인가?
3. 문제를 해결하기 위해 자기 자신과 다른 사람들을 어떻게 바
   라보아야 도움이 된다고 생각하는가?

'행복과 삶의 질'에 대해 집중적으로 연구한 독일의 심리치료사 레
나테 프랑크Renate Frank는 일련의 훈련을 제안했다. 이 훈련의 형태를
약간 변경해서 우리가 다루는 주제를 보완해보려 한다. 이 훈련으로
인해 우리는

1. 자신의 강점을 의식할 수 있다.
2. 이 강점을 단련할 수 있다.
3. 과거에 경험한 '약점'을 제거할 수 있다.

자신의 강점을 자각하고 이를 활용하라

이와 관련하여 당신은 자신에게 존재하는 긍정적인 요인을 4장에서
확인했다. 아래의 문장을 당신이 표기했던 모든 긍정적인 특성을 추
가하여 작성하고 큰 소리로 읽어본다.

"나는 기쁘고 나는 ~에 자긍심을 느끼고…."

문장을 완성하려면 어느 정도 인내가 필요하겠지만, 완성하고 나면 분명히 기분이 좋아질 것이다. 그냥 한번 시도해보라! '긍정심리학'이라는 개념을 창시한 우울증 연구가 마틴 셀리그만Martin Seligman 과 그의 동료 크리스토퍼 피터슨Christopher Peterson은 보편타당한 인간의 강점 24개를 작성했다. 이 강점은 당신이 자신의 또 다른 강점을 발견하는 데 도움이 될 것이다. 레나테 프랑크는 이 강점을 6개의 근본적인 인간의 가치로 분류했다.

- 지혜와 지식(강점: 호기심, 배움의 즐거움, 판단력, 창의성, 선견지명)
- 용기(강점: 용감함, 인내력, 진정성, 활력)
- 인간애(강점: 친절, 사랑과 애착, 사회적 능력)
- 정의(강점: 사회적 책임감, 공정성, 리더십)
- 절제(강점: 용서, 겸손, 신중함, 자기통제)
- 영성과 초월성(강점: 아름다운 것과 경이로운 것에 대한 감상력, 감사하는 마음, 희망과 믿음, 유머감각, 종교성·영성)

위의 가치나 강점 모두가 마음에 와닿지는 않을 것이다. 그러므로 당신이 중요하다고 생각하는 강점을 선정한다. 이미 가지고 있거나 훈련을 통해 계속 발전시키고 싶은 강점을 각각의 평가지(4장 '유리한 전제 조건하에서 자기 이미지' 표에 기입한다)에 기입하라. 당신의 가장 큰

강점 3개를 택하라. 그리고 이 강점을 어떻게 구체적인 행동으로 옮길 수 있는지 고민해본다. 예를 들면,

- 호기심: 당신이 오랫동안 관심 있었던 새로운 것을 시도해본다.
- 친절: 다른 사람의 행동이 긍정적으로 여겨질 때 그를 칭찬한다. 혹은 당연하게 여겨지는 것에도 감사하는 마음을 갖는다.
- 미적 감각: 책상에 꽃다발을 자주 올려놓거나 평범한 저녁식사 때 촛불을 켜본다.

이러한 강점을 다양한 삶의 영역, 이를테면 직장이나 집, 부부관계, 친구관계, 취미 생활 등에 의식적으로 적용해본다. 아침에 눈을 뜨면 오늘 어떤 강점을 사용할 수 있을지 깊이 생각해본다. 그리고 저녁에는 당신의 행동이 어떤 효과를 나타냈는지 생각해본다. 그리고 자기 자신을 칭찬한다. 이런 훈련을 통해 어려운 상황을 극복할 수 있다는 믿음과 자신감을 강화할 수 있다.

자신이 겪은 '약점'을 제거하라

여기서 중요한 특성이나 능력은 당신이 문제 상황에서 잘 활용할 수 있는, 하지만 이상하게도 가끔씩 사라지는 특성이나 능력이다. 당신은 어떤 강점과 능력을 자신의 것으로 만들고 싶은가? 당신이 받아

들여야겠다고 생각한 약점을 인정했는가? 약점을 받아들이는 것 역시 하나의 강점이다. 당신이 새롭게 인식한 내용을 기록해보자.

당신은 새로운 강점을 어떻게 발전시킬 것인가?

자기 이미지 중에서 당신이 원하는 모습과 일치하지 않는 측면이 있고, 약점이 건드려질 때 특히 이 부분이 손상된다면 그것은 수정해야 한다. 이를 위해 기본적으로 다음 두 가지 조치를 훈련해본다.

1. 현실성과 유용성의 측면에서 부정적인 자기 이미지를 점검해본다.
2. 처음에는 단순한 상황, 그다음에는 어려운 상황에서 새로운 행동을 시도해본다. 이때 235쪽에 제시된 '완고한 신념을 점검하라'에서 완고한 신념을 수정하는 법을 배울 때 익혔던 방법을 따르면 된다.

1번 사항에 대해 말하자면, 우리에게 이롭지 않은 가정에 대해서는 현실성을 점검해보아야 한다. 자기 자신에 대해 어떻게 생각하는지 모두가 각자 결정한다. 누군가 자신이 이룬 성과가 비판받았음을 느꼈다고 가정해보자. 약점이 건드려지면 그는 아마 자신이 무능하다고 생각할 것이다. 그는 자동적으로 '그걸 내가 알았어야 하는데…' 또는 '알 수 있었는데'라고 생각한다. 경우에 따라서 그는 인정받기 위해 결코 실수해서는 안 된다는 완고한 신념을 갖고 있을 수도 있다. 그의 좌절감은 이런 잣대에 맞춰 사전 프로그램화되어 있다.

당신도 일상에서 쉽게 겪을 수 있는 이러한 문제를 알고 있을 것이다. 즉 당신이 비판받을 때 당신의 능력이 공격당했다고 느꼈을 것이다. 비판을 개인적으로 받아들여야 하는지 점검하기 위해 다음과 같은 질문(소크라테스 대화법의 의미에서)에 답해보자.

비판받을 때 당신의 자기 이미지

1. 당신은 비판받는 순간에 그 비판이 얼마나 정당하다고 확신하는가?

2. 비판받는 순간에 그 비판이 개인적인 실패를 의미할 수 있다고 확신하는가? 이러한 확신은 어디에서 오는가? 정말로 자신이 무능하다고 생각하는가?

3. 그에 대한 반증이있는가? 다시 말해 당신의 능력을 입증해줄 증거가 존재하는가?

4. 당신은 정말로 실수하면 안 되는가? 그렇다면 그 이유는 무엇인가? 그렇지 않다면 그 이유는 무엇인가?

5. 당신의 가장 큰 걱정은 무엇인가? 예를 들어 당신을 비판한 사람이 실제로도 당신을 무능하다고 여긴다면 어떻겠는가? 이것이 당신의 근본적인 무능함에 대한 증거가 될 수 있다고 생각하는가? 그렇다면 그 이유는 무엇인가? 그렇지 않다면 그 이유는 무엇인가?

6. 당신이 받은 비판이 오전 내내 머리에서 떠나지 않는가? 아니면 일주일이나 한 달 동안 머리에서 떠나지 않는가?

7. 당신을 비판한 사람은 어떻게 평가되고 있는가? 그 사람은 스트레스를 받고 있는가? 책임질 사람을 찾고 있는가? 혹은 그가 당신을 얕잡아보려고 하는가?

8. 비판은 유익하고 건설적인 내용을 담고 있는가? 그렇다면 그 비판이 당신에게 유용한가? 그렇지 않다면 당신은 그 비판을 어떻게 거부할 수 있는가?

위의 질문에 대답하는 과정에서 비합리적인 사고 패턴을 발견하거나, 어쩌면 성급한 결론을 끌어낼 수도 있다. 이를테면 '나를 비판한다는 것은 그 사람이 나를 못마땅하게 여긴다는 뜻이야'라고 말이다. 혹은 당신이 자신에게 높은 수준의 규범을 요구한다는 사실을 발견할 수도 있으며, 자신을 향한 비판을 변경 불가능한 개인적 재앙으로(이 재앙이 어떤 영향을 미칠 수 있을지 전혀 깊이 생각하지도 않고 곧바로) 받아들일 수도 있다.

이제 당신의 능력을 제대로 평가하는 새로운 가정을 작성해보자. 이때 지금까지 갖고 있다고 생각한 특성들과 반대되는 근거, 새로운 가정을 뒷받침할 수 있는 근거를 찾도록 노력한다. 다음 예시가 도움이 될 것이다.

과거의 가정: 나는 무능해.

새로운 가정: 나는 내가 무엇을 할 수 있는지 알고 있고, 실수해도 괜찮아.

새로운 가정을 강화하는 성찰

- 이 과제는 매우 복잡해.
- 시간적으로 매우 촉박해서 실수할 수도 있어.
- 중요한 정보가 나한테 없었어.
- 더 많이 도움받았으면 좋았을 텐데.
- 이 비판은 정당하지 않아. 왜냐하면….
- 누구나 실수를 해.
- 내가 이 과제를 맡게 된 데에는 그럴 만한 이유가 있어.
- 내가 착수하는 대부분의 일이 성공적이야.

새로운 가정을 말로 표현할 때 어떤 느낌이 드는지 점검해본다. 편안한 느낌이 드는가? 그렇지 않다면 현재 마음속에서 울리는 이로운 다른 문장을 찾아본다. 예를 들면 '나는 나에게 도움이 되는 비판은 기꺼이 받아들이며, 그렇지 않은 비판은 가치가 없어.' 혹은 '○○가 개인적으로 나에게 좋지 않은 감정을 갖고 있다면 명확하게 말해야지, 이런 식으로 포장하면 안 돼!' 또는 '이 비판은 정당하지만 오로지 하나의 부분적 관점에만 해당돼. 그러므로 난 무능하지 않아.'

이제 다시 한 번 비판의 정당성과 영향력을 평가해본다. 새로워진 평가를 통해 마음이 편해짐을 느낀다면 시작점에 있었던 당신의 신념도 바뀔 것이다. 결과를 확실하게 기록한다.

이러한 도식에 따라 문제 상황에서 편협하고 불리하다고 느끼는 다른 평가(4장 209쪽 '문제 상황에서 당신이 갖고 있는 자기 이미지' 표 참조)도 점검해볼 수 있다. 이때 상황을 더 잘 극복하는 데 중요한 요인만 선택해야 한다. 분명히 당신은 자신이 의식하고 있는 것보다 훨씬 더 많은 강점을 가지고 있다(4장 212쪽 '유리한 전제 조건하에서 자기 이미지' 표에 나타난 당신의 긍정적인 자기 이미지 참조). 소크라테스 대화법을 통해 당신은 자신에 대한 모든 편협한 가정을 점검하고 보다 적절한 자기 평가를 내릴 수 있다.

문제 상황이 일어났을 때 상대에 대해 갖고 있는 이미지에 대해서도 이와 비슷한 질문을 제기할 수 있다. 당신을 비판하는 사람을 무례하거나 모욕적이거나 감수성이 떨어진다고 가정해보자.

비판받을 때 당신이 갖는 타자 이미지

1. 그/그녀의 이런 특성이 실제로 다른 사람에게도 적용된다고 확신하는가?

2. 그/그녀가 그런 사람이라는 사실을 무엇을 통해 추론하는가?

3. 그/그녀의 행동에 대한 대안적인 설명이 존재하는가?

4. 이 설명이 당신의 마음을 가볍게 만드는가?

5. 그/그녀의 다른 측면, 예를 들면 존중감이나 협조심에 대해서도 알고 있는가?

6. 당신을 비판하는 그/그녀가 실수를 전혀 하지 않는다고 생각하는가?

7. 당신이 매우 불친절한 사람과 관계한다는 사실을 어쩔 수 없이 받아들이는가?

8. 그/그녀가 당신의 능력을 판단할 권리를 정말로 갖고 있는가?

이제 당신을 비판하는 사람의 특성을 수정하려고 노력한다. 그리고 새로운 시각이 상처에 대한 당신의 취약성을 축소하고 행동의 여지를 확장해줄 수 있는지 확인해본다.

과거의 가정: 이 사람은 나에게 상처를 주려고 해.

새로운 가정: 이 사람은 원래 나한테 호의적인 사람이야. 하지만 지금 스트레스를 받고 있어.

새로운 가정을 강화시키는 성찰

● 그/그녀가 스트레스를 느끼는 상황이라면 적절하게 비판하기가 어려울 거야.

● 그/그녀는 무거운 책임을 지고 있어.

● 그/그녀는 언제나 모든 것을 자기 통제하에 두어야 하는 사람이야.

● 그/그녀는 다른 사람을 지지하고 도우려는 마음을 가지고 있을 수도 있어.

● 나는 그의 뛰어난 특성을 많이 알고 있어.

246쪽에서 제시한 '비판받을 때 당신의 자기 이미지' 중 질문 1을 다시 살펴보면서 다음과 같은 질문들을 곰곰이 생각해보자. 여전히 당신의 가정이 정당하다고 확신하는가? 비판을 새롭게 판단했을 때 어떤 느낌이 드는가? 비판에 대한 적절한 설명에 마음이 가벼워지는가?

다른 사람들에 대한 부정적인 견해를 점검해본다면 마음이 편안해질 것이다. 왜냐하면 익숙해진 반감은 긴장과 거부감을 만들고, 이는 언제나 에너지를 소모시키기 때문이다. 또한 적개심은 자신에 대한 시각을 왜곡할 수 있는데, 우리가 가끔 다른 사람에게서 바람직하지 못한 자신의 일부를 발견하고 이를 없애려 하기 때문이다.

소위 인지행동치료에서 수년 동안 입증된 이런 훈련을 통해 당신은 자동적으로 떠오르는 부정적 판단이나 마음속의 평가에 대한 현실성을 점검할 수 있으며, 이를 통해 자기 이미지와 타자 이미지에 대한 과거의 왜곡된 인지 패턴에서 벗어날 수 있다. 이를 좀 더 집중적으로 살펴보고 싶다면 하를리히 H. 슈타베만Harlich H. Stavemann의 《감정의 밀림 속에서Im Gefühlsdschungel》를 추천한다.

분노하지 않고 호의적인 시선으로 과거 바라보기

과거를 극복하기 위해 보다 깊이 들어가려 한다면 가장 어려운 영역, 즉 과거의 욕구 손상에 관심을 기울여야 한다. 만약 당신이 앞에서 언급한 일화들에 대해 다시 다루고 싶은 마음이 전혀 없다면(이미 그 일화들에 대해 다 해결했다고 생각하거나 자신이 과거를 극복했다고 믿거나 '왜 긁어 부스럼을 만들어야 하지?'라는 생각이 들어서) 이 단락을 건너뛰어도 된다. 간혹 이에 대한 관심이 뒤늦게 나타날 수도 있고 이 길에 당신과 동행할 수 있는 누군가(예를 들면 심리치료사)를 찾을 수도 있다.

나는 아동기와 청소년기의 긍정적인 경험에서부터 시작하려고 한다. 이러한 긍정적인 경험을 놓치는 것은 유감스러운 일이다. 왜냐하면 이런 경험들을 떠올리면 즐거움과 기쁨을 느끼고 잊어버린 당신의 강점들을 소생시킬 수 있기 때문이다.

아동기와 청소년기의 긍정적인 기억

미래를 향한 기쁨, 즉 기대에 찬 즐거움은 모든 기쁨 중 가장 최고의 기쁨이다. 그리고 이러한 기분 좋은 경험을 집중적으로 떠올림으로써 느끼는 기쁨도 행복에 기여한다. 이를테면 졸업한 지 수년이 지난 후에 갖는 동창 모임은 즐거웠던 순간을 돌이켜보게 함으로써 즐거움을 선사한다. 또한 어렸을 때의 영상을 보면서 새로운 삶에 대한 과거의 기쁨을 다시 느낄 수 있고, 과거의 사진 앨범이나 파일을 뒤적여보면서 감상에 젖기도 한다. 다른 사람들과 어린 시절의 이야기를 나누다 보면 저절로 과거의 일화들이 연이어 등장한다. 이처럼 긍정적인 기억은 전염성을 갖고 있다.

교수이자 심리치료사 베레나 카스트Verena Kast는 '기쁨의 이력 Freuden-Biographie', 즉 오로지 기쁨에만 초점을 두고 아동기를 돌아보라고 권한다. 그녀는 긍정적인 경험을 상기할 수 있는 수많은 사례를 거론한다. 나는 그녀가 제시한 조언들을 부분적으로 다루면서 다음과 같이 보완했다.

1. 움직임의 즐거움: 술래잡기 놀이, 나무 오르기, 수영장의 미끄럼틀 타기, 기뻐서 껑충껑충 뛰기, 썰매 타기. 당신은 분명히 이 가운데 몇 가지를 기억할 것이며, 당시에 느꼈던 무아지경의 감정을 떠올릴 것이다.

2. 촉감의 기쁨: 욕조나 해변에서 찰방거리기, 모래 파기, 서로에게 진흙 집어던지기, 베개 던지기, 서로 치고받고 싸우거나 몸부비기. 이와 같은 것은 훌륭한 감각적 경험이다.

3. 비밀 만들기: 아무도 모르는 아지트, 부모님이 금지한 책 읽기, 병원 놀이, 체리 서리. 이런 것은 허락되지 않은 행동이지만 특별한 긴장감을 준다.

4. 새로운 것을 시험해보고 상상력의 나래 펼치기: 무언가 발견하기, 이야기 지어내기(말로 설명하거나 글로 적기), 다른 역할에 빠져보기, 무언가 만들기. 이와 같은 것은 호기심과 자신의 능력을 시험해보는 즐거움에서 생겨나는 순수한 성공적인 경험이다.

5. 선물하고 선물 받는 기쁨: 크고 작은 깜짝 선물에 대한 기억, 자신이 직접 만든 것으로 다른 사람을 기쁘게 해주기, 자발적으로 잡일하기. 이런 것은 끊임없이 반복되는 행복한 경험이다.

이처럼 기쁜 경험을 떠올릴 때 중요한 애착인물들도 좀 더 긍정적이고 중요한 관점에서 나타날 수 있다. 이를테면 어렸을 때 당신의 부모님이 생일이나 크리스마스 때 얼마나 큰 사랑을 보여주었는지, 부모님이 준 선물, 예를 들면 첫 자전거에 얼마나 기뻐했는지를 떠올려보는 것이다. 이 과정에서 부모님에게 큰 감사를 느낄 수도 있다. 이런 기억을 계기로 삼아 당신에게 좋은 행동을 보여준 사람들의 목록을 만들어보면 어떨까?

- 당신이 어려운 상황에 처했을 때 격려하거나 위로해준 사람
- 당신이 잘한 일에 대해 칭찬해준 사람
- 당신을 도와주거나 보호해준 사람
- 흥미로운 주제에 대한 당신의 호기심을 일깨워준 사람
- 당신이 자긍심을 가질 수 있는 능력을 가르쳐준 사람
- 당신이 필요할 때 곁에 있어준 사람

아마도 당신은 이들에게 여전히 고마운 마음을 갖고 있을지도 모른다. 비록 늦었더라도 이런 고마움에 보답할 수도 있을 것이다. 이

들이 당신을 위해 무엇을 했는지 기술하는 것만으로도 충분히 기쁠 수 있다. 어쩌면 당신이 얼마나 많은 보호와 존중을 받았는지 스스로 깜짝 놀랄 수도 있다. 이들에게 짤막한 감사의 편지를 써보는 건 어떨까? 이들이 이제는 살아 있지 않더라도 감사의 마음을 담아 편지를 쓰는 것이다.

긍정적인 기억은 현재의 삶을 위한 자극과 자원을 담고 있는 보물 상자와 같다.

- 지금까지도 당신을 기쁘게 하는 것은 무엇인가?
- 당신은 어떤 행복의 원천을 놓쳤는가?
- 아동기의 행복한 경험을 생생히 떠올릴 때 자기 자신과 주변 세계에 대해 갖고 있는 이미지가 어떻게 바뀌는가?
- 지금의 일상에서 과거의 기억과 함께 감수성을 떠올림으로써 새로운 기쁨을 발견하는가?
- 당신이 기뻐할 만한 일을 좀 더 자주 계획할 수 있는가?

과거에 경험한 기쁨만큼 당신의 평정심에 기여할 수 있는 일은 없다. 이미 그런 기쁨을 떠올리는 것만으로도 충분히 이로우며, 몇몇 기억은 당신에게 삶의 활력을 불어넣어줄 것이다.

아동기와 청소년기의 부정적인 기억

과거에 벌어진 일을 없던 일로 만들 수는 없지만, 지금은 어렸을 때처럼 어찌할 바를 몰라 가만히 있지만은 않을 수 있다. 어른이 되었기에 과거에 높아 보였던 벽이 이제는 낮은 울타리에 불과하다. 하지만 가끔 사람들은 극복하지 못한 과거의 장애물을 지금도 여전히 극복할 수 없는 것처럼 행동한다. 나는 어릴 때 휴가지에서 매일 마주친 강아지의 행동을 잊을 수가 없다. 그 강아지는 3미터 정도 길이의 줄에 묶여 있었다. 그 강아지도 여느 개들처럼 뛰고 싶어 했다. 그러나 나무 기둥에 줄이 계속해서 감기는 탓에 강아지가 움직일 수 있는 반경은 점점 줄어들었다. 나는 굶주림과 갈증에 시달리던 강아지의 목줄을 마침내 풀어주었고, 강아지는 마른 바닥에 새겨진 자신의 발자국을 따라 몇 분 동안 계속 뛰었다. 그러다가 한동안 그 자리에 서서 불안한 듯 망설이더니(나는 그 강아지 꼬리가 내려간 것을 그때 처음으로 보았다) 처음에는 서서히, 조금 지나서는 더 빨리 넓은 반경을 찾아 뛰기 시작했다. 며칠 후 강아지는 떼를 지어 돌아다니는 개들과 함께 있었다. 맨 끝에 있기는 했지만 그 무리에 속해 있는 것처럼 보였다.

이 개는 분명히 새로운 자유의 가능성을 빠르게 인식했을 것이다. 하지만 많은 사람은 자유 앞에서 두려움을 느끼고 자신이 속박당하고 있다는 (잘못된) 생각을 평생 동안 점검해보지 않는다. 자신의 상상

속에만 존재하는 이러한 속박을 어떻게 하면 인식할 수 있을까?

당신은 이미 중요한 몇 가지 기억 작업을 수행했고 과거의 감정과 욕구를 탐색했다. 이를 통해 이제는 과거의 감정과 욕구를 받아들이는 능력을 갖추고 있다. 이 감정과 욕구는 어렸을 때의 당신에게는 지극히 당연한 것이기 때문이다. 당신은 바로 지금 여기에서 이렇게 말할 수 있다. "그렇게 무기력하고 의존적인 나는 과거일 뿐이야. 이제 나는 성인이 되었고 다양한 강점과 가능성을 갖고 있어. 지금 나는 내가 느끼고 나에게 정말로 필요한 것을 표현할 수 있고 표현해도 돼!" 기본적으로 우리는 과거의 속박에서 벗어나기 위해 필요한 모든 것을 가지고 있다.

1. 우리는 과거와 간격을 두고 있다.
2. 우리는 더 이상 과거의 교육 세계에 매여 있지 않다.
3. 우리는 성인으로서의 확대된 시각과 자원을 가지고 있다.

나는 어느 정도 양심의 가책을 느끼면서(견주의 소유권을 침해한다는 점에서) 강아지의 목줄을 풀어주었다. 어떻게 하면 작은 개(각각의 아동)가 자기 힘으로 곤경에서 빠져나오도록 도울 수 있을까? 어떻게 하면 작은 개가 스스로 줄을 끊을 이빨을 가지고 있다는 사실을 자각하게 만들 수 있을까?

시간을 되돌릴 수 있다고 가정해보자. 물론 이런 가정은 분명히 아주 쉬운 일은 아니지만 간혹 심리치료 과정에서 필요하다. 당신이 생생하게 기억하는 상황으로 다시 들어가보는 것이다. 그런 다음 어른이 된 지금 모습 그대로 과중한 부담을 느끼는 아이였던 자신 옆에 서서 이 힘겨운 상황에서 아무 말도 할 수 없었던 아이에게 말을 건네고 아이의 편을 들어준다. 이런 상상 속에서 당신은 부모님이나 다른 애착인물처럼 배려 있는 사람의 역할을 맡는다. 이때 당신에게 떠오르는 생각을 기록할 수 있다면 아주 좋다. 다음과 같은 문장은 중요한 욕구와 관련된 주제를 포착하고 방향을 제시해줄 것이다.

- 이 꼬마 _____은 지금 _____를 느낀다.
- 꼬마가 그렇게 행동하는 것은 _____를 표현하고 싶어서다.
- 꼬마는 너희가 _____를 이해해주기를 바라고 있다.
- 꼬마가 _____할 때 진지하게 받아들인다.
- 꼬마를 혼자 두지 말고, 꾸짖지 말고, 놀리지 말고, 소홀히 여기지 말고, 꼬마가 _____할 때 부끄러움을 느끼게 하지 않는다.
- 꼬마가 _____하려고 할 때 다른 사람에게 폐를 끼치지 않는 한 하고 싶은 것을 하도록 해준다.
- 가능하다면 꼬마가 _____할 때 스스로 결정하도록 해준다.
- 꼬마가 _____을 아직 못했다면 시간을 준다.

- 꼬마가 무언가 혼자 할 수 있을 때 개입하지 말고 혼자 하게 해준다.
- 꼬마가 _____에 자긍심을 느낄 때 인정한다고 표현해준다.
- 꼬마가 _____할 때 과중한 부담을 주지 않는다.
- 꼬마가 _____할 때 아직 아이라는 사실을 존중해준다.
- 꼬마가 _____할 때 분명한 한계를 설정해주고 그 근거를 설명해준다.
- 꼬마가 _____할 때 주위 사람들에게 정말로 무엇을 원하는지 잘 살펴보고 꼬마에게 정말로 필요한 것을 준다.

어른으로서 당신은 소위 부모의 눈높이에 서 있다. 시각이 유리하게 전환된 것이다. 이러한 위치에서 상처받은 아이의 편을 드는 것은 매우 중요한 경험이다. 부모만큼 아이의 감정과 생각에 영향력을 미치는 사람은 거의 없다. 과거의 패턴을 깨면 현재에 엄청난 영향력이 발휘된다. 즉 사람에 대한 두려움을 줄이고 자기 자신과 더 큰 조화를 발견하는 데 도움을 준다. 마음속의 아이를 배려함으로써 자기 자신에게 좀 더 관심을 갖는 자세를, 특히 욕구가 손상되는 것을 쉽게 인식하지 못하는 상황에서 이를 점차적으로 발전시킬 수 있다.

이제 다음과 같은 질문을 자신에게 건네보자. '나는 지금도 부모님에게 중요하게 할 말이 있는가? 나는 이 말을 하고 싶은가? 그리고 이 말로 부모님의 관심을 끌 수 있는가?'

당신의 부모님이 살아계시지 않거나 매우 연로하실 수도 있다. 부모님에게 더 이상 부담을 주고 싶지 않거나 부모님이 당신의 어릴 적 곤경을 이해하려고 하지 않고 그저 합리화하거나 하찮게 여기면서 회피할 것이라고 확신하고 있을지도 모른다. 어릴 때 겪었던 좌절감에 대해 적어도 뒤늦게나마 이해받고 싶은 소망이 현실적으로 이루어지지 않을 수도 있다. 부모님이 아직 살아 계시다면 부모님과 직접 대화하는 것이 가능한지 곰곰이 생각해본다. 부모님은 나이가 들면서 예전보다 더 솔직해지고 공감 능력이 더 커졌을 수도 있다. 그들은 이제 더 이상 생계나 양육 책임에 대한 스트레스를 받지 않으니 말이다. 아마도 당신은 지금의 부모님이 손주들을 매우 사랑스럽게 대하는 능력을 가지고 있음을 (경우에 따라서는 어느 정도 부러움을 느끼며) 관찰했을 것이다. 결국 중요한 것은 어릴 적 좌절감을 느꼈던 순간에 말하지 못한 것을 어떻게 표현할지 그 방식을 스스로 찾는 것이다. 바로 여기에서부터 본질적인 해방이 가능하다.

배려 있는 어른의 역할을 할 때 당신은 자신을 다르게 정의할 수 있게 된다. 말하자면 당신은 자신이 보다 강하고 정당하다고 느낄 것이며, 앞에서 말했듯이 언제나 우러러보아야 하는 아이의 시선이 아니라 부모의 눈높이에 서 있게 된다. 부모님에게 건네는 말을 통해 당신은 마음속의 민감한 아이를 존중하게 되며, 이는 자존감을 향한 기본욕구를 끌어올리는 데 상당히 큰 도움이 된다.

기회가 된다면 친한 친구들과도 어릴 적의 곤경에 대해 이야기해본다. 어릴 때 상처받지 않은 사람은 거의 없을 것이다. 이 세상에 완벽한 부모는 존재하지 않으니 말이다. 다른 사람들이 겪은 비슷한 경험을 공유하면 자기 자신에 대한 이해심을 넓힐 수 있다. 서로 대화가 통한다면 어떤 대화든 도움이 될 것이다.

부모님과 대화를 시도했지만 그들이 '옛날이야기'에 관심을 가지려 하지 않고 거부하거나 이것이 자신들을 향한 공격이라고 느끼는 것 같다면 다음과 같이 해보는 건 어떨까? 당신이 말을 끝낼 때까지 부모님에게 아무 말도 하지 말아달라고 부탁하는 것이다. 이야기가 길어지더라도 말이다. 그리고 이렇게 하는 것이 당신에게 얼마나 중요한지 강조한다. 그리고 부모님에게도 중단 없이 대답할 수 있는 기회를 제공한다. 필요하다면 부모님에게 이 책에 대해 이야기하고, 당신이 이 책을 통해 자신의 중요한 욕구에 대해 깊이 생각할 수 있었고 과거의 경험을 성찰할 수 있는 계기가 되었다고 말한다. 부모님을 마치 당신이 마땅히 가져야 할 것을 주지 않은 피고인처럼 대하려고 하지 말라. 또한 지금 당신이 처한 어려움에 책임이 있는 사람들처럼 대하지 말라. 그렇게 하면 당신의 부모님은 당연히 자신을 합리화하려는 압박을 느낄 것이며 후퇴하거나 자기보호 프로그램을 가동시킬 것이다.

기록이나 대화의 형태로 아이의 편을 들어주는 것은 경우에 따라 화해의 길을 마련할 수도 있다. 지금까지 과거를 바라보던 분노의 시선이 호의적인 시선으로 바뀔 수 있다.

책임 문제에서 방향 바꾸기

당신은 부모님에게 받은 실망감을 극복하고, 필요할 경우 그들과 화해할 수 있는가? 다음의 진술 중 당신이 어디에 해당되는지 살펴보라.

나는 기꺼이 그럴 준비가 되어 있다.

기회가 된다면 시도할 수 있다.

지금은 아니고 나중에 언젠가.

나는 이미 모든 것을 시도해보았다.

그것은 그저 과거의 상처를 다시 헤집는 일이다.

그들과는 그런 것에 대해 이야기할 수 없다.

그들은 모든 것을 인정하지 않을 것이다.

기차는 떠났다.

결코 그렇지 않다!

당신은 이 중에서 어느 단계의 입장에 서 있는가? 지금까지의 과정을 통해 부모님이나 다른 중요한 애착인물과 회피했던 대화를 시도하기로 결정했다면 당신은 이미 많은 진전을 이룬 것이다. 과거의 원망과 책망을 마음속에 늘 간직하는 것은 좋지 않다. 이는 누구나 알고 있는 사실이다. 입증된 바와 같이 화해는 육신과 영혼을 건강하게 만든다. 과거의 실망감을 극복하지 못하는 사람은 부모님과의 관계를 부담스럽게 느낄 뿐만 아니라, 부모님과의 현재 관계에서도 책임 소재를 따지게 된다. 물론 다음과 같은 경우에는 화해하기 어려울 수도 있다.

- 자신의 거부하는 태도를 자기주장의 신호라고 느끼고 화해는 약점이라고 느끼는 경우
- 책임을 전가하면 자기 책임을 덜 수 있다고 생각하는 경우
- 화해를 책임 면제라고 잘못 해석하는 경우
- 이해하지 못하는 부분이 새롭게 생기면서 또 다른 상처를 받을 거라는 두려움을 느끼는 경우

이러한 장애 요인이 매우 심각하거나 화해 조치를 취할 시기가 아직 오지 않았을 수도 있다. 큰 부담을 느끼거나 삶에 대한 만족감이 미미한 시기에는 화해 조치가 성공하기 어렵다. 반면 욕구가 균형을 이루고 자신감이 상승해 있을 때에는 결정이 좀 더 수월하다.

당신이 부모님이나 다른 사람들에 대해 가지고 있는 몇몇 비판적 태도를 변화시킬 의향을 이미 가지고 있다면 다음의 조언을 활용할 수 있을 것이다.

- 당신이 아무것도 미안해할 필요가 없다는 사실을 분명히 자각한다.
- 관찰자의 태도를 취하고 힘들었던 과거와 확실한 간격을 유지한다.
- 과거의 감정 상황을 무조건적으로 시인한다. 자신을 합리화할 필요가 없다.
- 당신이 아이였을 때의 상황에 감정을 이입했다면 당시 상황에서 부모님의 입장이 되어보려고 노력해본다. 이때 부모님이 느꼈을 어려움과 부담에 대해 곰곰이 생각해본다.
- 당신의 부모님이 비판에 어떤 반응을 보일지에 영향받지 않는다. 부모님이 어떤 자기보호 프로그램을 가동시킬지도 함께 살펴보라.
- 다른 사람들이 당신의 노력을 어떻게 생각하는지에 영향받지 않는다.
- 당신도 다른 사람들을 실망시킨 적이 있는지, 그리고 이에 대해 용서받았는지에 대해 곰곰이 생각해본다.
- 부모님이 당신에게 베푼 좋았던 모든 것을 다시 한 번 생생하게 떠올려본다.

견고한 평정심 만들기

구체적인 모기 상황에서 자신의 취약성에 더 잘 대처하기 위해 장기적인 목표를 설정하여 잠재적인 발전가능성을 찾아볼 수 있다. 이런 이유에서 당신의 욕구 결산(3장 167쪽 '욕구 결산: 당신은 만족할 수 있는가' 참조)과 에너지 분배(3장 173쪽 '당신의 시간과 에너지 분배가 말하는 것' 참조)를 다시 한 번 살펴보면 좋다. 당신의 욕구 결산과 에너지 분배는 평정심에 어떤 기여를 할 수 있을까?

욕구 결산: 균형이 개선될 가능성

자신의 기본욕구와 주변 사람들의 기본욕구를 조화시키면서 사는 것이 가장 이상적이다. 여기에 대해서는 누구나 동의할 것이다. 하지만 모든 이상이 그렇듯 이런 조화에 도달하는 것은 영원히 어려운 일이다. 하지만 이런 균형이 목표를 설정하는 데 도움을 줄 수는 있다. 말하자면 견고한 평정심보다는 물 흐르는 듯한 평정심이 중요하다. 내면뿐만 아니라 다른 사람과의 관계에서 욕구는 서로 해결되기 어려운 긴장관계에 놓여 있다. 마치 바다를 항해하는 배에 탄 것과 같다. 배에 너무 많은 짐을 실으면 배를 조정하기 어렵고 가라앉을 수 있으며, 짐을 고르게 분산시키지 않으면 배가 기울어진다. 당신에게 중요한 모든 것이 매 순간 충족될 수는 없다. 하나의

헬비히의 '가치 사각형'

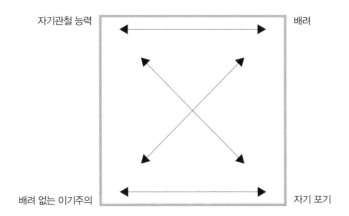

자기관철 능력　　　　　　　　　　　　배려

배려 없는 이기주의　　　　　　　　　　자기 포기

욕구가 충족되면 다른 욕구는 상대적으로 포기해야 한다.

　당신은 자신의 욕구 결산을 바라보면서 분명히 뭔가를 바꾸어야겠다는 여러 자극을 느낄 것이다. 모든 것을 한 번에 바꿀 수는 없기 때문에 처음에는 특별히 주의를 기울이고 싶은 욕구에 중점을 두어야 한다. 이제 욕구 결산을 좀 더 자세히 들여다보자!

　무엇을 먼저 변화시키고 싶은지, 그리고 그 대신 무엇을 뒤로 미루어둘지 확실하게 알기 위해 나는 심리학자 파울 헬비히Paul Helwig가 고안하고 프리데만 슐츠 폰 툰Friedemann Schulz von Thun이 '발전 사각형Entwicklungsquadrat'으로 확대한 모델을 소개하고자 한다. 이 모델은 '욕구 갈등'과 '욕구 표현'이라는 주제를 다루고, 당신이 어떤 기본욕구에 우선순위를 두고 있는지 발견하는 데 가장 알맞다.

　헬비히는 인간이 자신을 건설적으로 발전시키려면 모든 가치(인간의 모든 속성)가 긍정적인 현재와 균형 잡힌 긴장관계에 놓여 있어야 한다는 생각에서 출발한다. 이러한 생각은 이미 그리스 철학자 아리스토텔레스에게서도 발견된다. 아리스토텔레스는 자신을 관철시키는 능력은 건설적인 인간관계를 위해 타인을 배려하는 능력을 통해 보완되어야 한다고 생각했다. 자신을 관철시키는 능력과 타인을 배려하는 것은 변증법적 긴장관계에서 대립하고 있는 상반된 개념이다. 둘 중 어느 한 속성이 다른 속성 없이 과도한 방식으로 발휘될 경우 부정적인 특성을 얻을 수 있다. 말하자면 자신을 관철시키는 능력을 과도하게 발휘하면 배려 없는 이기주의가 될 수 있고, 다른 한편으로 지나친 배려는 자신을 완전히 포기하는 것으로 전락할 수 있다. 이로써 우리는 4가지 속성, 즉 변증법적으로 서로 보완되는 두 가지 긍정적인 속성과 그것이 과도하게 발휘될 때 나타나는 두 가지 부정적인 속성을 갖게 된다. 헬비히는 이로부터 이 4가지 속성이 서로 연관관계를 갖는 '가치 사각형Wertequadrat'을 고안했다. 상단에는 서로 대립되는 긍정적인 특성들이 위치하고, 하단에는 이 특성이 과도하게 발휘될 때 나타나는 부정적인 특성들이 위치한다. 화살표는 어떤 특성이 서로 긴장관계에 놓여 있는지 나타낸다.

예를 들어 어떤 사람이 자신의 이해관계를 항상 밀어두는 성향이 있다면 그에게는 적절한 배려가 결핍되어 있기도 하고 자기관철 능력이 결핍되어 있기도 하다. 그런데 이 사람이 늘 다른 사람만을 위하는 행동에 싫증을 느끼고 앞으로는 더 이상 다른 사람을 배려하

첫 번째 '욕구 사각형'

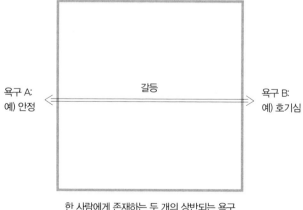

한 사람에게 존재하는 두 개의 상반되는 욕구

지 않겠다고 결심한다면 그는 자신을 포기하는 성향을 배려 없는 이기주의로 선회함으로써 어느 정도 과잉 보상을 받게 된다. 긍정적인 발전을 위해서 이 사람은 자신의 욕구를 관철시키는 능력을 개선하고 갈등 상황에 따라 적절한 배려를 베푸는 행동을 하는 것이 도움이 된다.

이제 이러한 사고를 욕구 층위로 전이해보자. 그러면 '가치 사각형'처럼 '욕구 사각형'을 작성할 수 있다. 말하자면 각각의 욕구는 단독으로 만물의 척도가 되는 것이 아니라, 똑같이 중요한 다른 욕구와 대립을 이루고 있다. 두 개의 욕구는 모두 정당하다. 하지만 이 욕구는 서로 긴장관계에 놓여 있다. 다시 말해 내가 하나의 욕구에 너무 많은 관심을 기울이고 시간과 에너지를 쏟는다면, 자동적으로

5장 마음의 평정을 되찾는 방법

다른 욕구가 등한시되고 중요한 삶의 영역이 장기적으로 소홀해질 위험에 처한다. 이에 대해 깊이 생각해볼 필요가 있다.

다음에 이어지는 두 번째 욕구 사각형을 살펴보자.

'어떤 욕구가 생겨날 때에는 당사자가 이 욕구와 관련하여 어떻게 생각하고 행동하는가'라는 질문이 언제나 제기된다. 그가 자신이 원하는 것을 분명하고 솔직하게 말한다면 그는 그에 알맞게 행동하며, 특정 상황에서 이런 행동이 적절하다고 느끼기도 한다. 이는 기능적인 욕구 표현이기 때문에 긍정적이라고 볼 수 있다. 예를 들어 안정 욕구의 경우, 기능적인 욕구 표현은 유의미한 예방 조치를 취하는 모습으로 나타나며, 역기능적인 욕구 표현은 강제적 통

두 번째 '욕구 사각형'

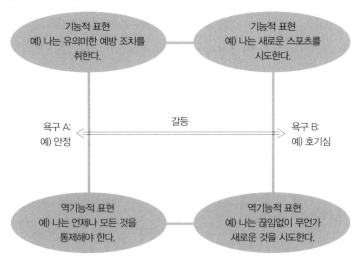

한 사람에게 존재하는 두개의 상반되는 욕구와 그것을 표현하는 방식

제로 나타난다.

여기서 다음과 같은 결론을 확인할 수 있다. 즉 과장되거나 기형화된 방식으로 욕구가 표현되면 우리가 이미 여러 자기보호 프로그램에서 확인한 행동 방식을 다시 마주하게 된다는 것이다(4장 194쪽 '통로 3과 4: 약점과 자기보호 프로그램' 참조). 이제 자기보호 프로그램이 당신에게 중요한 욕구를 어떻게 다루고 있는지 자문해볼 수 있다. 즉 당신의 행동은 당신의 목표와 근접해 있는가? 아니면 욕구 충족에 오히려 방해가 되는가? 많은 사람은 다른 사람이 필요한 상황에서 실제 자신의 모습보다 더 약한 모습을 보이며, 애착을 그리워하면서도 스스로 물러난다. 그리고 다른 사람들이 자신을 이해해주기를 기대하면서도 비난에 찬 태도를 보인다. 이런 행동은 단기적으로 긴장을 완화해주기는 하지만 욕구가 불리한 방향으로 흐르고 있다는 신호다. 특히 대인관계에서 자신의 욕구를 적절하게 다루기란 매우 어렵다. 대인관계에서는 다른 사람(예를 들면 배우자)의 기본욕구와 더 쉽게 충동할 수 있기 때문이다.

자존감 욕구를 예로 들어보자. 자존감은 긍정적인 상대 개념, 즉 다른 사람이 나에게 보여주는 인정(다른 사람의 기본욕구에 대한 존중)이 필요하다. 자존감이 과장된 방향으로 흐르면 자기중심적인 행동으로 전락할 수 있으며, 다른 사람을 일방적으로 인정할 경우 언제나 그 사람이 듣고 싶어 하는 말만 하게 된다.

좀 더 깊이 들어가보자. 다음에 이어지는 네 번째 욕구 사각형에

세 번째 '욕구 사각형'

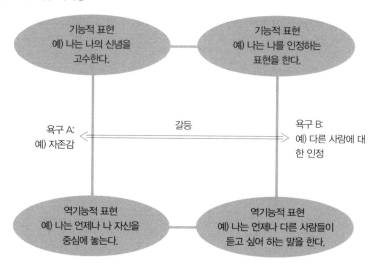

다른 사람의 욕구와 충돌하는 자신의 기본욕구와 그것을 표현하는 방식

서 점선으로 표시된 화살표는 슐츠 폰 툰의 모델에 의거하여 건설적으로 발전할 수 있는 변화가능성을 보여준다. 예를 들어 오른쪽 아래에 해당되는 사람에게는 앞으로 안정 욕구를 보다 더 존중하는 것이 유의미한 행동일 것이다. 왼쪽 아래에서 오른쪽 위를 향하는 화살표는 또 다른 발전 목표를 표현한다. 어느 정도의 위험을 감수하더라도 새로운 것에 대한 매력을 얻을 수 있다. 또한 왼쪽 아래에서 왼쪽 위를 향한 발전도 유의미하다. 부부 관계에서 버림받지 않으려는 안정 욕구가 그렇다. 예를 들면 소셜미디어에서 배우자를 끊임없이 통제하거나 배우자에게 자유 여지를 허용하지 않으려는(왼쪽 아래) 시도는 파괴적이라고 볼 수 있다. 그렇게 하는 대신에 앞으

네 번째 '욕구 사각형'

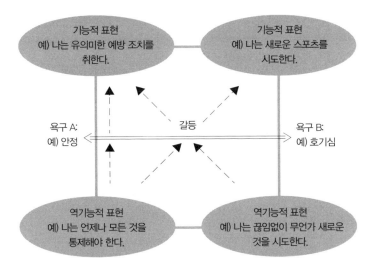

한 사람에게 존재하는 두 개의 상반되는 욕구와 그것을 표현하는 방식
점선으로 표시된 화살표는 바람직한 발전을 나타낸다

로는 배우자의 자율성 욕구를 인정하려 노력하고 두려움이 생길 때 더 나은 해결책을 찾는 것이 좋다(예를 들면 그에 해당되는 자신의 코끼리를 집중적으로 살펴본다).

이 욕구 사각형이 상당히 복잡해 보일 수도 있다. 이 욕구 사각형에는 여러 차원이 포함되어 있다.

- 다양한 욕구의 긴장관계
- 욕구를 기능적, 역기능적으로 다루기
- 욕구를 대하는 방식의 변화 가능성

5장
마음의 평정을 되찾는 방법

자신의 욕구 사각형을 발전시키기 위한 다음의 예시와 지침은 당신의 현 상태를 확인하고 당신이 무엇을 변화시키고 싶어 하는지 밝히는 데 도움을 줄 것이다.

자신의 욕구 사각형을 탐구하기에 앞서 앞의 일화에 등장한 주인공들의 욕구 사각형에서 중요한 의미를 지니는 주제와 문제 제기에 대해 먼저 살펴보고자 한다. 이 욕구 사각형들은 해결책을 찾아야 하는 각각의 지극히 개별적인 욕구 상태를 반영하고 있다. 그러므로 만능 해결책이라고 볼 수는 없다. 문제를 어떻게 바라보는지에 따라, 어떤 변화 조치를 취할 수 있는지에 따라 하나의 (자기)치료 요법이 새로운 다양한 경험으로 이어질 수 있으며, 그로부터 새로운 해결의 단초가 생길 수 있다. 점선으로 표시된 화살표는 해당 주인공이 바라는 발전 방향을 나타낸다. 여러 개의 목표를 지향한다면 당연히 여러 개의 화살표가 나타난다. 그 외에도 여기에서 어떤 구체적인 행동 조치가 생겨나는지 간략하게 설명하고자 한다. 각각의 개별적인 훈련은 변화를 위한 첫걸음을 디딜 수 있도록 안내할 것이다. 이 부분을 읽으면서 '나도 한번 시도해볼 수 있겠다!'라는 생각이 떠오르거나 자극을 받는다면 환영할 만한 일이다.

개인적인 코끼리를 통해 드러나는 각 주인공의 핵심적인 기본욕구는 왼쪽 중앙에 위치하고 있으며, 맞은편(오른쪽)에는 (긴 화살표를 기준으로) 각 주인공의 지난 삶에서 거의 발전시킬 수 없었던, 그래서 보충되어야 하는 기본욕구가 위치한다. 왼쪽 아래에는 욕구의 역기능적 표현으로서 자기보호 프로그램이, 오른쪽 아래에는 등한시되었던 욕구가 역기능적으로 나타나는 형태가 위치하고 있다. 또한 이런 소홀했던 욕구가 몇몇 주인공에게서 자기보호 프로그램의 일부로 나타날 수도 있다. 페터와 안나, 슈테판, 지빌레의 경우가 그렇다. 그들의 행동은 두 가지 욕구(왼쪽과 오른쪽에 제시된)의 손상을 암시하며, 이에 따라 그들의 자기보호 프로그램은 여러 욕구와 관련된 사고 및 행동 패턴을 담고 있다(각각에 해당하는 '욕구 사각형' 참조).

다음 내용을 읽으면서 특별히 당신의 관심을 끄는 인물을 선택해본다. 다시 말해 당신에게 중요하게 다가오는 주제에 우선적으로 집중해보는 것이다.

일곱 개의 코끼리를 유용하게 활용하라

1. 리사의 욕구 사각형: 보호받는다고 느끼기 그리고/혹은 자기주장하기?

거부에 대한 두려움은 누구나 갖고 있는 감정이다. 다른 사람에게 자신의 의견과 의지를 강요하는 것은 위험이 따른다. 이를 위해서는 자신감과 갈등을 마주할 용기가 필요하다.

리사에게 있어 거부당한다는 것은 그녀의 지난 삶을 배경으로 볼 때 안전을 상실하는 것과 같다. 그래서 그녀는 언제나 모든 사람을 만족시키고 다른 사람들이 듣고 싶어 하는 말을 하려고 지나치게 노력했다. 어렸을 때 그녀는 갈등을 매우 끔찍하다고 느꼈다. 그

리사의 욕구 사각형

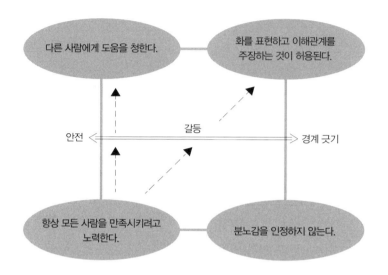

래서 그녀는 화가 나도 속으로 삼키고 습관적으로 갈등을 비켜가는 법을 익혔다. 경계를 긋는 것, 자기 자신을 주장하는 것, 자신의 생각을 솔직하게 표현하는 것은 그녀로서는 전혀 생각할 수 없는 행동이었다. 이기적이라고 생각해서 피했던 이런 행동이 자신에게도 허용될 수 있다는 것은 그녀에게 참된 발견이었다. 이는 무엇보다도 욕구 질문지에 그녀가 진술한 내용에서 확인할 수 있었다. 자율적 행동에 필요한 능력을 발전시키는 것은 그녀에게 가장 필요한 첫 번째 조치였다. 리사의 욕구 사각형은 이러한 연관관계를 보여준다.

그녀는 보다 적절하게 경계를 설정해야 한다는 발전 목표를 세우고 자신의 감정과 욕구에 더 많은 주의를 기울이며 이때 나타나는 두려움과 불안함을 극복하는 법을 익혔다. 그녀는 자신 있는 행동과 적절한 자기주장을 훈련함으로써 자신의 자율성을 강화시켰다. 리사는 자신의 변화된 모습에 몇몇 주변 사람이 초반에 보인 당혹감이 자신에 대한 인정으로 점점 변하는 놀라운 경험을 했다. 자신의 일방적인 안전 욕구는 이렇게 차츰 사라졌다. 또한 그녀는 안전 욕구를 표현할 다른 방법을 발견했다.

'차이점 익히기' 연습

리사는 자신의 지인들 중 열 명을 골라서 목록을 작성하고 이들에게 사랑받는 것이 그녀에게 얼마나 중요한지 성찰해보았다. 이들이 그녀를 존중하지 않거나 아예 거부하는 최악의 경우에 어떤 일이 벌어질까? 학습 목표는 모든 사람이 그녀를 예외 없이 좋아해야 한다는 완고한 신념을 수정하는 것이다.

2. 슈테판의 욕구 사각형: 존중받기 그리고/혹은 자기 자신 존중하기?

존중받는 사회적 지위를 얻는 것은 많은 사람에게 최고의 자산이다. 사회적 지위가 자존감의 가장 중요한 원천인 경우에는 다른 사람들을 통한 끊임없는 확인을 통해 자존감이 유지된다. 하지만 다른 사람들에게 인정받지 못하면 자신에 대한 회의감에 빠지고, 그 결과 우울감이나 공격적인 반발심이 생길 수 있다.

슈테판은 지위에 집착했다. 그는 자신에 대한 존중을 공격적으로

슈테판의 욕구 사각형

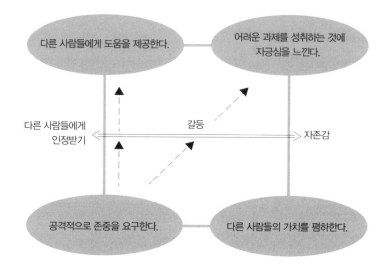

요구하는 등 그다지 효과적이지 못한 수단을 사용하여 인정을 얻으려고 노력했다. 그의 자존감은 매우 미약했다.

슈테판은 신분을 드러내는 상징에 집착하지 않고 자신의 강점과 자원에 관심을 두기 시작했다. 그는 자신의 성과에 자긍심을 갖는 법, 6기통 자동차가 없어도 주변 사람들에게 가치 있는 사람이 될 수 있다는 사실을 의식하는 법을 배웠다. 다른 사람들에게 도움을 주거나 애정 넘치는 태도를 보이는 행동으로 말이다. 그가 다른 사람들에게 일반적으로 가지고 있는 부정적인 이미지는 자기 자신에 대한 인정이 결핍되어 있음을 반영한다. 때문에 그는 자신의 자존감을 높이면서 다른 사람들에 대한 호의적인 마음을 보였고, 다른 사람들은 그의 이러한 새로운 행동을 인정하고 그에게 좀 더 친절을 베풀었다.

우리는 자기 자신을 사랑해야만 주변 사람들에게도 사랑받는다는 말을 참 쉽게 한다. 하지만 과거의 도식은 너무 완강하다. 다시 말해 우리는 과거에 상처 입은 자존감 때문에 오랫동안 열등감에 시달린다. 다른 사람들과의 새로운 경험은 그것이 긍정적인 경험일지라도 자신의 익숙한 사고에 맞지 않는다는 의혹을 먼저 품게 만든다. 친절을 경험하는 것은 하나의 선물이다. 우리는 이 선물을 받아들이고 퍼즐 조각을 끼우듯이 보다 호의적인 자기 이미지에 추가하는 법을 배워야 한다. 슈테판은 이를 통해 긍정의 소용돌이를 마주하고 과거의 악순환을 깰 수 있었다.

3. 페터의 욕구 사각형: 경계 설정하기 그리고/혹은 서로를 위해 존재하기?

다른 모든 갈등처럼 이 갈등에도 단순한 해결책은 존재하지 않는다. 즉 우리가 다른 사람들의 욕구를 위해 자신을 소홀히 돌보는 것은 아닌지, 혹은 다른 사람들과 너무 거리를 두고 그들을 저버리지 않는지 끊임없이 자문해야 한다. 사람들이 서로 균형을 이루며 서로를 위해 살 수 있다면 누구나 만족할 것이다. 어떨 때는 한쪽이, 또 어떨 때는 다른 한쪽이 양보해야 하는 경우가 있더라도 말이다. 병에 걸렸거나 일시적으로 과도한 스트레스를 받는 경우처럼 말이다. 그러면 기브 앤드 테이크가 조화를 이룬다. 그런데 우리가 다른 사람

페터의 욕구 사각형

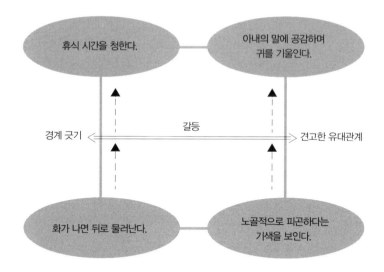

에 대한 걱정으로 자신을 소홀히 하거나 자존감마저 잃는다면 상황은 복잡해진다. 그렇게 되면 우리는 마음의 평정을 위태롭게 만들지 않으려고 선을 긋는다.

페터의 두 가지 욕구, 즉 경계를 긋고자 하는 욕구와 견고한 유대관계를 향한 욕구는 아내의 불만으로 위험에 처했다. 하지만 그는 이에 대해 자신의 뜻을 적절히 표현하지 못한다. 그의 행동에는 상처 입은 어머니와의 갈등에서 기인하는 과거의 도식이 반영되어 있다. 즉 어린 그가 배탈을 하소연할 때마다 어머니는 유화적인 모습을 보여주었다. 현재 그가 보내는 피로의 신호는 어릴 때의 배탈과 같으며, 이 신호를 통해 그는 왜곡된 형태의 사랑일지라도 사랑받지 못한다는 두려움을 표현한다. '내가 이렇게 녹초가 되었을 때에는 나를 너그럽게 이해해주고 나에게서 아무것도 요구하지 마!'

사람들은 페터의 경우처럼 자신의 피로를 강조하고 싶을 때 종종 뒤로 물러나서 경계를 그으려고 한다. 하지만 페터는 이러한 욕구를 솔직하게 드러낼 수 없었다. 아내에 대한 책임감이 그를 가로막았는데, 어머니에 대한 과거의 죄책감 때문에 아내에 대한 책임감이 지나치게 커졌던 것이다. 하지만 그조차도 간파하기 어려울 만큼 욕구가 뒤섞여 있어서 그는 적당히 경계를 그을 수도, 자신의 현재 상태에 대한 이해를 바랄 수도, 아내를 애써 이해할 수도 없었다.

갈등에 대해 솔직하게 대화하고 이해와 보호를 향한 자신의 욕구를 표현한 것은 그에게 중요한 발전 단계였다. 이런 방식으로 그는 부부관계에서 경계를 유익하게 설정했을 뿐만 아니라 직장에서 받는 과도한 부담감에서 자신을 지킬 수 있었다. 그는 온전한 자기 자신과 일치될 수 있었고, 이를 통해 아내의 욕구를 바라보는 것이 가능해졌다.

'그냥 귀 기울여 들어주기' 연습

페터는 아내에게 관심을 기울이면서 그녀의 안부를 묻는 등 아내를 좀 더 존중하는 데 익숙해졌다. 중요한 것은 그가 이제는 아내가 하는 말에 조언하면서 개입하지 않고 공감하면서 주의 깊게 듣는다는 점이다. 아내 또한 달라졌다. 페터의 머릿속이 다른 일로 꽉 차 있다는 것이 분명하게 보일 때는 그의 관심을 기대하지 않게 되었다. 그런 아내의 유익한 변화도 페터에게 도움이 되었다.

그의 학습 목표는 아내의 불만을 일단 한 번 견뎌내는 것이었다. 말하자면 '나는 당신의 분노를 진지하게 받아들이고 당신의 분노가 내 인성에 대한 공격이라고 생각하지 않는다'고 생각한 것이다. 페터는 아내의 욕구 충족에 대한 책임이 자신에게만 있는 것이 아님을, 혹은 자신에게 전혀 책임이 없다는 사실을 비로소 알게 되었고, 그러자 경계 설정이라는 갈등이 눈에 띄게 완화되었다. 견고한 유대 관계를 위해 이보다 더 좋은 태도는 없다.

4. 안나의 욕구 사각형: 사랑 받기 그리고/혹은 소신껏 행동하기?

다른 사람이 원하는 대로 행동하면 쉽게 사랑받을 수 있다. 그런데 다른 사람의 소망을 만족시키기 위해 자기 자신을 부정하는 것은 매우 치명적이다. 마찬가지로 부부 중 한쪽이 다른 한쪽의 뜻을 더 이상 따르지 않는 것도 불행한 일이다. 그렇게 되면 사랑과 존중이 엄격한 시험대에 오른다.

안나는 자신의 불만을 솔직하게 이야기하는 것을 두려워했다. 그녀가 지금까지 시도했던 해결책, 즉 어머니에게 인정받고 싶은 마음에서 집안일을 완벽하게 하고, 사소한 일에 불평함으로써 좌절된 자율성울 표현하는 방식은 막다른 골목으로 이어졌다. 왜냐하면 이런 행동으로는 사랑이나 인정을 받지 못했고, 자신의 삶을 스스로 결정

안나의 욕구 사각형

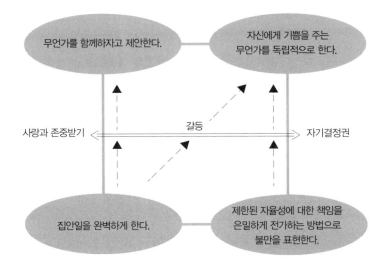

할 수도 없었기 때문이다. 그녀의 행동은 표면적으로 자신의 정리 욕구를 겨냥하고 있었지만, 그 저변에는 자신의 삶에 대한 불만족이 스며들어 있었다. 깊은 실망감을 스스로 인정하는 것보다 남편에 대한 화를 참는 편이 더 쉬웠던 것이다.

아이를 갖고 싶은 소망이 충족되지 않았기 때문에 안나와 페터에게는 새로운 방향 설정이 필요했다. 안나의 뛰어난 직업적 능력을 고려해서라도 도전 정신을 펼칠 수 있는 직업을 찾는 것이 기본욕구를 충족하는 데 해결책이 될 수 있었다. 이에 따라 집안일은 부부의 공동 과제가 되었다. 두 사람 모두 부부가 함께 무언가를 하고 싶은 욕구를 느끼고 있었기에 그들은 의도적으로 서로를 위해 더 많은 시간을 가졌다(이 변화가 아이를 갖고 싶은 소망에 행운을 가져다 줄 수도 있다).

'내려놓기' 연습

안나는 일주일 중에 하루는 정해진 일을 강제적으로 하지 않고 즉흥적으로 하고 싶은 일을 하기로 결심했다. 또한 그녀는 가끔 페터보다 늦게 귀가하는 즐거움을 누리기도 했다. 그 외에도 정말 천재적인 생각을 하기도 했는데, 이것은 그녀의 익살스럽고도 현명한 방식을 좋아했던 페터에게도 큰 도움이 되었다. 안나는 페터에게 이렇게 말했다. "앞으로는 내가 당신 양말을 치울게. 정말이야. 당신은 내가 양말 세 켤레를 빨래 바구니에 모을 때마다 내가 보고 싶은 오페라 티켓을 구해서 나랑 함께 보러 가는 거야." 돈과 노력이 많이 드는 일이기는 하지만, 경험상 이것은 두 사람이 함께 누릴 수 있는 기쁨이다.

'내려놓기' 연습의 목표는 자신의 행복에 우선권을 부여하고 의무적으로 이행해야 하는 욕구가 아닌, 자율적으로 결정한 욕구를 충족하는 것이다.

5. 세바스티안의 욕구 사각형: 어울리기 그리고/혹은 독자적으로 행동하기?

이 질문은 우리를 아주 혹독한 시험대에 올려놓을 수 있다. 모두가 거부하는 행동을 하면 혼자가 되거나 외로움에 적응하게 된다. 독자성은 간혹 용기가 필요한데, 자신이 정말로 독자적인 사람이 되기를 원하는지 의식적으로 생각해봐야 한다.

세바스티안의 욕구 사각형

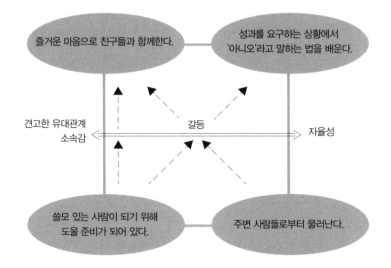

세바스티안은 자신이 쓸모 있는 사람이라고 느낌으로써 소속감 욕구를 충족하려고 노력했다. 그가 직장에서 적극적으로 행동했던 이유도 소속감 욕구를 충족하기 위해서였다. 추가적인 업무까지 떠맡을 준비가 되어 있는 그의 마음가짐은, 이를 통해 사람들이 자신을 좋아해주기를 바라는 잘못된 기대에 원인을 두고 있었다.

세바스티안에게는 자신의 자율성 욕구, 특히 자존감과 자기결정권을 효과적으로 행사하는 것이 무엇보다 중요했다. 앞으로 자신의 에너지를 더 잘 분배하고 싶은 바람을 갖게 된 그는 직장에서 '아니오'라고 좀 더 자주 말하기 시작했고, 이를 통해 문제가 발생할 때마다 구원자처럼 자청하고 나섰던 과거의 충동에 제동을 걸 수 있었다. 그 결과 그는 시간을 벌었고 자신의 사회적 유대관계에 더욱 집중할 수 있었으며(이는 결혼 생활에도 도움이 되었다) 다른 사람과 함께하는 생활이 어떤 성과에 얽매여 있는 것이 아니라, 생활을 풍요롭게 해준다는 것을 경험할 수 있었다.

'아니오'라고 말하는 연습

세바스티안은 자신에게 거는 기대를 향해 아무 이유도 대지 않고 거절하는 연습을 했다. 예를 들면 다음과 같은 문장을 말하려고 노력했다. "다른 누군가가 할 수 있을 거예요.""지금은 다른 일이 더 중요해서요." 이 연습의 목표는 다른 사람이 줄 수 있는 좌절감을 견뎌내는 것이다.

6. 지빌레의 욕구 사각형: 모든 것에 공평함 내세우기 그리고/혹은 자신의 이익 추구하기?

모두가 동시에 같은 것을 가지려고 할 때 여러 가지 상황이 벌어진다. 싸울 수도 있고, 남아 있는 것에 만족하려고 할 수도 있으며, 공평한 분배를 위해 노력하기도 한다. 그렇다면 개인적인 이기주의를 자제시킬 수 있는 힘은 누가 가지고 있을까? 어릴 때에는 부모가 아무도 손해 보지 않게 분배해주었겠지만, 지금은 모든 당사자의 공동 의지가 필요하다. 하지만 그렇게 되면 공평을 어떻게 정해야 할지에 대한 합의점을 발견하기가 쉽지 않다. 누구나 자신이나 다른 사람에

지빌레의 욕구 사각형

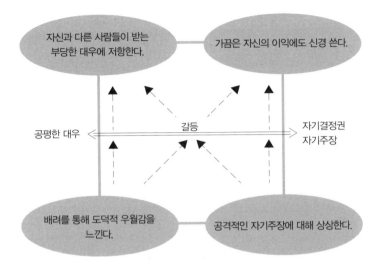

게 어떤 권한이 있는지 자신만의 생각을 가지고 있다. 자신이 언제
나 손해 본다고 생각하는 사람은 쉽게 만족을 느끼지 못하고, 자신
이 원하는 것을 언제나 손에 넣는 사람은 공평함에 대해 거의 생각
하지 않는다.

공평한 대우와 자기주장에 대한 지빌레의 욕구는 그녀의 몸에 밴
무조건적인 배려 습관에 가로막혀 있다. 공평한 대우는 도덕적인 우
월성으로 바뀌었고 자기주장은 그녀의 공격적인 상상 속에서 힘을
잃었다.

지빌레의 발전을 위해서는 그녀 자신의 욕구에 주의를 기울이고
적절하게 표현하는 조치를 취해야 한다. 그녀는 동등한 대우와 공평

함에 대한 욕구를 더 이상 도덕적 우월감이라는 제단에 희생하려고
하지 않고 '모두에게 동등한 권리를'이라는 원칙을 자기 자신에게
도 적용했다. 마침내 그녀는 경우에 따라서 자신의 이익을 취하기도
했다. 또한 문제 상황에서 '화풀이하는 것'이 얼마나 홀가분할 수 있
는지도 몸소 경험했다.

'자기주장하기' 연습

지빌레는 기다리는 줄에 서 있을 때 '~ 때문에 매우 급하니 앞에 서
도 되겠느냐'고 친절하게 부탁하는 연습을 했다. 이 연습의 목표는
적절한 형태로 자신의 욕구를 솔직하게 표현하는 법을 습득하는 것
이다. 좌절감을 견디는 법을 배우고 상대가 자신의 요구를 들어주지
않아도 놀라지 않는다.

7. 마쿠스의 욕구 사각형: 혼자 알아서 하기 그리고/혹은 주변 사람들에게 의존하기?

여기서 우리는 특히 의존과 독립의 긴장관계를 마주하게 된다. 분업
화된 현대사회에서는 당연히 누구나 다양한 방식으로 다른 사람들
에게 예속되어 있다. 우리는 이를 당연하게 생각한다. 단지 익숙한
것이 원활하게 기능하지 않을 때에만 거슬려할 뿐이다. 이를테면 기
차가 제시간에 출발하지 않거나 상품이 품절되거나 누군가 약속을
지키지 않을 때 말이다. 어떤 좌절감은 인신공격으로 받아들여지지

마쿠스의 욕구 사각형

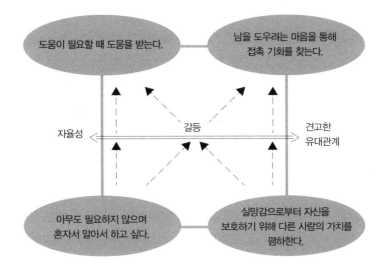

않으며, 다른 좌절감은 우리의 인성을 무시한다고 느껴진다. 우리를 무시한다고 생각되는 이러한 좌절감은 결과가 뒤따른다. 말하자면 우리에게 주어져 있다고 생각하는 권한을 요구하며, 원인 유발자를 벌 주거나(예를 들면 그에게 냉랭하게 대하는 방식), 실망감을 느끼면서 스스로 물러난다. 또는 우리가 원하는 것을 다른 사람에게 얻기 위해, 혹은 실망감을 받아들이기 위해 유익한 방법을 찾는다.

필요해서 생겨난 마쿠스의 능력, 즉 혼자 알아서 하는 능력은 결국 외로움으로 이어지며, 또 다른 실망감으로부터 자신을 보호하기 위한 대가이다. 다른 사람의 가치를 폄하하는 그의 태도는 마치 이솝우화에서 여우가 자신이 따지 못하는 포도를 신 포도라고 여긴 반응과도 같다.

마쿠스는 외로움을 극복하기 위해 자신의 능력을 자각해야 했다. 그는 과거에 주택관리사로 일했던 자신의 뛰어난 손재주를 슈퍼마켓의 벽보에 광고했다. 그는 다른 사람에게 도움을 주는 통로를 통해 타인과의 접촉 기회를 찾을 수 있었고, 이는 자기 존재를 확인하는 데 도움이 되었으며, 경제적으로도 조금이나마 이득을 볼 수 있었다. 이 과정에서 그는 실망감에 대한 두려움을 극복할 수 있었고, 마침내 사람들도 그의 도움을 원하게 되었다. 그는 다른 사람들과 접촉하면서 자신의 사회적 능력을 새로 발견할 수 있었고 부정적인 인간상도 바로잡을 수 있었다. 그리고 가끔은 자신도 누군가에게 도움을 청하는 모험을 조심스럽게 감행하기도 했다. 그는 긍정적인 대인관계를 통해 과거의 자기보호 프로그램을 타파했고, '우물 안 개구리'에서 벗어나 경험을 넓힐 수 있었다.

'접촉하기' 연습

마쿠스는 산책할 때 놀기 좋아하는 자신의 강아지를 가끔 풀어주고 다른 개들과 신나게 뛰어놀게 했다. 그동안 자신은 다른 견주들과 대화를 나누었다. 혹은 지나가는 사람에게 시간을 물어보기도 했다. 이 연습의 목표는 인간 사이의 상호작용이 주는 긍정적인 반향을 경험하고 서서히 사회적 삶에 다시 가담하는 것이다.

자신의 코끼리를 유용하게 활용하라

좀 더 균형 잡힌 욕구는 삶의 만족을 위해 결정적인 의미를 지닌다. 당신의 욕구 사각형 또한 더 좋은 앞길을 정하는 데 도움을 줄 것이다.

앞에서 언급했듯이 모든 것을 한 번에 바꿀 수는 없다. 따라서 사소한 계기로 늘 흥분하는 문제 상황을 가장 먼저 택해야 한다. 다시 말하지만 당신의 흥분은 특히 당신의 마음에 걸려 있는 욕구를 가리킨다. 문제 상황에서 어떤 욕구가 문제가 되는지 곰곰이 생각해보고, 그 욕구에 적당한 이름을 부여해야 한다(욕구 질문지에서 택하거나 개인적으로 이름을 붙인다). 이 욕구(욕구 A)를 다음 사각형에서 왼쪽에 기입하라(예: 직장에서의 인정).

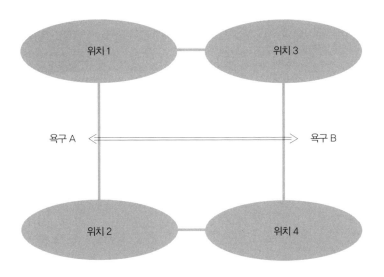

이제 3장 168쪽의 '욕구 결산표'를 보면서 중요도가 큰 어떤 욕구가 근본적으로 충족되지 않았는지 점검해본다. 욕구 A와 충돌하며 긴장관계에 있는 욕구를 하나 선택하고(예를 들어 '내가 직장에서의 성공을 위해 노력할 경우에 가족에게 소홀해진다'면 당신이 속해 있는 모든 것과 견고한 유대관계를 맺으려는 욕구다), 이 욕구(욕구 B)를 오른쪽에 기입한다.

　물론 다른 대목에서처럼 이 대목에서도 개인적으로 중요한 질문을 제기할 수 있도록 개인적인 대화를 할 수 있다면 가장 좋을 것이다. 하지만 유감스럽게도 그렇게 하는 것이 불가능하고 나 또한 모든 욕구에 대해 일련의 질문을 전부 제공할 수 없기 때문에 요즘에 많이 논의되는 주제인 워라밸, 즉 일과 삶의 조화Work-Life-Balance에 대해서 조명해보려고 한다. 많은 사람에게 직장에서의 인정은 핵심적인 주제이기 때문에 나는 여기서 이 욕구를 사각형의 왼쪽(욕구 A)에 기입한다. 어떤 기본욕구가 이 욕구와 긴장관계(욕구 B)에 놓일 수 있을까? 원칙적으로 이에 대해 일반적으로 대답할 수는 없다. 당신에게 어떤 긴장관계가 중요한지가 결정적이다. 가족과 가정에 대한 견고한 유대관계일 수도 있고, 새로운 스포츠에 도전하기 위해 충분한 시간을 갖는 것일 수도 있으며, 오랫동안 관심을 가졌던 나라를 여행하는 것일 수도 있다. 어쩌면 익숙한 생활 패턴에서 그냥 한번 벗어나고 싶다는 생각을 할 수도 있다('호기심' 욕구). 특히 이는 자율성의 문제이기도 하다. 말하자면 성과에 대한 다른 사람들의 기대를 충족시키는 대신 자신의 생각을 실현할 수 있기 때문이다. 당신의 기본욕구와 소망 목록에 근거하여 다양한 가능성에 대해 깊이 생각해보자. 여러 욕구가 서로 맞부딪칠 수도 있다. 하지만 앞으로의 작업을 위해 일단 하나의 대립 쌍을 결정해야 한다. 이제 대립되는 욕구를 오른쪽(욕구 B)에 기입한다. 위치 1~4에 해당되는 모서리가 아직 비어 있다. 이 자리에는 두 욕구의 기능적 표현과 역기능적 표현이 위치한다.

내가 직업 교육 세미나와 상담 시간에 활용하는 방법에 따라 다음과 같은 내용을 제안하고 싶다. 즉 머릿속으로 혼자 생각하거나 믿을 만한 사람과 대화할 때에도 이 네 가지 위치에 해당되는 내용에 하나하나 집중하는 것이다. 욕구 사각형을 바닥에 그려진 큰 사각형이라고 상상하는 것도 도움이 된다. 그런 다음 머릿속으로 네 개의 모서리에 놓인 의자에 차례대로 앉는다. 그렇게 하면 하나의 주제에 집중하고 다른 모서리가 각각의 위치에 미치는 영향을 감지하도록 도움을 줄 수 있다.

어떤 면에서 다음의 (중립적인) 질문에 대답하는 것은 쉽지 않다. 그래서 나는 '직장에서의 인정'이나 '견고한 유대관계'라는 주제 영역에서의 예시적 대답을 먼저 적어 놓았다. 답하는 데 많은 시간이 필요하다면 그만큼 시간을 갖는다. 그리고 질문에 대해 떠오르는 대답이 없다면 그냥 넘어간다. 너무 집중하다 보면 생각의 흐름이 막힐 수도 있다. 하지만 이 책을 통해 많은 조언이 이미 익숙해졌을 것이다(그렇다면 나는 정말 기쁠 것이다).

이제 입이나 필기도구, 또는 머릿속으로 다음의 질문에 대답해 보자.

위치 1: 욕구 A의 기능적 표현

1. 앞으로 이 욕구를 더 많이 표현하겠다고 생각할 때 당신이 바라는 바와 조화를 이룬다고 느끼는가?

   예시 답변 그렇다. 하지만 나는 아직 상사에게 내 성과에 만족하느냐고 물어볼 용기가 없다.

   그렇다, 정말 그렇다.

   별로 그렇지 않다. 나는 내 문제가 그렇게 중요한 것 같지 않다.

   당신의 대답 _____

2. 욕구가 충족되었다는 것을 어디에서 인식할 수 있는가?

   예시 답변 상사가 나의 성과에 만족한다고 말해줄 때 느낀다.

   내 성과가 훌륭하다는 것을 알고 있기 때문에 신경을 안 써도 된다.

   돈을 더 많이 받을 때 알게 될 것이다.

   당신의 대답 _____

3. 이 욕구를 충족하기 위해 당신은 어떤 사람들이 정확히 무엇을 해

야 한다고 기대하는가?

예시 답변 상사가 필요하다.

뭔가 문제가 생길 때 고객들이 신고만 하지 말고 내 노고도 인정해줬으면 좋겠다.

동료들은 가끔씩 나에게 고맙다고 말했으면 한다.

당신의 대답 _____

4. 욕구 충족의 기회를 개선하기 위해 당신 스스로 어떤 유의미한 일을 할 수 있는가?

예시 답변 용기를 내서 피드백을 자주 요청해본다.

내가 성공에 기여한 부분을 언급한다.

내게 마땅히 주어져야 하는 임금 인상을 요청한다.

당신의 대답 _____

5. 현재 상황에서 욕구를 더 충족하고 싶다는 바람이 실현될 가능성이 얼마나 된다고 생각하는가?

예시 답변 아주 적다. 상사가 더 이상 스트레스를 받지 않을 때까지 기다려야 할 것 같다.

잘 모르겠다. 적어도 뭔가 시도는 해봐야 할 것 같다.

그렇게 나쁘지 않다. 아마도 내 스스로 좀 더 자주 나를 인정하는 표현을 해야 할 것이다. 그렇게 하면 다른 사람에게도 영향을 줄 수 있을 것 같다.

당신의 대답 _____

6. 욕구가 충족되지 않았을 때 실망감이 느껴지더라도 상처받거나 무시당하지 않았다고 느낄 수 있는 생각은 무엇인가?

예시 답변 이 비판은 나를 인신공격하는 것이 아니다.
이것은 어쩔 수 없이 내 약점이다. 그리고 다 지나간 이야기다.
내 동료는 내가 그에게 인정받고 싶어 한다는 사실을 모를 수도 있다.

당신의 대답 _____

당신이 알고 있듯이 위치 1에서는 해당 욕구를 유익하게 다루는 문제에 대해서 이야기하고 있다. 이러한 성찰과 흔적 추적 작업을 마치 귀중한 유물(여기서는 물론 고귀한 코끼리 조각상이 될 수 있다)을 발견하는 과정이라고 생각하면 좋을 것이다. 이 유물은 마침내 긴 세월에 걸친 온갖 훼손을 씻어내고 복구되어 당신 앞에 서 있다. 말하자면 각 욕구를 존중하고 분명하게 인식한다는 상징이다.

위치 2: 욕구 A의 역기능적 표현

당신의 욕구 사각형에서 이 위치는 모기-코끼리 주제의 출발점이었다. 당신은 자신을 포함한 여러 사람들이 왜 사소한 일에 알레르기적인 반응을 보이고, 과거의 패턴을 반사적으로 사용하여 욕구 손상으로부터 어떻게 자신을 지키려고 하는지에 관심을 가졌다. 자신을 비판적으로 바라볼 준비가 되었다면(이는 전적으로 자기보호 프로그램에 위배될 수 있다) 다음 질문을 통해 경우에 따라 생길 수 있는 문제적 측면을 다시 한 번 들여다보아야 한다.

1. 현재의 삶에서 욕구 A가 충족되지 않았거나 경시되었다고 느낀 구체적인 상황이 있는가?

예시 답변 내가 문제 해결책을 제시했다는 사실이 회의 때 한 번도 거론되지 않았다.

과제를 신속하게 해결한 것에 대해 칭찬받아 마땅했다.

프로젝트를 진행할 때 도움이 필요하냐고 아무도 묻지 않았다.

당신의 대답 _____

2. 그 상황에서 어떤 감정(상심, 두려움, 분노, 체념, 슬픔 등)이 유발되는가? 이때 당신은 자기 자신과 상대에 대해 어떤 생각을 하는가?

예시 답변 상사가 나에게 어떤 긍정적인 말도 하지 않을 때 그가 나를 내치려고 하는 게 아닐까 두렵다.

나는 모자라도 한참 모자라다. 울고 싶다.

나는 언제나 다른 사람을 도울 준비가 되어 있는데, 내가 누군가가 필요할 때에는 아무도 나를 도와주지 않는다. 모두가 이기주의자들이다. 이 사실에 화가 난다.

당신의 대답 _____

3. 그런 느낌이 들 때 당신은 무엇을 하는가? 어떻게 자기 자신을 보호하려고 하는가?

예시 답변 상사와 부딪히지 않으려고 피해 다닌다.

더 많이 노력하고 초과 근무를 한다.

불평하지는 않지만 상당히 불쾌하다.

당신의 대답 _____

4. 이때 과거의 자기보호 프로그램을 인식하는가?

예시 답변 자기보호라고? 나는 원래 그런 사람이고 아무것도 바꿀 수 없다.

그렇다. 내가 아무것도 제대로 하지 못한다면 무슨 가치가 있나?

오로지 성과만이 중요하다.

물론이다. 나는 언제나 다른 사람들에게 신경 쓴다. 그러면 언제든지 환영받았다.

당신의 대답 _____

5. 주변 사람들에게 어떤 느낌을 주고 싶은가? 그리고 실제로 당신이 불러일으키는 느낌은 어떤가?

예시 답변 내가 불안해한다는 사실을 상사가 눈치 채지 않았으면 좋겠는데, 그가 내 상태를 인지하고 있는지 아닌지 잘 모르겠다.

내가 얼마나 노력하고 있는지 분명히 눈에 보일 것이다. 가끔씩 상사가 나한테 고마움을 표하니 말이다.

나에게 뭐가 부족하지는 않은지 물을 수도 있을 것이다. 그런데 가끔 누군가가 나에게 혹시 무슨 문제가 있느냐고 묻는다.

당신의 대답 _____

6. 욕구 A에 많은 주의를 기울이는 동시에 욕구 B를 소홀히 할 때 어떤 긴장관계를 느끼는가?

예시 답변 집안 분위기가 자주 심상치 않다.

모두가 자신과 자신의 이익에만 신경 쓴다.

어떤 날에는 집에 들어가기가 싫어진다.

위치 3: 욕구 B의 기능적 표현

욕구 A와 갈등관계에 있는 욕구 B(여기서는 가족 간의 유대관계)를 어떻게 유익한 방향으로 이끌고 표현할 수 있을지 생각해볼 수 있다. 다음의 몇 가지 질문이 생각의 계기를 제공해줄 것이다.

1. 욕구 B가 충족되고 있음을 어디에서 인식하는가?

   예시 답변 집에 돌아오면 모두가 나에게 따뜻하게 인사한다.

   가족들이 나와 무언가 함께하는 것을 좋아한다.

   당신의 대답 _____

2. 이 욕구를 충족하기 위해 어떤 사람들이 정확히 무엇을 해야 한다고 생각하는가?

   예시 답변 부모님이 손주들을 돌봐주었으면 좋겠다.

   배우자가 나의 직업적 성공을 자랑스럽게 여긴다는 걸 표현해줬으면 좋겠다.

   아이들이 어떤 문제가 생겼을 때 나에게 속마음을 털어놓았으면 좋겠다.

당신의 대답 _____

3. 욕구 B를 충족하기 위해 당신 스스로 어떤 유의미한 일을 할 수 있는가?

   예시 답변 가족 각자가 신경 쓰고 있는 일에 대해 대화하는 시간을 더 자주 갖는다.

   내가 방해받고 싶지 않다는 것, 또는 내가 아이들과 함께 시간을 보낼 수 있다는 사실을 좀 더 명확하게 말한다.

   가족들에게 즐거움을 줄 수 있는 새로운 무언가를 가끔 생각해낸다.

   당신의 대답 _____

4. 현재 상황에서 욕구를 더 충족하고 싶다는 당신의 바람이 실현될 가능성이 얼마나 된다고 생각하는가?

   예시 답변 충분하다. 내가 결심한 일을 하기만 하면 된다.

   인내심이 필요하다. 우리는 사이가 조금 멀어졌다.

   내가 어느 정도 뒤로 물러나야 할 것이다. 그 나이의 아이들은 가족에게 별로 신경 쓰지 않으니 말이다.

   당신의 대답 _____

5. 욕구 A에 집중하면 욕구 B와 갈등 상황에 이르는가?

예시 답변 그렇다. 나는 모든 기대와 강요에 더 이상 부응할 수 없다.

그렇다. 나는 종종 사무실에서 느낀 분노를 집에 와서도 몇 시간 동안이나 생각하고, 그럴 때에는 가족들의 이야기를 제대로 들을 수가 없다.

그렇다. 하지만 내가 일을 해야만 필요한 돈을 벌 수 있다.

당신의 대답 _____

6. 이에 대해 솔직하게 말하는가?

예시 답변 가족이 함께 이야기하는 시간을 갖기가 어렵다. 하지만 우리는 이를 변화시키기로 결정했다.

그렇다. 우리는 적어도 일주일에 한 번 시간을 내서 각자가 처한 문제나 서로 원하는 것을 이야기한다.

나는 대화하는 것을 그렇게 좋아하지는 않지만, 다른 가족들에게 내가 필요하다는 것은 느낀다.

당신의 대답 _____

위치 4: 욕구 B의 역기능적 표현

충족되지 않은 기대로 생겨난 좌절감을 스스로 어떻게 다룰 것인가? 이 주제에 대해서도 우리는 자신의 모습을 잘 들여다보려고 하지 않는다. 뒤로 물러나거나 인터넷이나 TV 프로그램으로 도피하거나 아이들을 혼내거나 배우자에게 투덜대거나 과도하게 취미 생활을 하거나 와인을 너무 자주 마실지도 모른다. 또한 자신이 직장에서 무슨 일을 하고 무엇을 참아야 하는지에 대해 가족들이 모른다는 이유 때문에 작은 불쾌한 일에도 민감하게 반응한다.

다음과 같은 질문은 당신의 방향 설정에 도움이 될 것이다.

1. 현재 당신의 삶에서 욕구 B가 충족되지 않거나 경시되었다고 구체적으로 느낀 상황이 있는가?

   예시 답변 집에 돌아오는 즉시 여러 문제가 또다시 나를 힘들게 한다. 내게 일단 휴식이 필요하다는 것을 아무도 모른다.

   나의 아들은 새 휴대전화가 필요하다고 하는데, 사주지 않는다고 하면 계속 화를 낸다.

   배우자에게 작은 부탁을 했는데 그 사람이 또 잊어먹었다.

   당신의 대답 _____

2. 그 상황에서 어떤 감정(상심, 두려움, 분노, 체념, 슬픔 등)이 드는가? 이때 당신은 자기 자신과 상대에 대해 어떤 생각이 드는가?

   예시 답변 아무도 더 이상 나를 배려하지 않는다!(분노)

아들은 갖고 싶은 것이 있을 때에만 나에게 온다.(실망)

모두가 자신의 사정에만 관심이 있다. 내가 원하는 것은 중요하게 여기지 않는다.(화)

당신의 대답 _____

3. 그런 느낌이 들 때 당신을 무엇을 하는가? 자신을 어떻게 보호하는가?

예시 답변 일단 위스키를 한 잔 마신다.

언제나 조르기만 한다고 아들을 혼낸다.

내 방으로 들어간다. 내가 얼마나 실망했는지 드러내지 않는다.

무슨 일이냐는 질문에 주로 "아무 일도 없어. 무슨 일이 꼭 있어야 하는 거야?"라고 답한다.

당신의 대답 _____

4. 이때 당신은 과거의 자기보호 프로그램을 인식하는가?

예시 답변 그렇다. 나는 분노가 치밀면 차라리 슬그머니 사라진다.

뭔가를 원할 때에만 내가 환영받는다는 생각은 매우 익숙하다.

당신의 대답 _____

5. 당신은 주변 사람들에게서 어떤 느낌을 불러일으키고 싶으며, 실

제로 당신이 불러일으키는 느낌은 어떤 느낌인가?

예시 답변 사람들이 나를 좀 알아주면 좋겠다. 하지만 내가 실제로 불러일으키는 느낌은 정반대다.

아들이 자기에 대해서 더 많은 이야기를 해주면 좋겠다. 하지만 실제로 아들은 나에게서 아주 멀어진다.

잘 모르겠다. 그런 생각은 이제 하지 않는다.

당신의 대답 _____

6. 욕구 A에 많은 주의를 기울이는 동시에 욕구 B를 소홀히 할 때 유발되는 긴장관계가 현재 어떻게 표현되는가?

예시 답변 아내는 내가 회사 휴대전화를 꺼놓지 않는 것, 아내와 가족보다 내 일을 더 중요하게 여긴다는 것을 불평한다.

집에서 책상에 앉아 있을 때 방해받으면 화가 난다.

시간이 없다는 이유로 가족들이 나만 빼고 뭔가를 할 때 가끔 슬프다.

당신의 대답 _____

이제 변화를 위한 발전 화살표가 남아 있다. 이 화살표는 하나 또는 그 이상이 될 수 있으며 당신에게 개인적으로 매우 중요하다. 어떤 욕구(A 혹은 B)가 앞으로 더 많은 효력을 발휘할 것인가? 당신은 이 욕구들과 어떻게 더 잘, 더 분명하게, 더 믿을 만하게, 상황에 보다 알맞게 소통할 수 있을까? 위치 1과 3에 대한 당신의 대답은 이에 필요한 방향을 제시해줄 것이다(수직 화살표).

당신의 욕구들이 일단 하나의 발전 목표에 만족하고 인내와 끈기를 발휘한다면 가장 좋다. 당신의 배우자나 친구들, 동료들에게도 인내가 필요하다. 가능하다면 그들에게 인내심을 가져달라고 부탁한다.

근본적인 질문에 대답할 시간을 만들었다면 당신의 욕구 사각형이 이제 보이기 시작할 것이다. 만약 그렇지 않다면 당신의 욕구 주제와 관련된 최근의 시기(예를 들면 최근의 '모기' 상황)로 돌아가서 다시 한 번 생각할 계기를 가져본다. 물론 이러한 자극은 우리의 내면세계로 통하는 작은 창문이 될 수도 있고, 우리의 무의식에 남아 있는 온갖 동기로 가득 찬 우주가 될 수도 있다. 자기 삶의 몇몇 중요한 측면에 제한하는 것, 특히 우리가 스스로 영향을 미칠 수 있는 측면에 제한하는 것은 도움이 된다. 당신은 욕구 사각형을 통해 목적 지향적인 행동을 위한 훌륭한 토대를 갖게 된다. 그리고 '오로지' 적절한 것만을 행해야 한다. 이를 위해서는 자신이 의식하지 못하지만 이미 가지고 있는 일련의 능력이 필요하다. 또는 배움의 자세를 취하면서 자신에게 이렇게 물어야 한다. 다른 사람이 나를 진지하게 받아들이고 알아주고 지지해주고 인정해주기를 원한다면 나는 구체적으로 무엇을 할 수 있을까? 이를 위해서 지금까지의 자기보호 프로그램과 함께, 혹은 그 대신 어떤 더 나은 전략이 존재할까?' 나는 도움이 되었으면 하는 희망에서 몇 가지 해결책의 사례를 서술해두었다.

사례에서 고찰되는 인정 욕구처럼 다른 모든 욕구에 대해서도 다양한 것을 시도해볼 수 있다. 우선 쓸모없는 과거의 행동 패턴으로 빠지지 않는 것이다. 그 대신 뿌린 대로 거둔다는 사실을 명심해야 한다. 다른 사람들에게 관심을 가지고 호의적으로 대하고, 연락을 취하고, 보살피고, 좋은 말을 해주고, 칭찬해주고, 감사의 표현을 하고, 성과를 인정해주고, 도움을 제공하면, 즉 당신이 받고 싶은 것을 준다면 당신의 위치를 분명히 알게 되고, 당신의 가치를 지키는 용기를 갖게 되고, 당신의 공로를 숨기지 않고, 책임감을 떠맡고, 성급하게 다른 사람을 과소평가하지 않고, 경우에 따라 좌절감을 참을 수 있게 된다(이 모든 것은 당신의 자존감을 강화해주기도 한다!). 5장 242쪽 '자신의 강점을 자각하고 이를 활용하라' 단락을 다시 살펴보면서 또 다른 가능성을 찾을 수도 있다. 당신에게 어떤 생각이 추가로 떠오르는가?

다음의 내용을 다시 한 번 고려해보면 좋다.

1. 사소하다고 생각되는 일로 화가 날 때 나에게 필요한 것은 무엇인지, 상대에게 필요한 것은 무엇인지, 우리 둘 다에게 정말

로 필요한 것이 무엇인지 자문해본다. 무엇이 지금 나에게/그에게/그녀에게/우리에게 감정적으로 장기적인 도움을 줄 수 있을까? 예를 들면 진지하게 받아들여지는 것? 당신이 상대의 감정과 욕구를 주의 깊게 살피고 상대에게 많이 공감할수록 사소한 일 때문에 싸울 위험은 그만큼 줄어든다. 부정적인 감정을 유발하는 표현은 좋은 뜻에서 한 말일지라도 약점을 건드릴 뿐만 아니라 근본적인 욕구를 지나치게 된다.

2. 그 상황이 당신의 문제에 대해 이야기하기에 정말로 적절한지 유심히 살펴본다. 당신의 욕구가 상대의 민감한 부분과 충돌하지는 않는가? 양측이 서로 회피하거나 공격적으로 자신을 보호하려고 한다면 두 사람 사이의 해결책이 가로막힌 상태에 처해 있으며 긴장관계가 고조됨에 따라 문제가 악화될 수 있다. 그러므로 당신이 점점 더 파괴적인 행동을 시작하기 전에 서로 합의하여 중단 신호를 찾도록 한다.

3. 시간적 압박을 받지 않을 때, 가능하다면 당신에게 중요한 사람들과 규칙적으로 서로가 바라는 것에 대해 이야기한다. 이때 서로 비난하거나 헐뜯지 말고, 그저 그때그때 해당하는 자기보호 프로그램을 활성화시킨다.

4. 곧바로 시작한다. 아리스토텔레스는 '시작이 반'이라고 말했다. 욕구가 좀 더 균형을 이루게 하고 이를 적절하게 표현하는 것은 불변의 도전이다. 인생은 시시각각 변하기 때문에 끊

임없이 새롭게 균형을 찾아야 한다. 새로운 행동에는 용기, 즉 두려움을 극복할 용기가 필요하다. 이를 위한 도움닫기로 여러분에게 다음과 같은 연습을 제안하고 싶다.

'자기 자신 극복하기' 연습

자신을 극복하기 위해서라면 무엇이든지 해보아야 한다. 이를테면 당신이 오랫동안 미뤄둔 불편한 통화를 하거나 당신의 마음속에 있는 엄격한 규율을 위반해보거나 지금까지 표정만 일그러뜨렸던 일에 대해 비판적인 의견을 표현해보거나 약점이나 실수를 인정하거나 억눌러두었던 소망을 표현하거나 중심 인물이 되어 자신을 부각시키는 모험에 도전해본다.

상상력을 활용하고 이때 떠오르는 모든 생각을 기록한 다음, 당신 스스로 선택한다. 당신이 지금도 여전히 이런 자기극복 훈련을 한다면 아마도 즐거움을 느낄 것이며 더 많은 것에 도전하는 데 용기를 얻을 것이다. 작은 두려움을 하나씩 극복하다 보면 자신감이 상승한다. 용기는 용기를 낳는 법이다!

에너지 잘 분배하기

경험상 자신의 중요한 욕구를 충족하는 데 별로 도움이 되지 않는 삶의 요구사항에 많은 에너지를 쓰면 삶에 영향을 받는다. 매일 쌓여 있는 서류나 처리해야 할 수많은 이메일 등이 그렇다. 아주 평범한 삶에서도 처리해야 할 일은 끊임없이 늘어난다. 우리가 삶을 조금이라도 단순화할 수 있다면, 현실적으로 만족할 수 있는 일에 더 많은 시간을 할애할 수 있을 것이다. 요즘에는 시간 경영과 같은 주제를 담고 있는 안내서가 점점 인기를 얻고 있다. 하지만 익숙한 일과를 변화하고 자신에게 주어진 온갖 의무를 없애기가 얼마나 어려운지 누구나 알고 있다. 많은 사람이 '다람쥐 쳇바퀴 돌듯 살아간다'고 말하는데, 이 말은 변화를 위한 조치가 얼마나 어려운지 암시한다.

여러분은 자기탐색을 통해 자신의 욕구가 너 좋은 균형을 이룰 수 있는 기회를 얻었고, 이로써 다른 곳에서 다른 방식으로 더 쉽게 얻을 수 있는 것을 더 이상 엉뚱한 곳에서 엉뚱한 수단으로 얻으려고 하지 않게 되었다. 여기서 더 쉽다는 뜻은 에너지를 덜 쏟는다는 의미만은 아니다. 당신이 하는 일이 당신과 조화를 이룰수록 그 일은 당신의 능력, 당신의 가치 체계, 당신에게 정말로 중요한 욕구와 더 조화를 이루고 그만큼 당신의 행복에 기여한다. 목표지향적인 노력과 성공에의 경험은 또 다른 에너지를 발휘할 수 있는 근본적인 원천이 된다.

당신은 자신의 현재 상태와 가고자 하는 방향을 알고 있다. 당신이 어떤 주제에 관심을 가지고 있는지에 따라 이제 당신 내면의 평정을 위한 유용한 이정표가 마련되어 있다. 이를 통해 다음 질문에 대답할 수 있다.

1. 중요한 욕구 충족에 장기적으로 기여하지 않는데도 너무 많은 에너지가 흘러드는 영역은 어떤 영역인가?(3장 179쪽 '당신의 에너지 소비(현재 상태)와 그와 관련된 기본욕구' 표 참조)

2. 기본욕구를 고려할 때 이 에너지는 어느 영역에 투입되는 것이 더 나을까?(3장 179쪽 '당신의 에너지 소비(소망 상태)와 그와 관련된 기본욕구' 표 참조)

3. 어떤 욕구가 당신의 모기-코끼리 주제를 나타내며, 그 욕구는 다른 어떤 욕구와 긴장관계를 이루는가?(5장 289쪽 '자신의 코끼리를 유용하게 활용하라' 참조)

이로써 당신은 삶의 모든 중요한 영역을 한눈에 볼 수 있게 되었다. 마치 카메라의 줌 기능처럼 이를 확대해서 본 것이다. 즉 처음에는 다양한 코끼리(2장)를 클로즈업했고, 이어서 당신의 욕구 전체와 에너지 분배(3장)를 확대해서 보았다. 그리고 이제 당신의 욕구 사각형에 기입한 두 개의 욕구가 균형을 이루기 위해 당신이 구체적으로 무언가 할 수 있는 삶의 영역에 초점을 맞추고 있다. 이를 통해 우리는 다시 당신의 코끼리로 돌아가게 된다. 당신이 코끼리의 원조가 되었던 욕구에 더 많은 권한을 부여하고 싶다면 당신 에너지의 일부를 다르게 투입하기를 권한다.

현재 당신의 에너지 분배를 변화하는 데 방해가 되는 것은 무엇인가?

우리는 당신의 마음속에 놓여 있던 장애물을 탐색하고 그 장애물을 제거하기 위해 몇 가지 노력을 했다. 무엇보다도 당신은 완고한 신념과 자기보호 프로그램에 따른 고정된 행동 패턴 그리고 편협한 자기 이미지와 타자 이미지에 갇혀 있었다. 물론 이와 함께 외부적인 장애물도 존재한다. 즉 당신은 자신이 떠맡고 있는 변화하기 어려운 강제적인 의무에 얽매여 있을 것이다. 우리는 이러한 의무도 기본욕구와 어느 정도 관련이 있다는 사실을 확인했다. 다시 말해 이러한 의무는 경제적 안정이나 미래에 대한 대비, 사회적 지위, 자기 능력의 확인 등에 도움이 된다. 또한 사적인 영역에서는 가정이나 친구, 동호회 등에 대한 소속감과 결합되어 있다. 어쩌면 당신은 이 중에서 어떤 것도 놓치고 싶지 않고 이를 위해 자기결정권을 내려놓는 대가를 지불할 마음의 준비가 되어 있을 것이다. 비록 이렇게 하는 것이 가끔은 편협하게 느껴지더라도 말이다.

또한 당신은 순간적으로 어떤 욕구를 강조하기 위해서 욕구 전체가 균형을 이루지 못하는 상태를 감수하려고 할지도 모른다. 중요한 시험을 준비할 때, 집을 지을 때, 새로운 과제에 도전할 때, 신체적 피로나 질병에서 회복할 때, 아이들을 교육할 때, 가까운 친척을 간호할 때 등과 같이 일시적으로 우선권을 부여해야 하는 상황을 생각해보라. 이런 상황에서는 원하는 다른 욕구가 있어도 현재 당신이

하고 있는 행동 때문에 다른 욕구를 참아야 하는 시간을 감수해야 한다. 하지만 우선적인 목표를 위한 특수한 요구 사항의 시간이 지나가면 이러한 일방적인 요구에서 다시 빠져나오는 것도 중요하다.

당신의 에너지 분배 영역 중에서 초점을 두고 있는 두 개의 욕구에 적절한 권한을 부여할 수 있는 영역은 어떤 영역인가? 즉시 시작할 수 있는 작은 변화 조치를 가장 먼저 고려해보아야 한다. 이를 위해 다음과 같은 일반적인 조언이 방향을 제시해줄 것이다.

- 몇몇 임무는 다른 사람에게 맡기고 당신을 향한 기대와 거리를 두어야 한다.
- 매일 아침 다음과 같은 질문을 자신에게 던진다. '나는 오늘 나의 행복을 위해 무엇을 할 수 있는가?' 이때 일상의 작은 기쁨에도 주의를 기울여야 한다.
- 가끔은 주는 것이 받는 것만큼 훌륭하다. 당신이 누군가에게 즐거움을 주거나 도움을 베풀 수 있을지 곰곰이 생각해본다.
- 모든 영역에서 마음속에 있는 의무에 유념하고 시험 삼아 이 의무에 의문을 가져본다. 우리는 마음속에서 우리를 닦달하는 완벽주의자를 거부할 수 있다.
- 재충전의 시간이나 잠깐 숨 돌릴 시간을 가져야 한다. 이러한 시간은 당신의 에너지를 충전한다.
- 지금까지 시간 낭비라고 생각했던 활동을 해보려고 노력하고,

그것의 긍정적인 면을 찾아본다. 이를테면 잔디 깎는 일이 운동으로 느껴질 수도 있고, 방을 새롭게 칠하는 일이 미적인 만족으로 느껴질 수 있으며, 살림살이를 수리하는 일이 손재주를 확인하는 일로 느껴질 수도 있다.

- 가끔은 무언가를 혼자서 해보거나 비슷한 관심사를 갖고 있는 사람들에게 공감해본다. 자세히 들여다보지 않아서 닫혀 있다고 생각한 문이 실제로는 활짝 열려 있을 수 있다.

- 배우자나 친한 친구들과 함께 당신이 에너지를 어떻게 분배하고 싶은지에 대해 이야기해본다. 균형 잡힌 욕구를 위한 변화 가능성에 대해 대화해본다. 이는 어니서나 가능하고 유의미한 대화다.

마지막으로 덧붙일 중요한 것은,

- 다른 사람들의 모기에 유념한다. 누군가가 설명할 수 없을 정도로 흥분할 때 다음과 같은 질문을 곰곰이 생각하거나 자문해본다. '그 사람의 평정을 회복시키기 위해 나는 무엇을 할 수 있을까?' 가끔은 이해한다는 말이면 충분하다.

하지만 가끔은 광범위한 조치가 더 큰 도움이 되기도 한다.

- 당신의 근무 시간을 줄일 수 있는가? 또한 사무실에서 하던 일을 집으로 가져오지 않는 것이 좋다. 혹은 업무적인 요구 사항이 당신의 능력과 일치하지 않거나 제반 여건이 실망스러워서 직장을 바꾸고 싶은가? 당신은 이에 대한 대안적 가능성을 이미 알아보고 탐색해보았는가?

- 직장에서의 승진이 당신에게 얼마나 중요한가? 경력이라는 사다리에서 한 계단 더 높이 올라가면 당신을 충족시키는 것을 정말로 발견할 수 있는가? 혹은 당신에게 중요한 어떤 것을 잃게 되지는 않을까? 높이 올라갈수록 공기가 희박해지고 외로움은 커져간다.

- 적어도 일주일에 하루는 아무 일도 하지 않는 것은 어떨까?(이는 이미 성경에도 나와 있다.)

- 가깝게 지내고 싶은 사람들이 있는가? 어떤 이유에서인지 연락이 끊긴 사람들이 있는가? 그들에게 다시 연락하는 데 무엇이 방해되는가? 그들과 함께 무언가를 하기로 약속하거나 그들을 집으로 초대해보라.

- 습관적으로 당신에게 별로 중요하지 않은 사람들을 만나는가? 그들과의 관계를 중단한다면 새로운 자유의 여지가 생길 수도 있다.

- 놓쳐버렸거나 오랫동안 몰두해보고 싶었던 취미나 관심거리가 있는가? 어렸을 때 경험했던 긍정적인 기억을 떠올리면서

그 기분을 다시 느껴본다. 어렸을 때의 즐거움이 현재 당신에게 무엇을 제공해줄 수 있을까?

- 좋은 일에 참여하는 기쁨을 느껴보자. 다른 사람들과 함께 유익한 프로젝트를 진척시키는 일은 매우 만족스러운 경험이 될 수 있다.

당신이 원하는 에너지 분배와 당신의 기본욕구를 따를 때 생겨나는 생각을 기록해보는 건 어떨까? 당신의 선택에 대해 매주 계획표를 짜면 더욱 좋다. 이때 '앞으로 며칠 동안 나에게 유익한 일은 무엇이며 나는 이 일을 어떻게 달성할 수 있을까?'라는 생각을 모토로 삼는다.

기본욕구	내가 할 수 있는 것

몇 주 후에 기본욕구에 대한 문제를 다시 한 번 유심히 살펴본다.

- 새로운 활동이 중요한 욕구의 만족도를 어느 정도 변화시켰는가?
- 특히 욕구 사각형에 기재된 두 개의 욕구가 균형을 이루며 조화롭게 발현되었는가?
- 이를 통해 욕구 전반에 변화가 생겼는가?
- 현재 당신의 에너지 분배는 어떤 모습인가?

다음과 같은 사항을 새롭게 점검해보아야 한다. 당신의 노력이 어떤 영역에서 거의 결실을 맺지 못했는가? 다시 말해 당신이 노력을 줄이거나 아예 그냥 내버려두어야 하는 영역은 어디인가? 어디에 더 많은 에너지를 투자하는 것이 바람직할까?

이러한 모든 조언 중에서 당신에게 알맞은 조언을 택하고 시도해본다. 작은 조치라도 그 가치를 인정해야 한다.

앞으로도 욕구가 손상되는 일은 계속 생길 것이다. 이 책에서 언급한 여러 연습을 통해 모기와 마주치는 상황에 대비하고 더 이상 과거의 부정적인 방향으로 흘러들어가지 않기를 바란다. 언제나 당신이 도달할 수 있는 목표, 당신이 앞으로 하고 싶은 행동 방식에 맞는 긍정적인 목표를 세운다. 이를테면 '나는 더 이상 쉽게 상처받는 모습을 보여주고 싶지 않아'와 같은 부정적인 목표보다는 '나는 내

욕구에 가치를 부여하고 싶어.' 또는 '나는 무엇이 근본적으로 중요한지 우선적으로 규명하고 싶어'와 같은 긍정적인 목표를 세운다. 목표 지향적이고 자기 책임하의 행동을 통해 막다른 골목을 피하고 평정심을 좀 더 빨리 회복할 수 있다. 모기가 주는 고통을 막을 수 있도록 훈련해야 한다.

　자기 책임하의 모든 행동 조치는 자율성을 촉진하고 자존감을 강화한다. 유명한 미국의 심리학자 아놀드 라자러스Arnold Lazarus는《원하면 할 수 있다!I Can If I Want To》라는 짧은 제목의 자기치유 책을 썼다. 물론 이 문장이 언제나 들어맞지는 않지만, 이 문장을 행동의 동기로 삼으면 어떨까? 이 문장은 자율성이라는 주제와 질문지에 기재된 문항과 같은 맥락이다. 또다시 말하지만 아래의 문장은 행동 원칙으로써 여러분에게 도움이 될 것이다.

- 마음만 먹으면 충분히 할 수 있다.
- 나의 삶에서 중요한 결정은 스스로 내릴 수 있다.
- 나 자신의 욕구를 존중한다.
- 나의 행동을 통해 어떤 영향력을 발휘할 수 있다.
- 나의 한계를 인지하고 그것을 받아들인다.
- 다른 사람들의 욕구를 존중한다.
- 나 자신의 가치에 따라 살아간다.

마지막으로 나는 당신이 이 책을 통해 자기 자신과 다른 사람을 더 잘 이해하고, 자신의 강점을 꾸준히 의식하며, 정말로 충족하고 싶은 곳에 자신의 에너지를 쏟고, 자신의 코끼리를 호의적인 마음으로 대하기를 바란다.

감사의 말

몇 달 동안 샘솟는 생각으로 책 내용을 수정 보완한 후 이 책이 나올 수 있기까지 나를 격려해주고 도와준 모든 사람에게 감사를 드리고 싶다.

이 책은 불쾌한 일상의 모기와 그 속에 숨어 있는 코끼리를 유용한 존재로서 그 가치를 인정해야 한다는 생각에서 탄생했다. 오랜 우정을 유지하며 나의 치료 활동을 높이 평가해주고 내가 이 프로젝트를 수행할 수 있도록 용기를 준 볼프강 발크에게 감사한다. 당시에 그가 이끌었던 출판사와, 특히 초판을 담당해준 편집자 카타리나 페스트너, 그녀의 후배이자 이 신판을 담당한 로제마리 마이랜더는 언제나 나를 지지해주었다. 이에 대해 그들에게 감사를 드린다. 이 주제에 대한 마이랜더의 관심과 텍스트에 대한 매우 철저한 사고는 이 책이 본질적으로 개선될 수 있도록 도움을 주었다.

나의 동료 에바 분더러 교수는 전문적인 지식으로 원고를 수정하고 보완해주었다. 우리의 토론은 근본적인 자극이 되었다.

아내에게도 진심으로 감사하며, 인내심을 가지고 유익한 비판과 생각으로 나를 지원해준 동료 마를레네 쉴트마이어에게도 깊은 감사를 표한다.

또한 초판에 대한 피드백으로 아주 많은 도움을 준 나의 친구들과 동료들, 한나 슈틸, 레나테 프랑크 박사, 헬가 쵤러, 라인하르트 아우어 박사, 헬무트 쾰러 박사에게도 감사를 표하고 싶다.

그 외에도 하인리히 베르발크 교수와 함께 도식 치료에 대한 토론과 세미나를 진행하면서, 그리고 슈퍼바이저와 세미나 진행자라는 나의 연구 활동에서도 많은 사고의 자극을 얻었다.

이 책의 토대는 근본적으로 나를 찾아온 환자들의 경험과 생각에 기인하며, 그들은 거의 40년 이상 신뢰를 바탕으로 나와 대화를 나누며 자신들의 경험과 생각을 공유해주었다. 이제 독자 여러분에게 이 경험과 생각을 건넨다.

감사의 말

우리가 사소한 일에 흥분하는 이유
모기 뒤에 숨은 코끼리

제1판 1쇄 발행 | 2021년 8월 20일
제1판 10쇄 발행 | 2024년 4월 23일

지은이 | 에른스트프리트 하니슈, 에바 분더러
옮긴이 | 김현정
펴낸이 | 김수언
펴낸곳 | 한국경제신문 한경BP
책임편집 | 마현숙
교정교열 | 최은영
저작권 | 박정현
홍보 | 서은실 · 이여진 · 박도현
마케팅 | 김규형 · 정우연
디자인 | 권석중
본문디자인 | 디자인 현

주소 | 서울특별시 중구 청파로 463
기획출판팀 | 02-3604-590, 584
영업마케팅팀 | 02-3604-595, 562 FAX | 02-3604-599
H | http://bp.hankyung.com E | bp@hankyung.com
F | www.facebook.com/hankyungbp
등록 | 제 2-315(1967. 5. 15)

ISBN 978-89-475-4744-4 03180